Les installations vidéo, « oeuvres d'art »

Collection ***Champs Visuels***
dirigée par Pierre-Jean Benghozi,
Jean-Pierre Esquenazi et Bruno Péquignot

Michel AZZOPARDI, *Le temps des vamps.1915-1965 (Cinquante ans de sex appeal)*, 1997.
José MOURE, *Vers une esthétique du vide au cinéma*, 1997.
René NOIZET, *Tous les chemins mènent à Hollywood*, 1997.
Eric LE ROY, *Camille de Morlhon, homme de cinéma (1869-1952)*, 1997.
Régis DUBOIS, *Images du Noir dans le cinéma américain blanc (1980-1995)*, 1997.
Ariel SCHWEITZER, *Le cinéma israélien de la modernité*, 1997.
Denis RESERBAT-PLANTEY, *La vidéo dans tous ses états. Dans le secteur de la santé et le secteur social*, 1997.
Pierre-Jean BENGHOZI, C. DELAGE, *Une histoire économique du cinéma français (1895-1995). Regards croisés franco-américains*, 1997.
Gérard CAMY, *Sam Peckinpah*, 1997.
Eric SCHMULEVITCH, *Une décennie de cinéma soviétique en textes (1919-1930). Le système derrière la fable.* 1997.
S. P. ESQUENAZI (dir), *Vertov, l'invention du réel*, 1997.
Marie-Françoise GRANGE, Eric VANDECASTEELE, *Arts plastiques et cinéma, les territoires du passeur*, 1997.
Henri AGEL, *Le beau ténébreux à l'écran*, 1997.
Michel AZZOPARDI, *Massimo Girotti : un acteur aux 100 visages*, 1997.
J. MOTTET, *L'invention de la scène américaine. Cinéma et paysage.* 1998.
Roger ODIN, *L'âge d'or du documentaire*, T1, T2, 1998.
M.F. GRANGE, E. VANDECASTEELE, *Arts plastiques et cinéma, les territoires du passeur*, 1998.
Jacques WALTER, *Le Téléthon*, 1998.
Pierre GRAS, *Médias et citoyens dans la ville*, 1998.
A. BA, *Les téléspectateurs africains à l'heure des satellites*, 1998.
J.L. DENAT, P. GUINGAMP, *Les tontons flingueurs et les barbouzes*, 1998.
JJ. BOUTAUD, *Sémiotique et communication, du signe au sens*, 1998.
Stéphane CALBO, *Réception télévisuelle et affectivité*, 1998.

ISBN : 2-7384-7155-2

Monique MAZA

Les Installations vidéo, « oeuvres d'art »

L'Harmattan
5-7, rue de l'École Polytechnique
75005 Paris - FRANCE

L'Harmattan Inc.
55, rue Saint-Jacques
Montréal (Qc) - CANADA H2Y 1K9

INTRODUCTION

Il arrive parfois que l'on rencontre dans les musées d'art, ou autres espaces réservés aux manifestations artistiques, des objets déposés sur le sol, ou accrochés aux parois, ou encore suspendus au plafond. Ces objets ne ressemblent à rien, ne représentent rien, et n'ont décidément rien d' "esthétique" — au sens usuel du terme. Ils semblent du reste bien peu soucieux de nouer une relation de cet ordre avec quiconque. C'est pourquoi on s'interroge inévitablement sur la raison de leur présence en de tels lieux, se demandant si cette présence n'est pas le résultat d'une erreur, d'une confusion ou d'une imposture. Bref, bien qu'ils soient donnés par le monde de l'art comme des objets relevant de la production artistique, on souhaiterait parfois avoir tout simplement l'assurance que ces objets sont bien des "œuvres d'art". Ce qui signifierait dans ce cas qu'ils répondent positivement aux attentes dont relève semble-t-il toute production artistique, et cela conformément à l'idée que l'on se fait souvent de l'art, de ses "vocations" et de ses devoirs, plutôt que d'afficher à leur égard une telle indifférence.

Aujourd'hui, en fait de vocation, il semble que l'art songe avant tout à s'installer, du moins si l'on en croit les intitulés de nombreuses œuvres contemporaines. L'installation — d'art ou d'artiste — est ainsi devenue une attitude artistique suffisamment fréquente pour évoquer une nouvelle voie, à défaut d'une vocation méconnue. Cette attitude, en déplaçant le "contenu d'art" de l'objet physique exposé au procès de son "installation", mériterait donc déjà en elle-même une considération particulière. Rainer Rochlitz lui reconnaît même un caractère subversif : l'installation effectuée « dans le cadre de l'institution », devient un « modèle du rapport de force entre artiste et institution »[1]. Elle implique donc des mutations dans la relation que la production artistique entretient avec le contexte de son exposition, de sa "monstration". Mais cette mutation concerne aussi le rapport de l'art avec son public, et, tout en offrant à la création artistique des terrains vierges à fertiliser, elle perturbe inévitablement l'appréhension des œuvres ; appréhension plus ou moins troublée, du reste, selon la nature des objets installés.

C'est ainsi que l'une de ces formes d'expression nées de cette nouvelle dynamique désoriente tout particulièrement, semble-t-il, les attentes habituelles du public des musées, en incorporant des ingrédients peut-être encore plus "sensibles" que d'autres (nous verrons plus loin en quoi) en regard de ces attentes. Elle est en fait apparue sporadiquement il y a environ deux décennies, à la faveur de l'attention que quelques artistes manifestèrent pour les théories et les technologies récentes de communication (la vidéo et la télévision), donnant naissance à une sorte d'installation qui fut désignée plus précisément par le terme d' "installation vidéo".

Mais les œuvres d'alors baignaient encore dans un climat d'avant-garde et se situaient dans une perspective d'art social qui, par le biais du mouvement *Fluxus*, exprimait une volonté de réinscrire l'art dans la vie quotidienne, de le mettre entre les mains de l'homme du commun, refusant le principe même de l'exposition muséale.

Depuis, l'installation vidéo s'est développée, et s'intègre de plus en plus à l'ensemble des objets d'art, participe aux expositions et s'introduit dans la pratique d'artistes plasticiens, comme forme d'expression parmi toutes celles offertes sur la palette des pratiques artistiques classiques ou contemporaines. Admise progressivement dans le cercle des objets d'art par l'institution, son statut à ce rang ne tient bien souvent, pour le public, que par le fil "blanc" de l'attestation "institutionnelle". Or ce fil est susceptible de se rompre sous la pression du moindre doute, de ce « soupçon généralisé » dont parle encore Rainer Rochlitz, symptôme du sentiment d'avoir été trahi par des artistes devenus « complices du pouvoir public », à moins que ce ne soit par des œuvres qui ne répondent toujours pas à des attentes conventionnelles. Privé de l'étaie institutionnelle qui désigne, en l'objet, l'œuvre d'art, il ne reste plus de l'installation vidéo qu'un banal étalage de

[1] Cf. *Subversion Subvention*, p. 206.

moniteurs, d'images, de cordons d'alimentation et d'objets divers comme on en voit fréquemment dans l'univers quotidien. Car on installe aussi bien la vidéo dans les super-marchés, les bars, les guérites de parkings que dans les musées.

L'installation vidéo ne ressemble peut-être à rien, d'être identique à trop de choses différentes les unes des autres, et nullement "artistiques". Comment reconnaître en ce cas une œuvre d'art, s'il ne suffit pas d'en être instruit d'autorité par l'institution artistique? En fait, il semblerait que l'environnement institutionnel contribue doublement au désarroi du public : cible des suspicions, il semble parfois, compte tenu de l'aspect expérimental de certaines expositions, soumettre les objets exposés au verdict populaire. Mais, ce faisant, il ouvre aussi une brèche dans sa propre autorité, introduisant implicitement une sorte de clause suspensive à l'attribution du statut d'œuvre d'art. Celui-ci, en effet, resterait suspendu en fin de compte à l'ultime confirmation de l'adhésion individuelle. Se trouve ainsi accréditée paradoxalement la croyance selon laquelle, en définitive, un véritable objet d'art devrait se reconnaître directement, ne serait-ce que par cette sensation particulière que l'on désigne usuellement par "sentiment esthétique", éprouvée au cours d'une expérience avec un objet singulier.

La reconnaissance d'une identité "artistique" supposerait-elle une incursion dans le domaine de l'esthétique, convoqué dès qu'il s'agit de confirmer la légitimité d'œuvre d'art? C'est toujours à propos de ce genre de questions embarrassantes que viennent à l'esprit les métaphores alimentaires et que les ouvrages d'esthétique commencent à rivaliser avec les livres de cuisine : une orange, une pomme ou une grappe de raisin par exemple, pour être confirmée comme telle, devrait-elle *in fine* faire plutôt la preuve de ses vertus nutritives ou plutôt celle d'une saveur satisfaisante? Tout dépend, dirons-nous alors, de ce que l'on entend par là, qu'il s'agisse d'entendre orange, pomme, grappe de raisin... ou "saveur satisfaisante" d'ailleurs. Car dans ce cas, en deçà d'une esthétique du goût, se rencontre également peut-être une expérience esthétique fondamentale par laquelle l'objet trouve identité en satisfaisant "avant tout" à un type (ou plusieurs) d'expériences sensibles par lequel il se trouverait défini. L'œuvre d'art en situation d'exposition témoignerait dès lors d'un accord tacite — conclu entre les différents acteurs du "monde de l'art" (public compris) — selon lequel, afin de la reconnaître pleinement comme œuvre d'art, il importerait de ne se prêter à sa dimension esthétique qu'à partir des types d'expériences sensibles qui la définissent comme autant d'attentes particulières à son égard relevant de la sphère des sensibilités esthétiques.

Or, pomme ou œuvre d'art, l'objet d'une expérience sensible pourrait échouer à cette épreuve pour des raisons différentes. Insipide, le fruit ne répondrait pas au désir de saveur, à moins qu'il satisfasse trop bien à des attentes d'un autre ordre, ou encore qu'il s'adresse virtuellement à des sensibilités encore inusitées, en ce qui le concerne tout au moins. Situées probablement au carrefour de ces trois situations d'échec, comment les installations vidéo parviendraient-elles à se faire reconnaître comme œuvre d'art?

Si la première raison concerne l'installation en chacune de ses occurrences (telle ou telle œuvre), les deux autres viseraient davantage la spécificité de la forme d'expression artistique "installation vidéo", d'un point de vue donc plus général et englobant. En effet, si la dimension esthétique se voit parfois neutralisée par la propension des objets à développer des centres d'intérêt d'une autre sorte, dans d'autres cas, ce sont les modalités susceptibles d'être explorées au cours de l'expérience sensible de l'œuvre qui restent obstinément opaques. En conséquence, le "programme artistique" inscrit dans l'œuvre en vue d'une appréhension sensible adéquate reste inopérant.

Or on touche ici une autre manière par laquelle l'instance artistique est impliquée par l'instance esthétique, celle-ci paraissant être, parfois, l'une des perspectives — sinon l'ultime raison d'être — des œuvres d'art. En effet, ce "programme" ne devrait-il pas anticiper sur son aptitude à être correctement reçu, et n'est-ce pas ici l'une des lois de la création artistique sur lesquelles se constituent ce que l'on nomme des "formes d'expression artistiques"?

Ainsi donc, cet objet — telle ou telle installation, mais aussi, de façon plus générale, la forme d'expression artistique appelée "installation vidéo" — qui, selon Georges Dickie, se présente comme « candidat à l'appréciation » [2] auprès du monde de l'art, appréciation au cours de laquelle la dimension esthétique prend une place importante, aurait, en tant qu' « œuvre de l'art », selon la reformulation de Gérard Genette [3], sa responsabilité engagée dans la relation qui s'établit à l'occasion de sa rencontre. Au cours de l'appréhension des œuvres une question demeure : s'acquittent-elles bien d'une telle responsabilité, et qu'est-ce qui, en elles, c'est-à-dire au niveau de leur propre conception, en apporte la preuve? Or, il semblerait que le seul moyen de s'en assurer serait de prendre en considération les opérations artistiques qui préludent à l'expérience esthétique, c'est-à-dire, par exemple, en observant l'installation vidéo au cours de sa création. Ce qui reviendrait à examiner, au stade de la poïétique de l'œuvre, donc en amont, les indices qui anticipent sur les modalités ultérieures de sa réception. On y rencontrerait peut-être ainsi les germes d'une orientation esthétique trop originale pour être identifiée en aval de l'œuvre. Cependant cette incursion dans le territoire du "faire" de l'artiste, quel que soit son intérêt, reste, pour le critique d'art ou le simple spectateur,

2 Cf. « Définir l'art », in Esthétique et poétique, p. 24.
3 Cf. *L'Œuvre de l'art.*

toujours hypothétique. En effet, seul l'auteur serait en mesure de rendre compte d'une telle démarche, et il faut bien admettre que le point de vue extérieur, sur une œuvre aboutie, ne peut pas recouper exactement celui dont l'œuvre est précisément l'aboutissement. Quelle qu'ait été l'authenticité de l'expérience esthétique — ce que l'on aura, même à tort, effectivement ressenti — la responsabilité artistique de cette expérience, en regard d'une poïétique supposée de l'œuvre, demeure seulement probable.

En définitive, rien n'assure jamais que la conduite esthétique engagée auprès d'une œuvre d'art convienne totalement au programme artistique dont elle relève. L'adéquation n'est jamais totale et laisse en général un jeu stimulant entre l'instance de création et l'instance de réception. Cet écart est en effet le plus souvent source de vitalité pour l'art, pour les œuvres et la réflexion qu'elles suscitent, en relançant indéfiniment le processus de questionnement. Toutefois, jusqu'à un certain point au-delà duquel l'art et l'œuvre, traités par l'esthétique comme n'importe quel objet du monde, perdent cette vertu qui transforme leur "valeur d'exposition" en occasion d'échange. Il importe donc d'éviter les contre-sens, en épousant sur le plan esthétique autant que possible les virtualités internes du propos artistique. C'est toute la question qui se pose à propos de formes nouvelles et en particulier des installations vidéo, dont les virtualités sont complexes et délicates à cerner. D'où la nécessité de procéder patiemment et progressivement à de multiples recoupements. Lente traversée dont les pages qui suivent tenteront de retranscrire le parcours.

Au cours des différentes étapes de rencontre des œuvres et de l'appréhension de chacune d'elles aux différents niveaux de son existence de nouvelles questions ne cesseront d'affleurer. C'est pourquoi l'entité "installation vidéo" semblera toujours quelque peu hésiter entre deux identités : celle de l'objet physique et matériel et celle de l'œuvre d'art qui, de cet objet, retient et exacerbe les traits susceptibles de stimuler l'appréhension esthétique.

L'interrogation liminaire — Les installations vidéo sont-elles des œuvres d'art ? — poser frontalement en ces termes, révèle, certes, un fond de rêve et d'idéalité. Elle trahit sans doute cette sorte d'« *angoisse existentielle* » portant sur la « *dignité ontologique* », comme le dirait Jean-Marie Schaeffer [4], d'objets au statut incertain. Elle témoigne en outre d'un désir de comprendre et d'apprécier ces objets en eux-mêmes et par eux-mêmes, c'est-à-dire fantasmatiquement déliés de tout pouvoir et de tout soutien institutionnel. Mais, en dépit de la dimension utopique des prémices de cette recherche, son objectif demeure de mieux comprendre et de mieux savourer

4 In *Les Célibataires de l'art.*.

des œuvres relevant d'une forme artistique mal connue en dessinant peu à peu les traits de son identité.

Du reste, fantasmes et utopies sont étroitement liées au problème posé. Au point qu'une identité de l'installation vidéo ne pourra se construire que très prudemment, car, bien qu'elle se constitue contre certaines conceptions traditionnelles, contre même certaines tendances modernistes, elle ne rejette pas pour autant le concours des unes et des autres. Et ce n'est donc qu'à la condition de démêler avec patience l'écheveau complexe de ces ramifications, de manier avec précaution les liens qui la rattachent à des domaines proches ou lointains extrêmement variés, qu'il deviendra possible de dégager, sans en perdre les multiples saveurs, une forme d'expression artistique singulière.

Car, en définitive, "installer", quand il en va de l'image vidéo, peut avoir des conséquences structurelles inattendues. L'installation, en ce cas, n'est d'ailleurs pas l'antinomie de la représentation ; et si l'on en juge par l'art des triptyques, elle en serait même l'un des moyens. Il deviendrait ainsi possible de rapprocher l'*Annonciation* de Dang peinte et "installée" par Van Eyck d'une installation vidéo de Joan Logue (*Benjamin Franklin*) comme le propose, pour mieux en souligner les limites, Marc Mercier dans son article, « Chronique d'une image annoncée » ; mais alors, l'un « *nous instruit d'une vérité, l'autre d'une trahison* » .[5] En effet, s'il y a de la parole — divine — dans l'un, n'y a-t-il pas du langage — certes, modestement humain — dans l'autre? Contrairement à une "installation" de la parole dans les images du triptyque, totalement soumises à la représentation d'une épiphanie qui « *nous inonde de lumière* », l'installation de l' "image lumière" permet peut-être, en effet, d'en mieux montrer les ombres.

A l'orée de cette étude qui nécessitera de circuler au milieu d'un nombre élevé de pièces différentes, et afin de constituer un arrière-plan de référence à la réflexion qui suivra, nous accomplirons une déambulation parmi cinq œuvres, sous la forme d'une rencontre volontairement "naïve" afin de garder une trace des impressions immédiates d'un premier contact. Le choix des cinq œuvres a été guidé par leur caractère d'exemplarité en regard de tendances de tous ordres dont il était nécessaire de prendre connaissance au plus vite.

De ces confrontations surgiront un certain nombre d'interrogations portant notamment sur les attentes et les croyances qui ne manquent pas d'accompagner la relation aux œuvres d'art. Le parcours suivra donc un cheminement erratique, à travers les œuvres et les différentes problématiques qui apparaîtront dès que les questions à leur égard se préciseront : comment les appréhender, que nous font-elles éprouver, que nous disent-elles ? Autrement dit, de ce qui se joue entre les œuvres et les effets qu'elles produisent, il s'agira de distinguer entre ce qui relève en propre des objets, et

[5] Cf. *Vidéoformes*, 1993, p. 28.

ce qui relève, en revanche, des différentes conduites, artistiques, sociales et surtout esthétiques qui les environnent... mais qu'elles ne manquent pas, pour une bonne part, de provoquer : mise en boucle du processus de l'œuvre d'art dans lequel nous tenterons de nous introduire. Ce n'est qu'après un défrichage du champ complexe de la relation aux œuvres qu'il deviendra alors possible de proposer quelques voies dans lesquelles semblent tout particulièrement exceller les installations vidéo, et qui pourraient être perçues comme des orientations esthétiques assez bien assorties aux possibilités de cette forme d'expression artistique.

PREAMBULES

D'une "pièce" à l'autre

Exploration de quelques installations vidéo

Pièce n° 1

A l'entrée de l'exposition Manifeste de 1992 organisée par le Musée d'Art Contemporain au Centre Georges Pompidou on pouvait voir deux moniteurs vidéo disposés de chaque côté du passage par lequel se faisait l'accès à l'exposition. Sur l'écran du moniteur de gauche, une femme — blanche, cadrée "épaule", "regard caméra" — s'adressait en anglais directement au visiteur, de même que l'homme — noir, filmé en gros plan — sur celui du moniteur de droite. Selon que les paroles étaient comprises ou non par le spectateur, et compte tenu de l'emplacement par rapport au reste de l'exposition, ces deux personnages pouvaient évoquer les "*speakers*" des années soixante. Leur fonction aurait été, dès lors, de prodiguer quelques informations concernant le contenu de l'exposition. A moins qu'ils ne soient les personnes interviewées (collectionneurs? artistes?), présentées à cette occasion. Car, en effet, l'adresse au spectateur était directe, et personnalisée :

« *I was a good boy. You were a good boy. We were good boys...* »

Cette installation vidéo de Bruce Naumann, *Good Boy Bad Boy,* fut conçue et exposée dès 1985 au Museum für Gegenwartskunst de Bâle selon une disposition légèrement différente de celle du Centre Georges Pompidou.

Good Boy Bad Boy se présente au premier abord comme un objet banal ; plus exactement comme deux objets semblables n'ayant pas plus d'attrait l'un que l'autre : deux moniteurs blancs posés chacun sur un socle du même blanc et de même largeur, formant ainsi deux blocs discrets, qui s'alignent sur les arêtes des cloisons du musée et se confondent avec sa blancheur. La hauteur des socles se plie modestement à la nécessité de porter l'écran à hauteur d'homme, sans doute afin que les visages de l'homme et de la femme soient situés face au public.

Le cadrage respecte les normes télévisuelles, le débit de la parole est lui-même conventionnel. Phrases brèves, prononcées d'une voix claire, calme, pondérée, persuasive et chaleureuse, image couleur, lumière studio, présentation correcte ; rien, *a priori*, ne distingue ces deux objets de ceux que l'on côtoie quotidiennement sur le poste de télévision domestique.

Rien, sinon qu'ils sont deux, assez proches l'un de l'autre, et que l'on pourra éventuellement s'en étonner.

Rien, sinon que les paroles se répètent d'un personnage à l'autre, d'un moment à l'autre, pour des raisons insaisissables.

Le même texte, proféré par chacun des deux acteurs, est, en fait, une sorte de déclinaison construite sur un patron commun "sujet, verbe et prédicat" selon l'enchaînement: I, You, We, This ; avec comme variable le verbe ou le prédicat : « *I was a good girl. You were a good girl. We were good girls.*

That was good

I was vertuous, You were vertuous, We ...,

dévidé selon la déclinaison suivante : *I was alive... ; I was a bad boy... ; I have good live... ; I have sexe...; I have love... ; I hate... ; I like to eat... ; I like to drink... ; I like to shit... ; I like to pierce... ; I like to sleep... ; I pay... ; I don't want to die, You don't want to die, We don't want to die....* », ce texte consiste donc en une litanie de considérations qui ne peuvent être attribuées au sujet parlant sans soulever des contradictions ; ainsi le personnage féminin et le personnage masculin disent tour à tour: « *I was a bad girl, I was a bad boy* ». On en vient à douter qu'ils soient l'un et l'autre concernés en tant que personnes, dans la réalité ou dans la fiction, par les textes qu'ils prononcent. Néanmoins, le ton de la voix trahit tout à coup une excitation, un agacement, une colère soudaine, puis s'apaise, la parole se fait presque tendre. L'adresse directe au spectateur joue sur des registres modulés entre l'interpellation presque violente, l'aveu pressant et la chaleureuse complicité. Ne s'agit-il pas de la récitation d'un inventaire quelconque servant de prétexte à de simples exercices de diction, comme cela se pratique à partir d'une série de tables de multiplication par exemple?

Cette œuvre, au demeurant tout à fait banale dans son aspect général, comporte donc des éléments déroutants pour le visiteur qui prendrait la peine de s'attarder en sa compagnie. La présence de ces deux moniteurs, à l'entrée de l'exposition, lui semblera suspecte et il restera indécis devant l'ambiguïté de leur position et de leur fonction : dans quelle mesure appartiennent-ils à l'espace d'exposition? sont-ils "œuvres d'art" ou simples accompagnements pédagogiques?

Confronté au caractère répétitif et systématique des monologues dont la parole est déconnectée du contenu du discours, on en vient à se demander "à quoi riment" ce texte, ces personnages et leur débit ininterrompu. Car, si l'incongruité de cet objet intrigue, tant d'absurdité déconcerte.

On ne commence à se sentir intrigué, du reste, qu'à la condition d'accorder à l'œuvre une attention d'une durée minimum et d'une qualité particulière : un regard assez mobile pour glisser d'un moniteur à l'autre, une écoute suffisamment longue pour saisir la communication des deux protagonistes. Mais alors qu'un bref regard n'aurait pas suffi à pénétrer l'ineptie du texte — qui n'aurait pas présenté dans ce cas plus d'intérêt que celui d'une vidéo explicative dans une langue inconnue — à la longue, les non-sens se révèlent. Le discours des personnages apparaît alors étrangement absurde.

Certes, le regard frontal et la voix singulière de chacun des deux personnages ne sont jamais tout à fait neutres, et ne manquent pas d'interpeller le visiteur avec une vigueur indéniable. Néanmoins les interpellations de cette sorte ne sont-elles pas aujourd'hui banalisées par leur abondance dans la pratique publicitaire ou médiatique, au point d'avoir perdu toute efficacité?

Good Boy Bad Boy est considéré par Jörg Zutter comme la première installation vidéo (digne de ce nom) de l'artiste américain Bruce Nauman :

> *En 1985 Bruce Nauman employa pour la première fois des bandes vidéo réalisées avec des acteurs professionnels. A cette fin, il avait non seulement rédigé le scénario pour les prises de vue mais également fixé avec précision, par des indications de mise en scène, la manière dont les comédiens devaient agir. Nouvelle dans son œuvre créatrice, cette utilisation du médium vidéo n'a pas de rapport direct avec ses travaux précédents.* [...] *Good Boy Bad Boy apparut comme la première installation vidéo en tant que telle.* [1]

Etant donné que Bruce Naumann avait auparavant déjà utilisé des moniteurs au sein de certaines de ses œuvres, dans ses *Corridors Installations* notamment (avec circuit de vidéo interne), quelques quinze ans plus tôt, sans qu'elles aient été retenues par Jörg Zutter comme des installations vidéo, il est tentant d'en déduire que *Good Boy Bad Boy* comporte quelque chose de différent, de spécifique à une forme d'expression particulière. Cette œuvre pourrait donc permettre de savoir ce que signifie le terme “installation vidéo” et quelles sont les caractéristiques de cette sorte d'œuvre d'art.

Il serait éventuellement possible d'en conclure que toute installation vidéo comporte au minimum deux moniteurs diffusant des bandes pré-enregistrées de scènes jouées par des acteurs professionnels, car c'est en effet à cela que pourrait se résumer ce qui, dans l'installation de Bruce Nauman, diffère de ses précédents travaux. Néanmoins, on est amené à se demander si de telles conditions justifient l'ouverture d'une catégorie artistique spécifique et si, en outre, elles suffisent à produire une œuvre d'art.

Du reste, y suffirent-elles, dans le cas de l'œuvre en question? *Good Boy Bad Boy* n'en donne pas, à première vue, une confirmation totalement convaincante. En effet, cette installation, en dépit du fait qu'elle fut donnée

[1] Cf. *Bruce Nauman Sculptures et installations 1985 – 1990*, Edition Ludion, Bruxelles, 1992, texte de Jörg Zutter, p. 24.

comme une “installation vidéo”, n’en reste pas moins *a priori*, pour le visiteur ordinaire des expositions d’art, ambiguë quant à la fonction des objets de diffusion, et même absurde quant au contenu de celle-ci, au point de n’offrir d’alternative au non-sens de son texte que la méprise sur sa fonction. Toute disposition sensible en faveur de l’œuvre semble parasitée par le fonctionnement des appareils. Par conséquent, on serait tenté de contester son statut d’œuvre d’art. A moins, bien-sûr, que l’œuvre ne puise son pouvoir de sollicitation esthétique de l’ambiguïté même de son statut.

Pour l’instant nous nous contenterons de reconnaître que *Good Boy Bad Boy*, en déviant l’angle d’un mode de réceptivité vers un autre encore mal identifié, place le visiteur et, pourrions-nous dire de façon plus générale, la pensée du fait esthétique, devant une double incertitude: d’une part est-il possible que certaines installations dotées de moniteurs de diffusion vidéo développent un mode de relation spécifique ? Et, d’autre part, cette relation assure-t-elle la qualité (ou la valeur) d’œuvre d’art de ces objets?

A défaut de désigner à proprement parler une nouvelle catégorie artistique, l’installation vidéo, dont l’œuvre ci-dessus est, selon Jörg Zutter, l’un des exemples les plus anciens, et qui, pour cette raison peut-être, présente un aspect encore rudimentaire, pourrait être au moins le terme général recouvrant un certain nombre d’objets qui comporteraient comme traits caractéristiques communs ceux relevés à partir de ce premier exemple.

Pièce n° 2

Un son lourd, d'une résonance basse et profonde, s'échappe à intervalles réguliers d'une salle sombre, dans laquelle est visible, sur le mur du fond, l'image tremblante et bleutée d'une larme d'eau portée à un fort grossissement. Cette image est en fait la projection en direct de la saisie vidéoscopique d'une goutte d'eau issue d'une étrange canalisation suspendue dans l'angle opposé. Lorsque la goutte atteint le poids critique qui commande, selon les lois naturelles de la pesanteur, son émancipation, elle se détache et se fracasse en contre-bas sur la peau tendue d'une caisse de résonance : *He Weeps For You*, installation vidéo de Bill Viola créée en 1976.

Cette œuvre, qui appartient à la période des années soixante-dix au cours de laquelle Bill Viola s'intéressait aux installations en circuit fermé, fut présentée de nouveau à l'occasion de la *3° biennale d'art contemporain de Lyon* (décembre 1995). Bien antérieure à *Good Boy Bad Boy*, elle n'en est pas moins répertoriée selon la même appellation.

C'est par le son, donc, que se prépare la rencontre de cette œuvre. Il est comme un signal insistant, prévenant de loin en loin, par une sourde vibration intermittente, de l'actualité périodique d'un événement ; comme un aimant, il se joue de la curiosité du public et, en particulier, de son attirance spontanée pour l'événementiel.

Cependant, parvenu au seuil de cette salle plongée dans une pénombre silencieuse, on hésite alors sur le mode de considération qui doit être témoigné à cet objet. Deux zones sollicitent le regard : l'image mobile et faiblement lumineuse d'une goutte d'eau projetée sur la paroi du fond et le clignotement discret produit par l'agencement d'un circuit composite de minces tuyaux de cuivre, de tiges métalliques, d'une tête de caméra vidéo suspendue à l'une d'elles et de la minuscule goutte d'eau luisante s'allongeant à l'extrémité des embouts de réglage du débit, suspendue en surplomb d'un tambourin, lui-même placé au dessus d'une cuvette d'eau en fer blanc.

La goutte se détache alors, s'effondre sur la surface de résonance qui laisse sourdre le son d'un glas, dont chaque individu présent peut ressentir alors les vibrations profondes.

« *Et là, que faut-il regarder?* » s'enquit un jour un visiteur, rendu probablement perplexe par la multiplication des centres d'intérêt.

Mais, que fallait-il, en effet, regarder?

Cette simple question n'est-elle pas, en elle-même, l'indice de ce flottement diffus qu'induisent les œuvres récentes, lorsqu'elles ne sont pas inscrites dans une classe d'objet esthétiquement déterminés? En ce cas, les installations vidéo pourraient bien être de celles-là.

En effet, si l'on s'en tient aux déterminations relevées à partir de *Good Boy Bad Boy*, l'installation vidéo devrait comporter des moniteurs diffusant des bandes pré-enregistrées de scènes sonores jouées par des acteurs à partir d'un scénario écrit par l'artiste, ce qui implicitement situe (et atteste) l'acte créateur en amont des images qu'il produit et à travers lesquelles il ne fait que se poursuivre. Fort de ces cinq paramètres, il semblait devenir plus aisé de regarder"correctement" une installation vidéo; de la regarder là où s'élabore, en elle, l'ouvrage artistique : remonter au scénario en regardant le jeu des acteurs, apprécier le travail de prise de vue d'après la construction des images, penser l'acte d'installation à partir de la disposition des moniteurs ; et s'exposer aux effets esthétiques produits par chacun de ces choix artistiques.

D'où la perturbation légitime engendrée par l'absence de moniteur, de bandes enregistrées et d'un quelconque travail d'acteur. En effet, *He Weeps For You* ne contient ni moniteur, ni magnétoscope. Rien n'est enregistré, l'image de la goutte est produite par un système électronique, les signaux vidéo étant projetés et grossis par un dispositif de lentille et d'éclairage. A moins de considérer l'eau comme l'acteur principal, tant que le spectateur n'a pas perçu son propre rôle dans le principe actif de l'œuvre, il est difficile de prendre en considération le jeu et la mise en scène.

Peut-être convient-il de saluer dans cette œuvre une performance technologique suggérée par l'ensemble des objets techniques situés en retrait de l'installation, et de voir en elle un exemple des correspondances fructueuses entre l'art et la science? Cependant, le visiteur, qui sort de voir des œuvres interactives beaucoup plus perfectionnées, incorporant des programmes d'ordinateur, des effets de réalité virtuelle, des synchronisations en temps réel avec les mouvements du spectateur, risque d'être quelque peu déçu par la "performance" du reflet dans une goutte d'eau.

Il est évident que les cinq paramètres isolés provisoirement (présence de moniteurs, bandes vidéo préenregistrées, mise en scène, scénario, travail d'acteur) ne sont pas des déterminations valables. Ce qui reste commun aux deux œuvres ci-dessus se limite à l'activité vidéo (graphique dans le premier cas et scopique dans le second) et à la présence physique d'objets. Dans l'un et l'autre cas, ces objets sont nécessaires à la production des images, à leur visibilité. Ils se bornent même assez strictement à cette nécessité. Rien n'est superflu, l'installation de Bruce Nauman est d'une austérité clinique, celle de

Bill Viola présente l'économie de la précision méticuleuse d'un mouvement d'horlogerie. Chacune semble mise à nu, exhibant la tension organique que provoque tout asservissement à un objectif souverain.

Or, tout autant que pour la première œuvre se pose la question de la finalité de ce nouvel assemblage. S'il ne s'agit pas tout à fait de craindre ici le non-sens de la projection vidéo, c'est néanmoins l'aspect dérisoire du résultat qui l'emporte : la précieuse machinerie n'accouche que d'une goutte d'eau, pire — si l'on s'en remet à la hiérarchie platonicienne [2] — de l' "image" d'une goutte d'eau, puis s'en retourne à sa tâche absurde imperturbablement recommencée pendant des journées entières.

Le sens d'un objet artistique n'est pas nécessairement évident. Il demande parfois un effort intense d'attention et de réflexion de la part de celui qui le regarde. Ce n'est pas pour autant qu'il apparaîtra absurde, insensé. On le dira "difficile", "obscur" ou "mystérieux". Il est d'usage de faire spontanément crédit à l'œuvre d'art d'un sens même si celui-ci — provisoirement ou définitivement — échappe.

Néanmoins, ce crédit s'appuie sur deux certitudes : la première, que l'objet est incontestablement une œuvre d'art, la seconde, qu'il est correctement appréhendé. Or, si la première inquiétude concerne en général tout objet dont la valeur artistique est mise en doute, la seconde est plus pragmatique et s'ancre spécifiquement dans la réalité de ces objets nommés des installations vidéo car elle provient de l'inexpérience du regard sur ces objets en particulier.

Le « *que faut-il regarder ?* », rapporté ci-dessus, témoigne avant tout d'une préoccupation et d'un désir légitimes : comment savoir, tout simplement, d'une part où se placer, se situer, afin de saisir par un regard avisé la réalité de l'œuvre, d'autre part, selon quel statut (objet de sciences, d'art) celle-ci doit être appréhendée.

C'est ainsi que pour *He Weeps For You*, il n'était sans doute pas évident de deviner que la position du spectateur influait sur le résultat projeté. En effet, il dépendait de sa situation dans l'environnement de l'œuvre que se produise soudain l'inclusion du visiteur dans la goutte dévorante, propulsant son image renversée sur un mur d'exposition et cela jusqu'à ce que l'un des deux, de la goutte ou de lui, se lasse le premier.

Ainsi, fallait-il être à cet emplacement, donc au sein même de l'œuvre, pour que fonctionne son programme artistique! Il ne prend sens qu'en fonction de la présence du spectateur. Il suffisait d'en être instruit. L'on saura dès lors qu'il faut s'efforcer de jouer avec la position de son corps pour que, tout à coup, celle-ci s'adapte à la configuration de la goutte ; pour, en quelque sorte, que le dispositif s'empare du corps. Une sorte de jeu se met dès lors en

2 Cf. *La République* X 595 e - 608 b.

place où se mêlent promptitude, adresse, sagacité et astuce. Incontestablement, l'œuvre prend tout à coup de l'intérêt.

Toutefois on peut douter de la valeur esthétique de cet intérêt qui se constitue, semble-t-il, davantage sur le modèle de l'exploit sportif ou de la participation ludique que sur celui de la relation esthétique. En outre, ce n'est pas non plus à partir de la connaissance des lois esthétiques telles qu'elles régissent habituellement une catégorie artistique que se constitue ici le minimum de savoir primordial concernant la bonne posture à emprunter devant cet objet. Le hasard, le coup de pouce d'un gardien de salle, l'observation des comportements des autres visiteurs, l'expérimentation tâtonnante sont autant de moyens aléatoires pour prétendre à la correction de la position adoptée. Aucun ne relève d'une véritable culture esthétique telle que celle qui incline à se placer à bonne distance de la peinture ou à prendre en considération le vitrail selon le moment du jour et à tourner autour d'une sculpture pour en faire jouer les différents angles. La culture et ses traditions seraient-elles inaptes à jouer leur rôle dans l'appréhension de ces œuvres? Si la culture traditionnelle paraît inadéquate dans pareils cas, c'est peut-être aussi parce que les installations vidéo ne relèvent pas de l'art mais d'autres domaines tels que des sciences et des techniques ; le regard esthétique y donc serait un peu “insolite”, sinon déplacé.

Ainsi, de l'expérience de ces deux œuvres, subsiste un embryon de caractère commun qui n'est même pas de nature à déterminer une appréhension correcte commune aux deux objets. Afin d'exclure de la collection d'objets nommés installations vidéo ceux qui ne se conforment pas à cette donnée minimum, tout au plus pourra-t-on isoler les deux paramètres présents dans chacune des œuvres, à savoir d'une part l'activité effective du médium vidéo, et d'autre part la présence physique d'objets nécessaires à la visibilité des images électroniques.

La valeur de cette catégorisation reste cependant problématique sur le plan de l'esthétique. En effet, si le premier paramètre semble d'une telle évidence qu'il n'aurait d'autre utilité que de permettre aux organisateurs d'une exposition de prévoir la logistique adaptée au fonctionnement des appareils, le second paramètre, qui concerne bien certains principes en usage dans l'appréciation esthétique — principe de nécessité lié à l'économie de moyens, légitimité à travers la nécessité, mais aussi disgrâce de toutes manifestations du superflu — pourrait n'être qu'une occasion complètement extérieure à l'œuvre de véhiculer les vieux fantômes de l'idéologie fonctionnaliste.

Pièce n° 3

Toute installation ne s'offre pas sous l'aspect d'un espace ouvert. Ainsi *Materia Prima*, créée par l'artiste italien Fabrizio Plessi en 1987, est une installation vidéo dont l'ouverture parfaitement centrée, mais fermement cadenassée, laisse tout juste entrevoir un parterre de moniteurs incrustés dans un enchevêtrement savant de pierres plates et polies aux arêtes vives et irrégulières.

Dans cette œuvre, les moniteurs, tels des bigorneaux renversés, ont tous leur écran gris-vert tourné, glauque, vers le plafond, chacun bardé de quatre "travertins" posés en oblique contre leurs flancs. Pas de son, pas d'image... Si bien que parfois les responsables de la maintenance sont alertés pour remettre en état un système défectueux, comme cela arrive plus d'une fois dans ce genre de manifestation ayant recours aux nouvelles technologies.

En fait, *Materia Prima* se maintient depuis sa création dans le silence et l'immobilité absolue, en totale contradiction avec la plupart des œuvres de sa catégorie dont les bruits et de mouvements multiples évoquerait, comme en témoignent ces quelques lignes parues dans la presse « un concert prodigieux de percussions, d'aboiements de chien, de rumeurs de radios lointaines, d'improvisations au piano, de cantate de Monteverdi, et d'innombrables bruits émis ou enregistrés par d'innombrables machines ». [3]

Obstinément, les téléviseurs se refusent ici à laisser s'écouler de leurs écrans les sons et les images, comme si les réservoirs naturels au contenu infini, auxquels chacun a l'habitude de venir s'abreuver au quotidien, étaient soudain taris.

Le recours aux moniteurs, utilisés dans l'installation vidéo afin de diffuser deux ou plusieurs bandes simultanément, perd ici sa fonction. Ils ne sont plus qu'objets opaques, présents au même titre que les pierres qui les environnent et que le baquet et les tuyaux de cuivre de la pièce de Bill Viola ou les deux socles blancs de celle de Bruce Nauman, encore que, dans ces deux cas, la présence des objets se justifiait par un usage précis.

[3] « A l'écoute des images » article de Bernadette Bost paru dans le journal *Le Monde*, décembre 1995, à propos de la *3° biennale d'art contemporain* de Lyon.

Quel intérêt présentent ces écrans inertes, puisqu'ils n'offrent rien à voir ni à entendre?

Le non-sens n'est plus ici dans le contenu de la bande vidéo, mais dans le fait d'avoir recours à des appareils fonctionnels dont on n'utilise (même) pas la fonction. A moins que cette œuvre ne soit qu'une boutade, une plaisanterie malicieuse de la part d'un plaisantin désireux de se singulariser ou de se désolidariser de ses confrères. Auquel cas, la recherche poïétique semble déserter la dimension artistique.

En outre, en l'absence d'images vidéo, on en vient tout bonnement à se demander s'il s'agit bien d'une installation vidéo. Cette interrogation, ce doute, ne révèlent-t-ils pas **eux** aussi l'insuffisance de la caractérisation de cette catégorie?

Quoi qu'il en soit, c'est sous cette dénomination que cette œuvre est répertoriée et cela induit plus ou moins que toute œuvre exhibant du matériel vidéo — en situation de fonctionnement ou non — en lui adjoignant d'autres objets, et selon un ordre et une position déterminés par l'artiste, est une installation vidéo. Dès lors, l'agencement des objets prend naturellement davantage d'importance. Du reste, l'œuvre est généralement accompagnées des plans, schémas et croquis de l'installation réalisés par l'artiste.

Conformément à chacune des indications, les vingt-cinq moniteurs et les deux cents dalles de travertin d'environ soixante sur cinquante centimètres de côté sont disposés selon un ordre extrêmement rigoureux; l'ensemble est généralement mis en place sous les directives précises de l'artiste et de son assistant personnel. L'écartement entre les moniteurs observe une régularité absolue et la position des dalles obéit à des lois d'orfèvrerie, même dans les espaces où certaines superpositions suggèrent le désordre. Les téléviseurs sont tous identiques, d'un modèle neutre où domine la surface de l'écran, et ne laissent apparaître qu'un trait d'ébénisterie de la même épaisseur que l'arête des dalles de travertin. Celles-ci sont dentelées de façon à peine irrégulière, évitant ainsi l'effet de découpe industrielle. Ces pierres en calcaire contiennent des cristaux qui présentent en surface un poli très luisant, alors que les arêtes vives émettent de légers scintillements ; ce qui éveille certaines parentés visuelles avec la brillance du verre des écrans éteints des moniteurs.

Ces observations sont conditionnées par la distance et la position imposées au spectateur, puisqu'une chaîne placée à l'entrée de l'ouverture la transforme en fenêtre ouverte sur un espace visuel. La disposition réhabilite à sa manière le dispositif de suggestion de la profondeur par la construction du dessin ou de la peinture en perspective linéaire. Les moniteurs posés parallèlement au mur du fond, reconstituent, par le jeu de leurs arêtes latérales, l'effet de dallage des parterres des peintures de la Renaissance. Au reste, l'inscription "MATERIA PRIMA", en lettres romaines, se trouve à hauteur du regard, au niveau de la ligne d'horizon.

Le spectateur est tenu de respecter la distance et l'emplacement qui lui sont assignés. Une telle disposition, rassurante quant au problème de la "bonne posture", peut apparaître pourtant comme un dispositif quelque peu contraignant, comparé à la liberté de déplacement que semblaient favoriser les œuvres citées plus haut — invitation à passer entre les moniteurs pour *Good Boy Bad Boy*, ou bien à entrer dans l'espace même de la constitution de l'image pour *He Weeps For You*. Déjà enclin, par ces deux cas, à reconnaître à la pratique de l'installation vidéo une vocation de mouvement artistique "ouvert"— sur le plan des formes et des pensées — on doute, devant *Materia Prima* d'une telle vocation. Il semblerait au contraire, ici, que l'on assiste à un retour à l'ordre et que, par conséquent, le recours à l'installation vidéo ne garantisse pas d'un certain conservatisme. Mais ces quelques impressions s'accompagnent de trop d'incertitudes encore pour que le sens de l'œuvre se dessine réellement.
Pour l'heure, il semble surtout que *Materia Prima*, hormis le fait qu'elle contient des moniteurs vidéo, encore qu'ils ne soient pas, fonctionnellement, indispensables, contrecarre chaque paramètre visé précédemment comme critère de caractérisation de l'installation vidéo et n'offre pas plus de prise à l'émergence du sens, tant il paraît absurde de recourir à des appareils en se privant de leur usage. Si bien que, loin d'apporter des éléments qui complètent les déterminations de cette classe d'objets, elle semble au contraire en brouiller davantage les lignes.

Pièce n° 4

Actuellement, les expositions d'art sont presque toujours accompagnées de la projection d'une vidéo pédagogique, proposée selon le système du cinéma permanent dans une salle ouverte au public dans laquelle quelques chaises sont placées devant un écran. C'est pourquoi il arrive que lorsque l'on pénètre dans la salle occupée par "*Le Vésuve*" et que l'on découvre une quinzaine de fauteuils de cinéma devant un écran où se déroule un film en noir et blanc, on s'installe tout naturellement dans l'un d'eux afin de tenter de prendre en chemin le documentaire pédagogique.

Après quelques instants de vains efforts d'adaptation, on en vient à comprendre que les images se répètent indéfiniment, et qu'aucun commentaire sonore "éclairant" n'accompagne ce film répétitif et monotone. On se résigne à consulter les plaquettes disponibles posées sur les sièges auxquels elles sont attachées par une fine chaînette métallique. Mais au lieu des commentaires espérés, on découvre alors un texte... "inutilisable", qui relate un événement précis concernant une personnalité au demeurant inconnue :

> *Le 26 juillet 1931, la pianiste Catherine de Sélys se produisait au conservatoire de musique de Naples, lorsqu'une coulée de lave a englouti la salle toute entière. Miraculeusement épargnée grâce à la position élevée de la scène, Catherine fut la seule survivante.*
>
> *Un an plus tard...*

Le film montre en effet — du moins, à ce qu'il semble — une jeune femme affairée devant son piano à queue. Doit-on en déduire que le texte est l'explication de l'image? A quel titre d'ailleurs le serait-il? Rien n'assure que ce qui est vu corresponde à ce qui est lu. Du reste, en toute logique, si l'on se reporte au texte, aucun enregistrement vidéo n'aurait survécu à une coulée de lave du Vésuve ; s'agirait-il d'une reconstitution historique?

Poursuivant le circuit on entre, perplexe, dans une deuxième salle semblable, où se trouve projeté un film presque identique ; le texte porte sur un autre événement concernant la même pianiste.

Puis on accède à une troisième salle dans laquelle on peut voir sous forme de diapositive une jeune femme jouant du piano.

On vient en fait de traverser une installation vidéo — ou "vidéo installation", selon l'inscription du catalogue — de Patrick Corillon : *Trois Suites Pour Piano* créée en 1995 à l'occasion de la *3° biennale d'art contemporain de Lyon.*

S'il restait quelque illusion sur la possibilité de cerner l'entité installation vidéo à partir de caractères récurrents d'œuvres ainsi dénommées, il devient difficile d'en poursuivre le dessein. Ce dernier exemple, qui s'apparente davantage à un complexe de salles de projection cinématographique qu'à l'idée de l'installation vidéo que les quelques œuvres précédentes pouvaient laisser encore flotter, ne renvoie plus à la moindre idée d'œuvre d'art. En effet, en l'absence d'objets disposés par l'artiste et de ses créations vidéographiques, on peut se demander non seulement où il convient de regarder dans l'œuvre, mais plus radicalement encore, où se trouve l'objet d'art.

Ainsi, non seulement la raison d'être de ces trois salles, de ces bouts de film et de ces textes paraît douteuse, mais la notion d'objet, nécessaire à la "relation" esthétique entre le sujet et son objet de considération, se volatilise totalement.

Pièce n°5

Pire que toute autre expérience sera celle de la salle vide et de l'écran blanc!

Dans ce cas, on apprécie de n'être pas seul à déambuler entre les œuvres, d'une pièce à l'autre. Il y aura toujours quelqu'un qui précède et quelqu'un qui suit, chaîne de visiteurs se passant le relais du secret du fonctionnement de l'œuvre... Sage précaution, une notice accompagne le cartel. Elle précise qu'il faut avancer sur le tapis posé au sol pour déclencher le fonctionnement — le tapis est en fait une plaque métallique placée devant l'écran.

Osera-t-on faire ce pas auquel l'œuvre invite? Oui, non, on se rétracte ; on encourage son voisin à faire preuve de plus d'audace, comme s'il s'agissait de plonger dans un bain glacé.

Enfin, on se lance!

Et l'on se voit apparaître sur l'écran. Mais s'agit-il encore d'un jeu de reflet ?

Un liseré sombre se dessine cependant tout en bas ; il suit à grande vitesse un parcours sinueux. Tout à coup une fleur explose. Des jets de couleur éclaboussent le support en tout sens.

La silhouette disparaît progressivement derrière une luxuriante végétation de taches, de lignes et d'embranchements.

Mais un pas en avant, et l'on réapparaît. Selon sa position dans l'espace, on se place au premier plan des bosquets de couleurs, ou bien on se glisse entre les taches, ou encore on se cache derrière les ramures.

Le jeu de cache-cache induit par l'œuvre ne manque pas d'attrait. Il est fascinant de sentir son corps se transformer en machine à dessiner, en générateur de formes végétales, et assez vertigineux de se voir agir, bouger, de se découvrir, corps en vie, au centre de cet univers immatériel.

Intro Act est une installation de Christa Sommerer et Laurent Mignonneau de 1995. Le principe interactif fonctionne en réalité virtuelle. Le visiteur retrouve comme point commun avec l'installation vidéo de Bill Viola la projection de sa propre image sur l'écran, environnée d'une image produite par les soins de l'artiste.

Cette pièce n'est pas répertoriée sous le terme "installation vidéo", mais sous celui d' "installation interactive". Par ailleurs, la projection visible sur l'écran est le résultat de la superposition d'une incrustation de l'image numérique du visiteur et des productions graphiques d'un programme informatisé de réalité virtuelle. Néanmoins, pour le spectateur, le principe de base semble peu différent des objets précédents, dans la mesure où l'on conserve l'écran et la projection, en direct, de soi-même, présent *hic et nunc*.

Il est par ailleurs évident que cette œuvre provoque d'heureuses réactions. Enfin, il se passe quelque chose et, en plus, c'est amusant! La visite familiale prend un peu de sel. Les enfants sont émerveillés, les adolescents intrigués, les adultes émoustillés. La sortie dominicale a trouvé sa motivation.

Ces réactions pourront peut-être surprendre dans un musée, mais s'inquiète-t-on du sens d'un objet quand il procure plaisir et distraction? Qui s'alarmera de ce plaisir, de sa légèreté, du peu de relation qui subsiste entre un tel plaisir et la relation esthétique?

Mais à y repenser, n'est-on pas prêt à partager l'opinion dont se fait l'écho cet article de presse paru à l'occasion :

> *Quelles installations [...] suscitent chez le spectateur, au-delà du pouvoir de séduction du médium, au-delà de l'attraction qu'exerce un poste de télévision, un véritable regard? Toute autre considération [...] conduirait donc à des œuvres purement décoratives.* [4]

En fait, il s'avère assez fréquent que le type de plaisir suscité par *Intro-Act* le temps de l'expérimentation se solde par un malaise : cette légère honte de s'être laissé abuser par la facilité, ce brin de ressentiment contre l'œuvre, l'art contemporain et le monde de l'art qui tolère (voire encourage) l'existence de tels objets prétendument artistiques. Mais, comment construire son jugement à partir de sentiments aussi fluctuant, car, pour citer Gérard Genette : « Si j'aime un objet, mon sentiment sur lui est positif, mais mon sentiment sur ce sentiment peut être négatif ("j'ai un peu honte d'aimer cela") et, inversement, je peux me féliciter de ne pas l'aimer ("je ne suis pas comme tous ces ploucs qui aiment cela ") ».[5]

[4] Chronique de Michèle Gazier, *Télérama*, 3 Janvier 1996.
[5] Cf. Gérard Genette, *La Relation esthétique*, p.102.

PREMIERE PARTIE

Questions de forme

Installation is a form the public enjoys, immensely!

Kathy Rae Huffman

Installation is indeed desheartening - "umheiligkeit" - espacially video installation...

Justo Pastor Mellado

1. Aspects et catégories

Si l'on se livre à un rapide recensement des types de "dysfonctionnements" qui surgissent lors de la confrontation entre notion d'œuvre d'art et installations vidéo, on observe tout d'abord l'attitude "ambivalente" suscitée par ces dernières : les installations vidéo attirent l'attention sans pour autant donner suite à l'intérêt qu'on leur porte. Leur sens échappe ; à moins qu'il n'y ait méprise, confusion avec un objet qu'elles ne sont manifestement pas. Leur véritable identité semble sans cesse se dérober. L'expérience débouche sur la rencontre du non-sens, de l'absurde, et l'intérêt retombe aussitôt. C'est pourquoi l'on en vient à se demander si ces objets ne sont pas, par nature, dépourvus de sens. Faut-il dès lors les appréhender ainsi : œuvres d'art sans signification, insignifiantes, parfaitement neutres, creuses, vides? Triste paramètre qui ne permettrait d'ébaucher une catégorisation que par défaut : on saurait d'emblée qu'il n'est point de sens à espérer de cette sorte d'objets.

Privées de la référence d'une forme identifiable et exposées aux confusions catégorielles, les installations vidéo semblent donc en permanence échapper aux différentes classifications artistiques pour d'autres catégories à la manière dont *Good Boy Bad Boy* et *Trois suites pour piano* s'apparentent confusément à des accompagnements pédagogiques d'exposition. D'autres types de confusion seront d'ailleurs examinés ultérieurement.

Se présente alors un doute plus inquiétant encore à propos de leur appartenance à la classe générale des œuvres d'art ; et l'on pourrait sur ce point reposer la sempiternelle question des "vertus" artistiques possédées ou non par certains médiums, mais à condition de le faire à la manière de Dominique Chateau à l'égard de la photographie : les installations vidéo n'offrent-elles pas « *un médium aux propriétés incompatibles avec la définition traditionnelle de l'art* » [1] ? Car, bien que personne aujourd'hui ne puisse prétendre définir ce qu'est l'art, il s'avère qu'*a priori*, c'est-à-dire selon les conceptions les plus traditionnelles dont il relève, il ne supporte guère mieux la reproductibilité (si les objets sont reproduits, l' "artistique" se

[1] Cf. *La Question de la question de l'art*, p. 45.

récupère sur le concept original) que l'insignifiance et le non-sens. Même les propositions dadaïstes ou duchampienne qui jouèrent de l'absurde et de la neutralité, se révélèrent riches de significations.

Et si l'on imagine que cette nouvelle sorte d'œuvres acquiert son originalité artistique d'avoir introduit dans le champ de l'art le véritable non-sens ou l'insignifiance absolue — et l'ennui "positif" dans la dimension esthétique — que l'on se souvienne des tableaux de Jasper Johns qui « *atteignaient une telle banalité que rien de plus ennuyeux n'avait semble-t-il jamais été vu auparavant* ». [2]

Toutefois, rien ne nous assure du non-sens et de l'insignifiance des installations vidéo, car il se pourrait tout aussi bien que leur langage soit mal reçu, qu'elles-mêmes soient mal perçues. D'où le pari qui est le nôtre selon lequel une meilleure approche mériterait d'être entreprise, approche qui saurait mettre à profit les propos absurdes proférés par les deux personnages de *Good Boy Bad Boy*, l'amusement superficiel provoqué par la vision de son propre corps dans la goutte d'eau de *He Weeps for you*, les contradictions de *Materia Prima*, la forme indéterminée de *Trois Suites Pour Piano*, et la séduction trop facile d'*Intro-Act*.

Deux paramètres sont donc ici en cause : la visibilité de la forme de l'œuvre comme objet singulier et la détermination de la forme générale de l'installation vidéo comme classe d'objets. En ce qui concerne ce dernier point, si l'aspect formel propre à l'installation vidéo en tant que catégorie artistique est quasiment impossible à dégager, s'il est si malaisé de déterminer la forme de cette catégorie d'art, donc de la penser en tant que "forme" artistique, cela provient probablement de la trop grande diversité des installations vidéo dont les cinq œuvres vues précédemment ont donné un aperçu : « *L'installation vidéo ne se laisserait saisir qu'au pluriel tant elle peut avoir de manifestations diverses* » écrivait déjà Anne-Marie Duguet en 1993 [3]. Cette remarque autoriserait presque d'ailleurs à retenir l'aspect protéiforme comme le premier élément extérieur apte à caractériser cette catégorie artistique.

Quant au manque de visibilité de l'œuvre en tant qu'objet, il faut bien reconnaître que peu d'installations offrent au regard un objet déterminé dans l'espace ou dans le temps. En revanche, elles exhibent une pluralité d'éléments parmi lesquels certains ne semblent pas présenter suffisamment d'intérêt visuel pour susciter une mobilisation des sens — soit une attention esthétique — alors que d'autres sont inversement fortement attirants.

Par conséquent, si ni le sens ni la forme ne se font reconnaître, comment pénétrer dans la logique artistique de l'œuvre? Et comment serait-il

[2] Cf. « Other criteria, regards sur l'art américain » in *Territoire*, 1972.
[3] "Le spectateur, enjeu de l'installation", in *5° semaine de la Vidéo* p.21.

en ce cas possible d'appréhender correctement le sens d'un objet alors qu'on ne parvient pas plus à le discerner qu'à le situer dans le temps et dans l'espace?

La question de la forme est donc particulièrement problématique, car elle sous-tend celle de l'appréhension de ce qui semble ici se dérober à la visibilité. Néanmoins, compte tenu de la production actuelle, il semblerait qu'une nouvelle forme d'expression soit apparue, et cela quel que soit le crédit que l'on accorde à la remarque de Jörg Zutter qui la voit, quant à lui, se manifester pour la première fois dans l'œuvre de Bruce Nauman avec *Good Boy Bad Boy*. La question de la forme "installation vidéo" devient donc prioritaire, mais ne peut se dessiner qu'à travers ses multiples modes de manifestation.

L'investigation menées dans les pages précédentes consistait à faire jouer un emploi pragmatique de l'expression œuvre d'art avec une approche empirique de cinq œuvres présentées, rappelons-le, pour quatre d'entre elles sous l'appellation "installations vidéo", et pour la cinquième, celle d'installation interactive. D'évidence, l'association fonctionne mal, mais est-ce la notion — et ce qu'elle véhicule plus ou moins consciemment — qui est en cause, ou bien est-ce l'installation vidéo qui résiste aux emplois habituels que cette notion autorise assez bien dans l'usage courant? Cette fuite constante et réciproque du prédicat devant l'objet — et dont la réaction ambivalente du public que ces œuvres, certes, attirent mais surtout déconcertent semble bien être un signe — incite à chercher les causes profondes aussi bien dans la forme de l'installation vidéo que dans la notion d'œuvre d'art.

Il semble en effet que l'ambiguïté des conceptions actuelles sur l'art entretienne cette ambivalence, en particulier par une tendance à rompre avec les idées "modernistes" et "d'avant-garde" pour renouer avec des valeurs antérieures plus "authentiques", en restaurant, selon la thèse de Rainer Rochlitz, une « *métathéorie du goût, du plaisir et de la sensibilité* ».[4] Il est en effet devenu fréquent de prétendre que l'art figé, depuis quelques décennies, dans son minimalisme austère, son conceptualisme abscons et sa réflexivité tautologique, aurait creusé un écart entre le public et les œuvres qui lui sont contemporaines. Glacé par une telle mise à distance, le regard se tournerait donc avec nostalgie vers les œuvres du passé.

Bref, aux yeux de certains responsables des circuits culturels, le public, coupé de la production artistique de son époque, est un partenaire à reconquérir. Or, seule, la relation conviviale engendrée par les formes interactives pourrait permettre aisément de combler ce fossé entre un esprit d'avant-garde et des valeurs permanentes. Les organisateurs des expositions de cette sorte d'œuvres visent, en effet, une large fréquentation et souhaitent que

[4] Op. cit. p. 64.

les visiteurs viennent nombreux, en famille, en groupes. Les visites sont animées. Les échanges de points de vue, les questions à voix hautes, les réactions spontanées prouvent que le visiteur cherche sa place face aux œuvres qui sont portées à sa connaissance. Or, malgré cela, la réception n'apporte pas à chacun l'assurance que cette relation s'est réellement accomplie ; face aux œuvres on a l'impression d'être quelque peu floué, ou, pour reprendre les termes de Justo Pastor Mellado, de *« jouer le rôle de l'intrus qu'il faut repousser »* [5] ?

En conséquence, plutôt que d'ignorer ces réactions, de les considérer comme une fatalité, de s'en satisfaire ou de les minimiser, il paraît nécessaire de les traiter comme des symptômes d'un mode de relation esthétique que l'installation vidéo induit pour des raisons qui lui sont strictement personnelles relevant de sa catégorie artistique ou pour des raisons contingentes, liées aux circonstances particulières et au contexte général de son appréhension. Car, plus grave encore qu'un malaise passager serait l'indifférence, le fait que ces œuvres, leur sens et leur réalité, viennent à échapper au point de décourager définitivement tout intérêt esthétique.

A première vue, ce terme d' "installation vidéo" sous lequel sont regroupées une grande diversité d'œuvres, plutôt que de former un ensemble constitué en une véritable "catégorie artistique", pourrait ne rien désigner de plus qu'une collection d'agglomérats divers. Certes, parmi ces œuvres il existe bien quelques parentés ; d'où la tentation d'établir des regroupements, atomisant une catégorie déjà "défaillante" en une multitude d'autres possibilités catégorielles. Ces regroupements, toutefois, restent dispersés, occasionnels et, donc, peu pertinents, de même que le terme "installation vidéo" qui risque de n'être que transitoire.

Une autre hypothèse voudrait en revanche que l'ensemble composé de toutes les installations vidéo répertoriées comme telles à ce jour ne soit pas une simple collection, mais un véritable ensemble d'objets légitimement assemblés sur la base de principes communs d'ordre artistiques etétiques : la naissance du terme "installation vidéo", quelle que soit la faiblesse lexicale de ce dernier, aurait ainsi valeur de symptôme. L'existence d'une nouvelle catégorie d'objets se trouverait directement attestée dès lors par la naissance d'un mot qui tente de les reconnaître. Le terme "installation vidéo" n'a d'ailleurs pas la qualité d'une appellation donnée à partir de sa réception, telle que "la peinture de paysage", les "All Over" ou même la "nature morte", expressions qui visent, dans une classe, un contenu et une forme tels qu'ils sont appréhendés, ressentis — et qui trahissent donc bien une réaction esthétique aux objets. "Installation vidéo" précise en revanche une donnée purement technique portant sur le médium, comme le font les termes de "peinture à l'huile" ou de "fresque". D'où la difficulté de la saisir, malgré les

5 *Vidéoformes 1992* p. 22.

réactions qu'elle suscite au niveau de sa réception, comme un genre dont les déterminations « *constitutivement esthétiques, fonction-neraient*, de l'avis de Jean-Marie Schaeffer, *en tant qu'identification artistique évidente* ». [6] Sous l'expression "installation vidéo", pourraient se développer des ensembles de types opportunistes, implicitement définis par des critères non artistiques, « *chiffres d'un fait social* ... [définis] *d'une manière plus fonctionnelle que formelle* » comme l'aurait dénoncé Adorno, à propos du jazz en particulier.[7] Dans la mesure où une telle éventualité nuirait à l'identité artistique des objets intéressés, il est préférable qu'en dépit des difficultés auxquelles cette recherche d'identité se voit dès l'abord confrontée, elle permette de dégager dans une forme d'expression nouvelle une véritable vocation artistique, meilleur garant de toute dérive hors du champ de l'art et des conduites esthétiques qu'il suppose.

Les installations vidéo forment déjà l'ensemble des objets qui ont en commun d'adjoindre à l'installation comme forme d'expression le médium vidéo. Il s'agit en apparence d'une simple précision technique qui se révèle toutefois déterminante sur deux plans : celui de la conservation comme en témoigne par exemple l'évolution du département multimédia du Musée National d'Art Moderne, et celui de la sensibilité esthétique mobilisée par ces objets qui, au niveau perceptif, ne seront pas reçus comme de simples installations dès lors qu'ils comportent de la vidéo.

Par souci d'exactitude face aux nouvelles technologies, ce terme a déjà subi quelques modifications dans certains cas : "installation audiovisuelle", — comme le suggère Christine Van Asshe, conservateur du département multimédia du Centre Georges Pompidou — "installation multimédia", expression plus extensible. C'est ainsi que certaines pièces parmi les œuvres d'Ann Hamilton sont désignées par ce terme de "multimédia", ce qui permet, d'après Joan Simon « *d'inclure la performance ainsi que les enregistrements audio et vidéo, mais témoigne assez mal des juxtapositions de quantités colossales des matériaux souvent étranges qu'elle utilise* » [8] . Du reste, le terme "multimedia" est ambigu, car il peut tout aussi bien attester des différents matériaux dont l'œuvre est faite que du "support communicationnel" complexe dont elle relève.[9]

Intro-Act est présentée sous le terme "installation interactive". Devrait-elle l'être sous celui d' "installation *vidéo* interactive", sous peine de ne pas

[6] Jean-Marie Schaeffer, *Les Célibataires de l'art.*, pp. 113 et 117.

[7] Cf. Marc Jimenez, *Adorno et la Modernité*, Paris, Klincksieck Esthétique, 1986, p. 310.

[8] « Ann Hamilton, Carrefours Temporels », article de Joan Simon, *art press* n° 208, p. 21.

[9] A noter que, selon Timothy Binkley, l'esthétique aurait tendance à « *voir les media comme des sortes de substances (peinture, bois, pierre, son, etc.) plutôt que comme une trame de conventions* ». Cf. « "Pièce" contre l'esthétique », *in Esthétique et Poétique*, p.51.
Tant que la distinction sera possible, le mot *media* sera réservé ici aux supports en tant que "trame de conventions" ou de communications, tandis que le terme médium (s) désignera les substances.

faire partie d'une étude sur les installations vidéo? Il semblerait pourtant qu'à partir du moment où l'image projetée sur un écran s'apparente à l'image vidéo, même si elle relève du traitement numérique, la distinction ne soit pas très pertinente ; tout du moins pas suffisamment, au niveau de la réception, pour écarter aussitôt de tels objets. *Trois suites pour piano* est, quant à elle, répertoriée en tant que "vidéo installation".

Que le terme employé autorise la conception d'une catégorie artistique originale et autonome pour un ensemble d'œuvres qui admettent une base artistique commune reste, du point de vue esthétique, une perspective stimulante. En effet, cela pourrait conduire un jour à totalement lexicaliser le terme "installation vidéo" (voire un autre terme équivalent), au point d'évoquer une sensibilité formelle et perceptuelle particulière plutôt qu'une technique ou une collection d'objets.

Mais revenons à la question de la saisie globale des œuvres. Pour l'heure, *Trois suites pour Piano* fait donc partie de ces œuvres qui laissent plus d'un visiteur dans un certain désarroi, ne serait-ce que par la difficulté à la saisir selon une forme générale, et cela, en dépit de toute dénomination. Elle est, en effet, dispersée entre plusieurs lieux, éparpillée entre des éléments de natures différentes, dont certains sont à voir, d'autres à lire, d'autres à traverser. C'est ainsi que l'enfilade des trois salles — mal délimitée comme espace opérale, du fait qu'elle reproduit le principe de la succession des différentes salles du musée — confère à cette œuvre, dont chaque "morceau" semble prêt à tout moment de se détacher, un aspect désarticulé. Si l'on attend d'une "œuvre d'art" qu'elle se représente sous la forme d'un objet délimité — sinon par un contour, du moins par une densité visuellement "prégnante" et distincte de son environnement — se retrouver au sein d'un espace informe au contour aussi mal défini est une expérience forcément déroutante.

Cette expérience de l'informe n'est pas rare dans ce domaine. Ainsi les diffusions dispersées, installées par Tony Conrad à la *Documenta 9* de Kassel en 1992 (*In Line*, dont le moniteur était négligemment suspendu sur le côté d'un passage. *Vidi Vici : Narrative and the Death of Desire* : téléprojection à l'intérieur de la cafétéria. *That far Away Look* : moniteur posé dans l'angle du palier d'un escalier) s'inscrivent sur le parcours du visiteur comme une ponctuation qu'il est malaisé de constituer en unité. Bien que des éléments de similitude fassent pressentir des possibilités de relations, de liaisons spatiales, cela ne suffit pas à produire visuellement la forme de l'œuvre.

L'installation de Vera Frenkel, *Aus der Transitbar*, visible lors de la même exposition, s'ouvrait sur un véritable bar où l'on pouvait effectivement consommer en écoutant la musique d'un piano programmé ; la salle donnait sur les ères de passage et contenait, outre le piano et le mobilier classique du bar, des moniteurs, parsemés ou encastrés dans l'une des parois latérales ; des vidéos de témoignages diffusées en direct montraient différents individus s'exprimant dans plusieurs langues dont le polonais et le yiddish. La difficulté à déterminer ici les contours de l'œuvre semble bien provenir, dans ce cas, de l'ambivalence entre réel et artificiel, ou encore entre réalité et fiction, des éléments coprésents. D'où la série de question que cette œuvre pouvait soulever : « *Is this really true? Is this an actual bar? Am I supposed to believe this stories?* » [10] .

Par ailleurs, la forme d'un espace englobant, dans lequel le spectateur évolue, se déplace et rencontre des objets dont chacun d'entre- eux sollicite une attention spécifique, est toujours plus difficile à saisir. D'autant que cet espace flotte, indécis, entre son appartenance à l'œuvre selon l'information donnée par le titre et sa participation aux fonctions du musée comme espace d'accueil.

Dans le cas de *He Weeps For You*, œuvre qui implique comme on l'a vu de pénétrer dans une salle sombre, à l'intérieur de laquelle deux sites visuels sollicitent le regard, l'un, comme coulisse (les objets techniquement nécessaires à la projection), l'autre comme spectacle (l'image projetée), l'appréhension de la forme est sensiblement différente. L'aspect de l'œuvre relève d'une dichotomie, à partir de laquelle la forme globale de l'œuvre exposée a bien du mal à émerger en tant que telle. Cependant on ne pourrait qualifier cet objet d'informe, car l'obscurité de la pièce, nécessaire à la visibilité d'une image vidéo de faible intensité, crée un effet de milieu, avec sa propre ambiance, un peu recueillie, un peu mystérieuse, qui se resserre autour des deux sites jusqu'à les unir sinon dans l'expérience immédiate, du moins dans le souvenir d'une perception visuelle solidaire, la mémoire opérant les condensations nécessaires.

En revanche, si une pièce comme celle de Peter Campus *Negative Crossing*, installation vidéo datant de 1975, composée de quatre éléments disposés en chiasme [11], n'offre pas un aspect formel uni, cela tient pour une bonne part au fait que les objets sont suspendus dans un espace muséal, sans lumière spécifique, sans être nettement séparés des autres œuvres environnantes. Il est probable que dans ce cas, la forme dominante sera recueillie par l'écran sur chacune de ses faces, et même qu'elle se limitera pour quelques visiteurs à l'image positive à laquelle il s'identifierait, selon Peter Campus, « *peut-être parce qu'elle lui est plus familière* » [12] . L'image, dans ce cas offre, comme dans le cas de la goutte d'eau de *He Weeps For You*, l'attrait d'une image de soi, la possibilité de se situer dans l'objet, d'y trouver

[10] Catalogue *Documenta IX*, Kassel 1992, volume 2, p. 187.

[11] Un vidéo projecteur d'un côté ; un écran au centre ; une caméra (réglée en fonction négative) et un moniteur, l'un et l'autre de l'autre côté, face à l'écran. Sur celui-ci apparaît l'image négative et positive du spectateur qui circule entre les appareils — image reconstituée à partir de l'image négative projetée sur l'écran et de l'image négative du négatif d'origine.

[12] Catalogue *3° biennale de Lyon d'art contemporain*, op cit p.136

sa place, ou, comme dans toute image à contenu personnifié, de construire l'amorce d'une identification.

L'objet de l'attention esthétique se situerait donc au niveau de l'image, les instruments vidéoscopiques ne recueillant dès lors qu'un intérêt motivé par une curiosité d'ordre technique.

L'espace architectural dans lequel l'œuvre est installée a, pour sa part, un statut difficile à déterminer. Dans plus d'un cas leurs identités respectives s'avèrent délicates à dénouer l'une de l'autre : l'œuvre est-elle installée dans l'espace architectural ou bien cet espace ne doit-il son existence qu'à celle de l'œuvre? Le spectateur qui pénètre dans une salle pour "voir" l'œuvre, est le plus souvent, de fait, en train de pénétrer "dans" l'œuvre, expérience étrange et plus ou moins consciente. Ainsi, par exemple, les parois courbes de l'œuvre de Judith Barry, *The Work of the Forest*, apparaîtront soit comme des images, soit comme des cloisons qui invitent le visiteur à suivre un parcours donné. L'appréhension de l'espace architectural comme contribution à l'aspect physique de l'œuvre repose sur des paramètres subtils dont la présence est parfois pure contingence, nécessité technique au même titre que les appareils de projection. D'où la relation ambiguë, voire conflictuelle que l'installation établit avec l'architecture, problématique soulevée par Justo Pastor Mellado : « *C'est ainsi qu'elle établit avec l'architecture des relations de complicité et de conflit, incluant forcément en cela le spectateur...* » [13]

Néanmoins, à l'instar de *Materia Prima*, beaucoup d'installations vidéo présentent un aspect mieux défini par lequel se fait sans difficulté la saisie d'une forme perceptible, soit qu'elles se trouvent délimitées par le champ visuel imposé au visiteur, ou bien bloquées, rassemblées dans un lieu identifiable, ou encore "installées" d'une manière visuellement prégnante.

Ainsi parmi les installations de Gary Hill, plusieurs cas de figures sont identifiables. *Inasmuch As It Is Allways Allready Tacking Place* est constituée de seize moniteurs désossés de toutes tailles (de soixante dix à trois centimètres de diamètre) légèrement inclinés vers le haut et qui sont disposés selon de légères variations d'angles dans une sorte de niche horizontale de faible hauteur, proche de la forme d'un soupirail. Chaque moniteur diffuse l'image bleutée d'un fragment du corps de l'artiste. La sensation de forme procède il est vrai de la thématique répétée et de l'unité chromatique ; mais aussi d'un élément d'architecture dont l'installation est dépendante. L'œuvre serait différente si les moniteurs étaient posés à même le sol, même en respectant rigoureusement leur agencement.

De même, la petite salle obscure, isolée du public, dans laquelle est installée *I Believe It Is An Image In Light Of The Other* participe à l'aspect rassemblé de l'œuvre, composée cependant d'objets divers de natures et de positions fort différentes : tube verticaux suspendus contenant des moniteurs

13 *Vidéoformes* 1992, p.22.

modifiés, diffusion par ceux-ci d'images de fragments du corps se projetant sur des pages de livres ouverts et posés sur le sol.

En revanche, dans le cas de *Disturbance, Among The Jars*, installation alignant les moniteurs selon un écart précis, sorte de suite mathématique (deux, quatre, un), la forme est sous-tendue par une ligne virtuelle et un rythme imaginaire. C'est une forme musicale qui ne tient qu'à l'arrangement des éléments d'une suite. Toujours du même artiste, *Crux*, dont les cinq moniteurs sont disposés aux quatre extrémités d'une figure virtuelle de croix chrétienne, relève d'une modalité formelle similaire. Cette œuvre est en général fixée sur un mur, mais, à condition que les distances entre les moniteurs soient respectées, elle pourrait, sans changement notable, être détachée du support mural. L'une et l'autre de ces deux installations consistent en un objet composite, qui semble indépendant de l'espace architectural d'accueil.

Le cas de *Suspension of Disbelief* est cependant différent : les trente moniteurs sur lesquels circulent à grande vitesse des images fragmentaires de corps humains (femme et homme) sont encastrés dans une poutre métallique horizontale placée à un mètre quatre-vingts du sol. L'œuvre en ce cas devient monolithique. Mais est-elle pour autant indépendante de l'espace?

Beacon (Two Versions of the Imaginery), en revanche, se situe dans le registre des flottements formels. Cette installation est basée sur le principe d'une double projection murale. Les images tournoient sur les quatre murs d'une salle carrée. Elles proviennent de deux moniteurs modifiés et de lentilles placés de chaque côté d'un tube rotatif fixé au plafond par une tige métallique. Les spectateurs sont conviés à pénétrer dans la salle. L'attention est alors fortement sollicitée par les deux images vidéo. La forme de l'œuvre semble se limiter à celle des images. Le statut de l'espace environnant reste donc ambigu.

L'aspect extérieur joue un rôle important dans l'appréhension des œuvres. Il est aussi ce qui permet de les identifier, de les reconnaître, de les distinguer les unes des autres, voire de les classer. Les déterminations formelles prises en compte jusqu'ici relèvent en fait de la plus ou moins "bonne forme" ; d'une *"Gestalt"*, qui permettrait une saisie visuelle de l'objet. L'installation vidéo a effectivement consisté à disposer de l'image sur de l'objet, à confectionner des objets contenant des images, ce qui induit le désir de saisie de ces objets. Toutefois, il paraît évident que toutes les œuvres ne se retrouvent pas dans ce désir.

D'ailleurs, ce paramètre ne s'applique pas également à tous les objets artistiques, même dans le champ des arts plastiques. Si la notion de Gestalt, qui met en balance l'objet et l'espace environnant, semble produire un paramètre immédiatement efficace en sculpture, elle rendra différemment compte de l'architecture (où l'objet est "espace environnant") et de la peinture (où l'espace est "dans" l'objet). Il n'est donc pas certain que ce paramètre, qui favorise le degré d'unité et de prégnance formelles, soit le plus pertinent pour établir une typologie des formes diverses des installations vidéo, dans la mesure où leur spectateur se trouve corporellement impliqué dans un espace tour à tour architectural, sculptural ou pictural. Ainsi, *Materia Prima*, dont on a noté les affinités avec l'expression de l'espace fictif par la construction perspectiviste et le dispositif de la fenêtre, de la *veduta*, renvoie sur ce point à la peinture. Le premier plan horizontal composé de trois cent quatre-vingt quatre moniteurs disposés selon un rythme régulier fut *Tricolor Video* que Nam June Paik installa dans la fosse d'entrée du Centre Georges Pompidou en 1982. Le thème du drapeau y était confronté, à l'instar des "*Flags*" de Jasper Johns comparés sur ce point par Leo Steinberg à « *une surface en cours d'imprégnation* » [14], à la problématique de la planéité et des vibrations colorées. Auquel cas, cette œuvre pouvait correspondre elle aussi à une recherche d'ordre pictural ; de même que des murs d'images tels que *Lyon Video Wall* de 1995, bien que ceux-ci supportent davantage cette comparaison pour d'autres raisons : par exemple, leur verticalité et les répartitions plastiques et chromatiques d'images soumises aux effets du coloriseur et de l'infographie.

Cependant la plupart des totems que Nam June Paik présentait lors de l'exposition "La Fée Electrique" organisée au Musée d'Art Moderne en 1989 et dont les formes volumiques se découpent nettement dans l'espace, relèvent nettement de la catégorie de la sculpture ; les quelques pénétrables (comme *Madeleine Disco* ou *Arc Double Face* par exemple), s'apparenteraient quant à eux à des pièces d'architecture.

Les installations de Bill Viola, pour leurs parts, sont tout particulièrement soucieuses des proportions entre l'espace réservé à l'évolution du spectateur et celui consacré aux projections : que ce soit par la structure des salles construites pour les accueillir ou par l'importance des orientations et des qualités des plans dont il impose l'épreuve au spectateur. Ainsi dans une œuvre comme *Arc of Ascent*, le visiteur pénètre dans une petite salle obscure, très haute, dont la paroi du fond reçoit la projection verticale de la bande vidéo ; verticalité que l'on retrouve dans *Stations* composée de cinq pans de quatre mètres de haut. Ainsi, le faible recul imposé par la disposition architecturale de *Passage* — accès par un étroit couloir qui débouche sur une loge perpendiculaire d'à peine un mètre de profondeur et de cinq mètres de large sur trois mètres cinquante de haut et sur lequel, plein cadre, est projeté le film vidéo — place sciemment le spectateur devant une image trop grande pour lui, encore que ce parti pris exige une analyse plus approfondie qui sera développée ultérieurement. Quoi qu'il en soit, une telle attention aux proportions sensibles de l'espace pénétrable est propre à toute préoccupation authentiquement inspirée par l'espace architectural.

14 *Regard sur L'art américain*, p.31.

Ainsi, sculpture, peinture et architecture sont des catégories dont s'inspire l'installation vidéo et sur lesquelles elle prend appui. Ce qui laisserait supposer que l'installation vidéo ne trouve son statut d'œuvre d'art que par le biais de genre "subsumant" ; et, selon la thèse de Jean-Marie Schaeffer, cette assimilation à un genre suffirait pour qu'il fonctionne comme « *identificateur artistique* ».[15] Cependant elle joue le plus souvent entre les catégories. Telle *Suspension of Disbelief* citée plus haut qui se situe entre l'évocation d'un élément d'architectonique du fait de sa position dans l'espace et du support (poutrelle métallique) et celle d'une sculpture, compte tenu de l'aspect unitaire de l'objet.

Au fond, les installations vidéo présentent très probablement une grande variété d'aspects du fait de leurs affinités avec toutes autres formes d'arts plastiques, qu'elles soient traditionnelles telles que la sculpture, la peinture, l'architecture, ou nouvelles telles que le pénétrable, le mural, l'environnement. D'où la série de dénominations qui vit le jour depuis leur apparition : vidéo-sculptures, peinture vidéo, murs vidéo, environnement vidéo, pour lesquels le critère de discrimination porte sur la manière d'installer les objets dans l'espace et qui permettent de déterminer les dispositifs vidéo dont Anne-Marie Duguet a déjà donné une description précise. C'est pourquoi le terme de dispositif semble le mieux caractériser ces installations qui « *intègrent surtout la dimension de direct qui autorise des échanges entre le dehors et le dedans, des imbrications subtiles d'espaces et de temps.* »[16]

Ainsi, l'utilisation du médium vidéo par les artistes aurait, dans un premier temps, donné lieu à des catégories d'œuvres de deux sortes : d'une part, celles encore soucieuses de composition formelle, telles les vidéo-sculptures et les environnements vidéos. D'autre part, une catégorie indifférente à ce paramètre, où l'on ne **com**poserait plus, mais où l'on installerait et **dis**poserait les différents éléments : les installations vidéo, dont les motivations innovantes laissent loin derrière elles les traditionnels problèmes de composition. Dans la proposition d'Anne-Marie Duguet, le terme "dispositif" viendrait donc prendre le relais de celui de composition, en provoquant un certain nombre de bouleversements qui ne sont pas sans relations avec les difficultés rencontrées du côté de la réception. Le principe de dispositif étant associé étroitement à celui de l' "installation vidéo", ce dernier terme supplante dès lors les autres appellations qui ne renvoient plus qu'à des sous-catégories. Il met l'accent sur l'acte de "disposer", en insistant sur ce que cet acte comporte d'intentions de la part de l'artiste, et de conséquences sur les conditions de l'élaboration des œuvres — en particulier au niveau des liens qu'il implique entre l' "installateur" et l' "installé". Par ailleurs, il permet de

[15] Cf. *Les Célibataires de l'art, p.38.*
[16] Cf. : *Vidéo, la mémoire au poing*, coll.. L'Echappée Belle, Hachette Littérature, 1981.

prendre en compte les modalités de dispositions propres à l'installation vidéo, et qui chacune à leur manière, influent sur la réception des œuvres. Ce sont donc bien ces aspects et leurs implications respectives qu'il convient maintenant d'examiner de plus près, afin de cerner les enjeux artistiques des principes qui gouvernent ces dispositifs, et leurs conséquences sur le plan de l'appréhension des œuvres.

2. Dispositifs

L'une des modalités les plus spectaculaires des dispositifs de l'installation vidéo concerne la manière de disposer le ou les moniteur(s) dans l'espace. Dans son ouvrage, ***Vidéo, la mémoire au poing***, Anne-Marie Duguet cite deux œuvres de Nam June Paik, ***Fish Flies on the Sky*** comportant quatre-vingt-huit moniteurs suspendus au plafond d'une salle d'exposition, et *Video Garden* où les moniteurs sont disposés à même le sol entre des plantes vertes.

Le moniteur est l'objet métonymique du phénomène télévisuel et de ses conséquences sociales. Il est cet objet domestique par lequel transitent les événements internationaux, miroir complaisant du "progrès", image du monde, icône consacrée à la connaissance et la communication. Cet arrière-plan implique que chaque transgression concernant le "poste de télévision" est perçue comme une forme d'agression. Or l'acte de "dis-position", qui signifie à l'origine « *placer en séparant distinctement* » [1] ne devient véritablement sensible qu'à l'instant où il transgresse les usages ; ce n'est qu'alors que l'attention se détache du contenu de l'écran pour se poser sur les objets. En ce sens, *Materia prima*, œuvre apparemment très formaliste, très "composée" est bel et bien un dispositif. On pourrait même penser qu'elle l'est davantage que *Good Boy Bad Boy* qui respecte les conventions de l'image télévisuelle ; du moins en apparence, car, outre l'incohérence du discours, le dédoublement syncopé du foyer de diffusion de l'image — source de la "parole vraie", officielle et omnisciente — est un acte transgressif provenant de la "disposition" inhabituelle du "télévisuel".

L'exploration de toutes les positions inattendues et fantaisistes des moniteurs dans l'espace persiste aujourd'hui. Les diffusions sont accompagnées d'objets qui, parfois, absorbent – voire dissimulent

[1] *Le Robert, Dictionnaire historique de la langue française* p.612 :« *disponere*, de *dis-* et *ponere* (–> poser)... ».

complètement – le moniteur de diffusion. Le statut du moniteur n'est plus très clair : moyen de diffusion ou élément d'une sculpture? Le spectateur qui naïvement s'assoit dans le fauteuil placé devant un "poste de télévision", prend peu à peu conscience qu'il est impliqué dans un environnement dont moniteurs, fauteuils, cloisons sont les structures (tel que pour *Dans la vision Périphérique du témoin* de Marcel Odenbach). Vito Acconci suspend les moniteurs entre des câbles métalliques dans *Virtual relation mask*, Bruce Nauman les posent les uns au-dessous des autres tête-bêche dans *Anthro/Socio*, Nam June Paik et Marie-Jo Lafontaine tapissent les murs de moniteurs serrés les uns contre les autres, comme, à moindre échelle mais sur le même principe de la reconstitution de l'écran évoquant les « *projections cinématographiques multi-écrans ou les polyvisions de diapositives* » [2], Thierry Kuntzel pour ses deux premiers *Nostos*.

Le dispositif conçu par Chantal Akerman, *D'Est, Au bord de la fiction*, installé au Musée du Jeu de Paume en 1995, disperse les images dans trois salles successives. La première accueille la diffusion du film dans son intégralité par ciné-projection. Dans la seconde, vaste et profonde, a lieu le déploiement du film, sectionné en courtes séquences, sur vingt-quatre moniteurs posés à hauteur d'homme et arrangés par petits groupes de trois composant ainsi un espace architecturé par la verticalité des obstacles et l'horizontalité de l'ensemble. La troisième salle, de dimension beaucoup plus réduite ne contient plus qu'un moniteur et une enceinte acoustique.

Quant aux formes de déambulations nomades propres aux dispositifs de Kryztof Wodiczko, tels par exemple *Allien Staff (le bâton d'immigré)*, ou *Poliscar*, elles pourraient apparaître comme les cas les plus limites de l'installation vidéo.

Dans ces différents dispositifs, l'essentiel consiste dans une démarche de mise en espace du ou des site(s) de diffusion. Elle commence par la prise en considération du poste de diffusion, se poursuit à travers les libertés et fantaisies prises à son égard, et s'accomplit dans la considération accordée au potentiel artistique inhérent à la source de diffusion elle-même [3]. Cette première modalité d'installation de la vidéo correspondrait donc à ce que l'on pourrait nommer un "dispositif de spatialisation".

[2] Cf. Anne-Marie Duguet, op. cit. p. 219.

[3] On notera à cet égard que Edith Decker, pour sa part, distingue nettement l'une de l'autre deux tendances de Nam June Paik : celle des installations à circuit fermé et celle des installations avec multimoniteurs. Elle rapporte que l'idée en serait venue à N. J. Paik en imaginant la vision d'une « *ugues cathode ray wall, consisting of twenty-five TV sets* » (en anglais dans le texte), *Paik Video*, 5. « Die Multi-Monitor-Installationen », p. 93.

Si des raisons particulières ont motivé une sorte de "mise sur orbite" du poste de télévision, en tant qu'objet social, elle s'est propagée au mode de diffusion qui, depuis les premiers temps de la télévision, s'est modifié. Dans les cas par exemple de vidéoprojection, le plan de projection échappe aux normes télévisuelles : tel *Ici / Maintenant*, d'Antoni Muntadas, vidéo d'un intérieur de tunnel projetée sur les murs de l'espace d'exposition ; ou les projections suspendues de Douglas Gordon (*Proposal for Public Art Work : Reconstituting John Ford and the Searchers*, par exemple), celles réalisées au plafond par Rainer Oldendorf (comme pour *Marco* qui doit être regardé couché sur une banquette), ou encore sur une feuille de papier flottante comme dans *Portraits virtuels en forme de collection particulière (Swinging Story)* de Catherine Ikam où le visage se convulse au moindre souffle. La spatialisation ne prend donc pas seulement en compte la position des objets pour elle-même, mais la forme de leur apparition en fonction de la position du spectateur, de sa mobilité (ou de son immobilité) et de son envergure physique (et de ses limites).

Ce qui caractérise ce principe de dispositif provient donc de la manière dont est pensée la relation du regard et de l'espace sensible. Le sujet spectateur est l'enjeu de cette relation dans la mesure où l'œuvre prend forme à partir de la relation elle-même, de sa qualité et de son intensité, c'est-à-dire à travers le sujet, comme actant de la relation. Le principe commun entre une installation qui emprunte à la perspective classique ses effets de profondeur et son dispositif de mise à distance, mais renverse le plan vertical du tableau et le déploie sur le sol, et une œuvre qui transgresse tout classicisme en accrochant des moniteurs au plafond, agit au niveau d'une interpellation réciproque du regard comme site des apparitions, et du corps comme berceau des sensations.

L'espace, travaillé par l'installation, devient un espace où le corps et le regard doivent se concerter pour explorer une proposition inédite; c'est pourquoi, au-delà d'un espace à voir et à parcourir, il pourrait devenir également un espace à lire. La disposition dans l'espace propre aux installations vidéo, donnerait-elle "lieu" à « *ce qu'il faut bien appeler*, selon George Quasha et Charles Stein, *la textualité de l'espace* » [4] ? Il se pourrait que le rapport à l'espace habituellement suscité par l'image vidéo — comme image principalement télévisuelle — en soit sensiblement inquiété. On

[4] A propos de *HanD HearD* de Gary Hill, in *Gary Hill, HanD HearD/liminals objects*, Ed. Galerie des archives, Paris, 1996.

imagine encore mal, cependant, que le souhait de Bill Viola de « *transmettre un jour ses œuvres* [...] *dans le salon de tout un chacun* » [5], se réalise jamais.

Mais un autre facteur semble concerner les dispositifs des installations vidéo : celui de l'interactivité. Certes, quelques œuvres sont dites interactives (celles qui intègrent par exemple des logiciels d'interaction), mais ce n'est pas le cas de la majorité. Pourtant, selon Jean-Yves Bosseur, « *les projets interactifs ont largement ouvert la voie aux événements inter-media qui se multiplieront à partir des années 70* ». [6] On peut se demander, dans ce cas, dans quelles mesures l'interaction peut être considérée comme un principe actif général de l'installation vidéo, et jouer un rôle dans les mutations contemporaines?

Certes, une installation comme *He Weeps For You* n'est pas à proprement parler interactive, mais elle fonctionne pourtant à partir un principe d'interpellation réciproque, à partir d'une opération qui intègre le spectateur non seulement dans la goutte d'eau, mais aussi dans le circuit vidéoscopique. Cette modalité — prise au sens large et caractéristique d'un dispositif d'installation vidéo qui s'intéresse à la faculté de la technologie à prendre par elle-même possession de l'espace — offre une source d'invention certaine à la création.

Du point de vue historique, ce principe est probablement le premier à se manifester, lorsque les artistes considérés comme les pionniers en la matière, Wolf Vostell et Nam June Paik, tentent, en disposant plusieurs moniteurs "préparés" dans un lieu d'exposition, de mettre en évidence ou de matérialiser la vidéo comme événement : extraire directement cette substance vivante, animale, de la matière même du flux télévisuel.

Néanmoins, un tel principe, lié aux propriétés technologiques de l'installation vidéo, pourrait toucher des points sensibles en matière de conceptions artistiques et esthétiques. D'où sa probable responsabilité au niveau des réticences (ou des engouements) que suscitent cette forme d'expression.

En 1963, donc, Vostell expose aux Etats-Unis une pièce, *6 TV Dé-coll/ages electronics*, composée d'une demi douzaine de moniteurs posés sur des meubles à tiroirs ; chaque poste, déréglé, était branché sur réseau hertzien diffusant les images brouillées, à peine lisibles d'un programme vidéo parasité ; sur le sommet des moniteurs étaient posées des petites maquettes de paysage — Une réplique de cette œuvre (pour laquelle les images d'origine

[5] Selon Franck Popper, *L'Art à l'âge électronique*, p.65.

[6] *Le Sonore et le visuel*, p.83.

furent remplacées par les bandes enregistrées montées en boucle) fut exposée récemment à Lyon.

La même année, Nam June Paik qui, par ailleurs, procédait déjà à des manipulations électroniques sur image vidéographique, expose à Wuppertal (en Allemagne, à la Galerie Parnass) treize moniteurs préparés *Music/Electronic Television* qui diffusent des formes abstraites — lignes de couleurs, volutes — obtenues à partir des images perturbées par des effets électromagnétiques infligés aux tubes cathodiques.

Ainsi, que la spatialisation soit sensible ou non, le transit des impulsions électroniques est révélé à travers les aberrations qui résultent de différentes disruptions intervenant dans le déroulement. Le "vidéoscopique" n'est pas seulement une image donnée, mais une chaîne d'opérations de codage et de décodage. Chaque point de cette chaîne peut être l'occasion d'une fuite, d'une rupture, d'une déviation, d'une modification. Distribué à travers un éventail de sites visualisables, le transit vidéo devient, en quelque sorte, une installation vidéo. Chaque pièce de l'installation est reliée aux autres selon une relation d'enchaînements interactifs et permutables qui a pour modèle initial le système vidéo lui-même : captation d'image, traitement par analyse et synthèse, diffusion. Jean-Yves Bosseur propose du reste d'utiliser le terme « *"intermedia" pour évoquer des pratiques où s'opère une véritable fusion entre plusieurs champs d'activité.*» [7]

L'implication du spectateur sera effective avec les *Time-Delay* de Dan Graham pour lesquels la prise de vue dans le site même de l'installation transite par deux magnétoscopes, avec un décalage de quelques secondes pour le deuxième à partir duquel s'effectue la lecture et la diffusion. Le spectateur se voit en perpétuel retard quant à son action présente. Le *Delay-system* fait partie de cette sorte d'effets spéciaux qui jouent entre la fidélité de l'image vidéo par rapport à la réalité transmise en direct et la réification de cette image. Cette modalité domine la production des années soixante-dix, époque à laquelle Bruce Nauman crée ses *Video Corridors*, intégrant naturellement ce mode de dispositif à sa propre recherche du moment, dans la mesure où son principe s'avère être un bon instrument pour capter le moment de la saisie conjointe de la réalité de l'événement à travers ses manifestations interne et externe.

C'est ainsi qu'un bon nombre des œuvres de cet artiste datant des années soixante-dix, *Video Corridor*, *Lived taped Video Corridor*, *Around the Corner*, présentent chacune un système de prise d'images selon des retards ou des

[7] Op. cit. p. 131.

dispositions qui perturbent la réception directe. Ainsi, par exemple, *Video Corridor* consiste à placer la caméra, donc le pôle de prise de vue, en surplomb à l'entrée d'un long corridor très étroit (vingt mètres environ de long pour une largeur d'une "petite" carrure d'épaule) alors que le pôle de diffusion immédiate est posé au sol tout au fond du corridor. Le résultat au niveau réception est le suivant : quiconque pénètre dans le corridor, attiré par l'image vidéo du moniteur, se voit de dos, et de plus en plus loin au fur et à mesure qu'il se rapproche physiquement de l'écran.

Dans le même esprit, *Negative Crossing* de Peter Campus capte, comme on l'a vu plus haut, une première image négative projetée qui elle-même est recodée par la caméra négative en image positive.

Le principe même de la vidéoscopie se trouve alors déployé, comme un organe aux multiples connexions, ajustées selon une ordonnance précise, et ceci, de la saisie du signal vidéo à sa diffusion. Diffusion qu'il devient possible de perturber par "dé-connexion", "dé-viation", ou irruption d'un élément externe. Le visiteur, en tant qu'élément externe, est dans ce cas l'un des facteurs possible de ces perturbations. Sa présence dans le champ de captation matérialise les perturbations du transit et ses interventions les actualisent. Il devient complice du détournement. C'est en quoi les installations vidéo ont pu être ressenties comme des propositions guère sérieuses, du fait qu'elles favorisaient des comportements peu orthodoxes en matière de relation aux œuvres d'art, tels que les tendances à l'amusement au cours de pratiques expérimentales dites "ludiques".

En fait, dès qu'elle s'émancipe de son objectif télévisuel la technologie vidéoscopique débouche sur le jeu interactif. Par le biais de ce type de dispositifs, les nouvelles technologies actuelles explorées par les artistes dans les installations interactives multimédia (disques laser, CD-Rom, CDI, logiciels de réalités virtuelles, synthétiseurs etc...) se situent dans le prolongement de l'installation vidéo. Anne-Marie Duguet rappelle d'ailleurs combien la pratique des nouveaux systèmes interactifs « a été largement préparée par la vidéo »[8], et, plutôt que de voir dans ces nouvelles technologies un dépassement d'un procédé révolu, elle les place résolument dans une perspective unifiée.

L'un des dispositifs à interaction les plus spectaculairement "ludiques" présentés lors de la *3° biennale d'art contemporain* de Lyon : *Telematic Vision* de Paul Sermon, s'appuie en grande partie sur les effets de trucages qui mettent en contact deux lieux séparés (dans le cas présent, il s'agissait du

[8] 5° Semaine de la Vidéo Internationale, 1993 p. 21.

Musée d'Art Contemporain et de l'ancien Palais des Congrès, situés à près de cent mètres l'un de l'autre) par une liaison ISDN de visionnement en temps réel : chaque lieu est équipé d'un canapé, muni de coussins bleus permettant aux visiteurs d'un lieu à l'autre de se voir coprésents sur le même canapé, de se toucher, de se cacher ou de s'asseoir sur les genoux les uns des autres, tout cela virtuellement bien entendu. La relation avec l'œuvre implique nécessairement dans ce cas que le spectateur participe à un jeu de passe-passe interactif, c'est-à-dire que ses gestes, ses actes et ses positions entrent dans un système de causes et d'effets qui mettent en relation aux moins trois partenaires : deux visiteurs (de part et d'autre du dispositif) et l'œuvre elle-même ; chacun de ces partenaires suggère, impose, subit ou négocie à partir des initiatives des deux autres (les "lois" du programme du dispositif rencontrant souvent celles des réflexes socio-culturels de chaque participant), dans un face à face propice à faire de drôles de rencontres virtuelles. Un peu comme dans le cas de *Intro-Act*, où le visiteur qui accepte de se "prêter au jeu" se livre à des expérimentations pleines de surprises, et qui relancent constamment sa participation. C'est ainsi que le principe interactif introduit dans la relation aux objets de l' "Art" une fonction nouvelle : la fonction ludique.

Cette fonction reste néanmoins souvent perçue comme l'occasion de détourner la relation à l'œuvre de sa nature esthétique : l'objet d'art qui amuse ne serait pas un objet sérieux ; il n'est plus que distraction, art d'agrément, donc plus ou moins consciemment discrédité par les effluves encore flottante de la morale janséniste.

Alors que, dès son origine, l'installation vidéo se constitue sur une base critique (critique contre la tutelle du pouvoir politique sur la communication, critique contre un idéal artistique bourgeois, complètement coupé de la vie), elle prend paradoxalement une allure suspecte d'objet d'agrément et de divertissement et semble rivaliser dans sa démarche avec l'industrie des loisirs, produisant des œuvres proches de ce que cette industrie met à la disposition de la clientèle des parcs d'attractions, pour le plus grand bonheur du public contemporain. L'art contestataire qui accompagne dans ses multiples formations l'avènement de l'installation vidéo, et qui circule dans les veines du mouvement *Fluxus* en particulier, aurait-il évolué *via* la fonction ludique sécrétée par le principe interactif, en baume de réconciliation, souscrivant à « *cette dévotion à la culture spectaculaire* » qui, pour B. Buchloch caractériserait « *la néo-avant-garde* » . [9]

[9] Cf. B. Buchloch, *Essais historiques*, p. 859.

C'est ainsi que l'on peut se demander si les manifestations ludiques suscitées par l'installation vidéo, notamment celles qui inscrivent le spectateur comme facteur et enjeu interactif, ne seraient pas des occasions de réanimer de vieux débats qui opposèrent en leurs temps stoïciens et épicuriens, et, depuis, toutes les doctrines ou philosophies plaçant l'art dans une perspective de libération de l'être humain.

La question qui demeure au cœur du débat et qui atteint directement l'installation vidéo, revient à s'interroger sur une véritable incompatibilité, c'est-à-dire une incompatibilité de nature, entre l'attitude ludique et l'objet d'art. On le penserait volontiers devant l'embarras que provoque l'aspect incongru des comportements générés par les participations ludiques des spectateurs et le malaise éprouvé dès que cesse toute activité ludique dépourvue de sens. L'interaction se limiterait (terme en soi déjà négatif) au plaisir, incontestable, de l'instant, sans permettre la moindre retombée, sans encourager la méditation, sans apporter de réels savoirs nouveaux, ni de sujets de réflexion.

Bien que les activités ludiques soient aujourd'hui présentes dans la plupart des pratiques quotidiennes, on imagine mal rencontrer dans les musées les formes d'expression artistique qui relèvent du spectacle et du jeu. Et sans doute, en affichant son incompatibilité avec la fonction ludique, l'art "digne des musées" cherche-t-il à se démarquer de toutes les sous-catégories de formes d'expression qui auraient, pour leur part, explicitement intégré cette fonction dans leur statut. Hiatus qui nous renvoie une fois encore au problème posé par l'ambiguïté catégorielle des installations vidéo. En tant qu'elles fonctionnent (selon le principe interactif) sur le mode d'une participation ludique, elles s'apparentent inévitablement aux formes les plus "régressives" et les plus "indignes" des activités d'agréments : les attractions foraines. Mais s'agit-il d'une indignité à l'égard de l'art ou d'une méprise quant à ses objets?

Toutefois, en dépit de leur aspect ludique, certains dispositifs interactifs semblent néanmoins mériter leur place dans un musée. C'est notamment le cas de l'installation de Timothy Binckley, *Watch Yourself*, dans la mesure où elle intègre une référence au monde de l'art traditionnel. En effet, le dispositif consiste à relier, par l'intermédiaire d'une caméra dirigée vers le public, la prise de vue directe d'un spectateur à une zone délimitée d'un écran sur lequel est projetée en vidéo une série de tableaux de maître. Le visiteur se trouve ainsi transporté par le détournement malicieux de la vidéoscopie, au cœur d'une série de tableaux de différentes époques, tous caractérisés par une problématique du miroir ou de la mise en abyme. En usurpant, par exemple, la place mystérieuse du miroir/tableau des *Ménines*, l'intrus génère une nouvelle configuration de l'œuvre par cette visite inédite. L'interaction dans ce cas se double d'une expérience culturelle, puisqu'elle fait référence à un savoir. Certes, il reste permis de douter de la qualité de l'investissement esthétique lié au simple repérage de tableaux célèbres, mais au delà de ce repérage, la problématique de l'œuvre n'est-elle pas elle-même ravivée?

L'exemple de l'installation de Michael Snow à Lyon au cours de la 3° biennale, pourrait poser le problème sous un angle quelque peu différent. *"De là"*, la caméra multi-rotative qu'il avait utilisée en 1970 dans son film expérimental *la Région Centrale*, est une sorte de robot muni d'un système multi-angulaire de prise de vues, grâce à ses trois points de rotation [10]. Michael Snow se souvient du reste qu'une fois le film terminé, il trouva cet appareil finalement "très beau", et résolut de l'exposer comme une sculpture qu'il place dorénavant au centre d'une installation. Il s'agit d'un dispositif *in situ* qui confère à l'objet une dimension interactive en filmant les spectateurs qui circulent dans la salle. Lors de sa mise en rotation, la "sculpture" capte tour à tour parois, sols et plafonds emportant dans une architecture de plans obliques ou renversés les images désorientées des spectateurs. Devant cette chorégraphie quelque peu impromptue, on peut se demander si l'interaction nuit réellement au projet artistique, ou si elle n'en prolonge pas plutôt la plasticité. Le spectateur se laisse certes distraire de la pure contemplation de la beauté "sculpturale", mais son expérience ne s'enrichit-elle pas d'une nouvelle dimension spatiale?

S'organisant autour des possibilités particulières de la vidéoscopie et de la question du spectateur-voyeur-acteur (dimension du direct, imbrication d'espace et de temps, expériences perceptives etc.), il semble bien, certes, que les sortes d'expérimentations auxquelles se prêtent ces dispositifs ne relèvent pas seulement des catégories artistiques. Mais, si l'on craint tant que sa dimension ludique n'éloigne l'installation vidéo de l'art et l'assimile aux loisirs, n'est-ce pas surtout parce que l'on redoute que le domaine des loisirs ne subsume aujourd'hui celui de l'art? C'est pourquoi le principe d'interaction grâce auquel il devient possible de concevoir une installation vidéo comme un lieu dynamique, propice aux activités d'échange et à la circulation des données (plutôt qu'un agglomérat d'objets) présenterait à l'évidence un inconvénient pour les "conceptions traditionnelles de l'art" : celui d'agiter une zone sensible, probablement active au cours des conduites esthétiques

10 ***De Là*** fut mise au point par l'ingénieur avec lequel travailla Michaël Snow lors de la préparation de son film *Dans la Région Centrale*; la caméra de cinéma est aujourd'hui remplacée par une caméra vidéo.

traditionnelles, mais qu'il semble parfois plus sage de laisser au repos afin de ne pas détourner l'attention de la relation "purement" esthétique à laquelle l'œuvre aurait pu donner lieu. Ce principe, en permettant, de l'avis de Jean-Yves Bosseur « *de ramifier et d'étendre les chances de dialogue entre les différentes pratiques* » [11] n'en demeure pas moins un trait pertinent de l'installation vidéo. Il comporte, en outre, des prolongements qu'il convient d'examiner.

Ainsi, l'interaction n'est pas seulement une question de manipulation d'une partie de l'œuvre proposée par l'artiste, elle ne se situe pas seulement entre le spectateur et l'œuvre, mais entre les éléments de l'œuvre dont le potentiel interactif est visualisé. Ces dispositifs "à interactions" (interne ou externe) en appellent souvent à la participation tactile ou physique du visiteur, comme dans *Intro-Act*, où la position, la hauteur et le poids du corps sont les facteurs inducteurs des graphismes virtuels. Souvent, certes, mais pourtant pas systématiquement : si du point de vue du spectateur, l'interactivité qui le met en jeu est l'un des paramètres importants (et "spectaculaire") des installations vidéo, le terme interactif ne doit pas être prisonnier de l'image de la manipulation de manettes ou de souris, ni même d'activité extérieure à l'œuvre. Il implique, en effet, la prise en considération de tout ce qui est "interactivité" dans l'œuvre.

He Weeps For You de Bill Viola, dont le système met en connexion la conduite d'eau, le capteur vidéo braqué sur la goutte de liquide en suspension, la projection en direct sur écran de l'image de la goutte d'eau dans laquelle se reflète, comme dans le cas d'une lentille convexe, la salle, ses ombres et ses lumières et les visiteurs qui s'introduisent dans l'espace, mérite tout compte fait d'être considérée comme un exemple très sophistiqué de dispositif à interactions, sans être pour autant ce que l'on appelle usuellement une vidéo interactive.

Mais alors, compte tenu de cette relation de fait que l'installation vidéo entretient avec la performance de la technologie de l'électronique, on comprend mal que certaines œuvres la boudent au point de la maintenir "*off*", comme dans *Materia Prima*. Le dispositif, bien que spatial, n'a rien apparemment d'interactif, pas plus au niveau de la participation du spectateur qu'à celui des interactions électroniques.

Certes, les principes de spatialisation et d'interaction, tels qu'ils ont été isolés ci-dessus, supposent la coexistence d'éléments divers. Ils ne prennent cependant pas en compte une préoccupation très développée dans les

[11] *Ibidem*.

installations, qui consiste à imposer volontairement cette coexistence à des matériaux de natures différentes (ou "indifférentes"), comme c'est précisément le cas dans *Materia Prima* dont les moniteurs vidéo sont encadrés par les travertins. Néanmoins, n'y a-t-il pas quelque chose qui "inter-agit" entre ces pierres romaines et ces postes de télévision? Quelque chose qui force à supposer une interaction, par ailleurs improbable? Ainsi, même les œuvres les moins ouvertes à la participation active du spectateur, même celles qui ne présentent pas d'interaction dans leur dispositif, pourraient être "animées" par le principe d'interaction ; principe qui provoquerait l'articulation d'éléments apparemment étrangers, indifférents les uns aux autres.

Poser des pierres "contre" des moniteurs, des moniteurs "entre" des fleurs, incruster l'image "au centre" de l'espace "vide" d'un cylindre métallique, placer deux téléviseurs l'un "auprès" de l'autre, projeter une image sur un mur et produire un son dans l'angle "opposé"... , bref introduire des "co-présences" sans pour autant les sceller par des "ligatures" solides et définitives, semble être en effet l'un des paris constants des installations vidéo, une modalité récurrente de leurs dispositifs. Cette modalité se traduit extérieurement par cette sorte de disposition "lâche" des différents éléments dont l'œuvre se compose, objets qui restent disjoints les uns des autres. Le manque de liens évidents, et, donc, de cohésion, a souvent pour effet de provoquer la déroute du regard, son désinvestissement.

Les installations vidéo jouent donc beaucoup avec la force d'attraction, mais elles en jouent de deux manières bien différentes. La première, certes, par l'attrait qu'elles exercent incontestablement sur le spectateur, et dont l'examen des modalités d'interaction a donné un premier aperçu. La seconde, et probablement la plus caractéristique, par cette sorte de force qu'elles semblent supposer aux objets, une sorte de magnétisme qui leur serait octroyé par l'acte d'"installation" ; principe postulé par l'œuvre, et dont elle userait, pour suggérer la probabilité d'une cohésion.

Cette manière de "disposer" des éléments disjoints dans l'espace pourrait, il est vrai, ne se rencontrer qu'accidentellement dans quelques œuvres, n'être qu'un simple effet de style de leur part. Cependant, cette tendance se retrouve plus ou moins dans la plupart des installations. Elle irait même jusqu'à contaminer le dispositif au niveau de son propre principe ; en effet, elle semble postuler que la simple juxtaposition de deux ou de plusieurs éléments de matière, d'origine et de fonction bien différentes, lorsqu'ils sont disposés d'une certaine manière, devrait suffire à faire exister une forme de cohésion par laquelle l'œuvre trouverait son unité et sa densité. Ce qui impliquerait donc que la coprésence produise, dans certaines circonstances, un principe actif.

Certes, on y reconnaîtra une démarche de spatialisation ou une recherche d'interaction, mais cela ne suffit pas à comprendre la singularité de ce phénomène qui ne pourrait s'expliquer que par l'existence d'un autre principe et par celle d'autres enjeux.

On notera par ailleurs que ce principe apparaît dès les premiers balbutiements de l'installation vidéo : lors de l'acte fondateur qui consiste à mettre en balance des éléments du mobilier et de "signal vidéo". Il suppose qu'il existe entre certaines choses des forces d'attraction telles qu'elles se trouvent, dans l'installation, liées virtuellement.

Il semble donc que s'établissent, sur la base de rapprochements souples, des sortes de tensions provisoires : cohésions virtuelles fragiles du fait que les objets restent en réalité disjoints et l'œuvre désarticulée. Cet étrange phénomène est néanmoins en totale contradiction avec les attendus les plus élémentaires du jugement esthétique traditionnel, ceux de cohésion et d'unité. Que la cohésion d'une œuvre ait à dépendre d'une force d'attraction de cette sorte, à la fois postulée par le dispositif et improbable dans les faits, suscite l'embarras et la perplexité. De plus, le contraste entre l'aspect général délié ou distendu de la forme et la puissance inattendue de certaines interactions dérange les habitudes du regard esthétique. C'est néanmoins sur ces effets d'attractions que pourraient se constituer des liens formels virtuels : des configurations.

Bien que l'installation vidéo la plus sommaire procède d'un principe d'attraction, rares sont les œuvres qui se limitent à ne mettre en scène que la vidéo et le minimum d'objets que sa spatialisation impose (un récepteur). Beaucoup d'autres objets interviennent, même dans les dispositifs apparemment les plus simples.

Ainsi, la pièce de Keun Beyung Yook *The Sound of Landscape + Eye for Field = Survival is History* articule un objet particulièrement présent au point de vue physique par sa masse, sa taille, son poids, son envergure et sa texture — un cylindre d'acier monumental posé sur le sol — avec des bandes vidéo, présentées en partie à la Documenta 9 de Kassel. L'image vidéo, sa lumière, sa mobilité et sa texture, est assignée à cohabiter avec le cylindre, son immobilisme, son opacité et sa matière, en une configuration singulière.

Autre configuration étonnante, celle de l'installation de Ken Feingold *Childhood/Hot and Cold Wars The Appearence of Nature* où s'interpénètrent des objets de mobilier, écran vidéo, mécanisme d'horlogerie, système électronique etc.

Untitled (Mouth/stones) de 1993, dispositif très minimaliste d'Ann Hamilton, artiste jusqu'à ce jour plutôt habituée aux grands déploiements d'objets et de matériaux divers, est composé de quatre mini écrans incrustés au centre des quatre parois blanches de la salle qui lui est consacrée. Il est évident que la vidéo, comme matériau, aspect et champ de référence, joue ici avec l'espace environnant dont les propres matériaux, aspect et champ de référence, se trouvent de fait activés.

Le principe d'attraction relève en quelque sorte d'effets propres aux lois du montage qui impliquent que se côtoient de façon active des éléments de nature, d'origine et de fonctions différentes, qu'ils s'attirent, ou se repoussent du reste réciproquement.

Outre les coexistences d'objets et de signaux vidéos, les artistes travaillent sur des combinaisons d'objets réels et d'objets virtuels, visuels ou sonores, impliquant de multiples percepts. C'est souvent le cas des installations de Tony Oursler qui allient la présence de tissus, objets divers, pantins, à des projections vidéo sur différents supports et des diffusions sonores. *Ann-Daisy* présenté à la *3° biennale* comportait un dispositif très complexe d'éléments différents : pantin de chiffon, double type de vidéo-projection dont projection sur plan et projection sur volume, image en noir et blanc, image en couleur, double diffusion sonore.

Ainsi, alors que les objets coprésents (ou les événements sonores et visuels) sont simplement positionnés les uns par rapport aux autres selon des procédés souples et diversifiés, on assiste à un curieux phénomène : en dépit (ou "en vertu") de l'étrangeté des rencontres (de leur incongruité), malgré les divergences et les incompatibilités qui séparent souvent ces co-présences, il arrive néanmoins un fait paradoxal : une sorte de tension invisible parvient à les "souder" virtuellement. Le chiffon adhère provisoirement à l'image murale, le film vidéo se greffe au trou noir du cylindre. Ce "pouvoir d'attraction" laisse supposer que l'énergie propre à l'identité de chacun s'intensifie du fait de leurs contacts réciproques. Surgiraient alors des sortes de configurations fragiles émanant naturellement des objets et des événements mis en présence?

De telles associations n'en restent pas moins instables et délicates à saisir, dans la mesure où elles supposent une réception particulièrement disponible. En conséquence, le principe d'attraction, du fait précisément qu'il permettrait, sinon justifierait, un mode de coprésence incertain, serait responsable du manque de cohésion qui semble caractériser la plupart des installations vidéo.

Toutefois, les trois principes n'agissent pas seuls et les effets sont le plus souvent associés. Ainsi la spatialisation participe aux effets d'attraction — c'est le cas dans *Materia Prima* — qui jouent eux-mêmes au sein du dispositif à interaction. Ainsi, les deux sites visuels que dévoile le système à interactions de *He Weeps For You* jouent au niveau de la nature propre à chacun de ces sites. D'un côté, celui de la machinerie, ses instruments, de l'autre celui de la machination, ses sortilèges. L'un et l'autre s'attirent et se repoussent. L'obscurité ne serait donc pas, contrairement à ce que l'on a supposé plus haut, le seul facteur de lien entre les différentes pièces de l'œuvre.

Ainsi, ces trois modalités de dispositif ne sont pas exclusives les unes des autres, mais s'articulent le plus souvent.

L'œuvre de Patrick Sorin, *L'Artiste, le méchant et le conservateur* met en jeu un système très astucieux dans un dispositif spatial complexe aux multiples combinaisons d'objets. Une vitre isole l'espace de mise en scène de celui des appareils de projection. Derrière cette vitre, divers objets réels, d'anciennes toiles de tableau déchiquetées, des branches, un fût multicolore, un moniteur d'ordinateur sur une petite table. Sur la vitre, plusieurs projections : flammes crépitantes, minuscule personnage habillé de blanc — l'*Artiste* —, personnage hirsute rubicond et suffocant — le *conservateur* — pendant qu'un troisième individu — *le méchant* — active un chalumeau [12]. La position de chaque objet réel est conçue de manière à ce que les personnages s'y trouvent inscrits et jouent entre un espace réel et un espace virtuel : le premier personnage sort de l'avant du moniteur par une enjambée, court sur le bord de la table jusqu'à voir le collectionneur supplicié qui, lui, émerge et s'enfonce dans le fût multicolore, puis il regagne le moniteur en passant par derrière. Il est à noter que la "virtualité" des images ici procède d'un système de trucages par reflets — trucages empruntés, au dire de Pierrick Sorin lui-même, à l'imagination fantaisiste de Méliès, et qui, donc, relativise la toute puissance des technologies de pointe.

En fait, Pierrick Sorin met sur le même plan les bricolages du XIX° siècle, l'image électronique (prise de vue, accélérés, montage en boucle) et l'informatique dont il se sert pour gérer la synchronisation des séquences, induisant un effet d'attraction entre des états de technologies divers.

12 Le titre original de cette œuvre était *Jeune Vidéaste confronté à l'impossibilité de venir en aide à un conservateur qu'un individu mal intentionné livre aux douleurs.*

Dans de tels cas se produit une sorte de "surcombinaison" où s'entremêlent différents plans de contenus et dont le travail de mise en scène est associé à une évidente élaboration plastique, manifeste en particulier dans la composition visuelle des différents éléments. Le dispositif qui accorde de l'importance aux effets d'attraction se préoccupe nécessairement de la manière dont ces effets seront perçus. Néanmoins, la disposition plastique qui joue un rôle de visibilité et de montage s'articule aux deux autres principes de dispositif. Au reste, des trois principes — spatialisation, interaction et attraction — il serait difficile de repérer celui qui domine dans cette installation.

Mais rares sont les œuvres qui associent à ce point les trois modalités. En effet elles s'articulent le plus souvent sur deux modalités dominantes. Ainsi, la tendance actuelle de certaines propositions de Gary Hill se fonde principalement sur interaction et spatialisation. Quant à Wolf Vostell, avec *Auto TV Hochzeit* créée en 1991, installation dans laquelle il incruste cinq petits moniteurs selon des angles variés dans la carcasse d'une Mercédès accidentée, associe l'attraction de deux corps étrangers à la spatialisation des points de diffusion, sans développer réellement le principe interactif.

Toshio Iwaï, artiste japonais de la nouvelle génération, opère principalement dans l'interaction, selon les possibilités des performances d'une technologie sophistiquée, en confectionnant des dispositifs de réalité virtuelle assistés par ordinateur. Néanmoins, dans *Piano as Image Media*, les sonorités, délivrées du piano par l'intervention du visiteur, produisent de l'image en mouvement ; on peut donc admettre qu'il travaille ici le dispositif d'attraction en jouant sur le double registre de l'image électronique et du son naturel. Dans *Another Time, Another Space* (présentée à Lyon en 1996), composé d'une trentaine de moniteurs et de presque autant de caméras avec connexion sur boîtier de digitalisation aux effets multiples (play-back, sélection d'image, pulvérisation des signaux selon la vitesse de déplacement etc...), il joint davantage les problèmes de spatialisation à ceux d'interaction. C'est aussi le cas de *Telematic Vision* de Paul Sermon encore que le terme générique de ses œuvres actuelles (*telematic*) soit le signe d'une volonté d'accoupler le principe des télécommunications avec celui de l'informatique.

En définitive, il semble donc que si le terme de "dispositif" offre un concept pertinent en matière d'installation vidéo, c'est parce qu'il permet tout à la fois de saisir, sans les réduire, les différentes modalités d'installation, et de situer partiellement les problèmes de réception qu'elles suscitent. Chaque modalité contiendrait apparemment en germe une sorte de double programme, celui d'attiser la recherche créatrice tout en produisant des effets sur la réception. Effets, par ailleurs, plutôt déconcertants. Sans doute parce que ces dispositifs relèvent de domaines fortement attractifs tels que ceux des arts et des spectacles avec lesquels, comme nous venons de le voir, ils entrent en interférences, mais aussi ceux de la technologie, qui, doublement attractive, semblerait pour sa part trouver l'occasion de se donner en spectacle.

3. Valeurs de pointe et valeurs sûres

Il est évident que les installations vidéo, par le matériau technologique qu'elles exploitent, mettent plus en avant encore que les formes artistiques traditionnelles telles que la sculpture et surtout la peinture, la relation de l'art et de la technologie. Les artistes entretiennent des liens étroits avec les ingénieurs et les techniciens : Mickaël Snow, par exemple, travaille avec Pierre Abeloos pour *De-Là*, Christa Sommerer et Laurent Mignonneau, avec le laboratoire de recherches en communication de Kyoto[1], Toshio Iwaï avec le Centre d'Art et de Technologie des Media de Karlsruhe...

D'une façon générale, les installations vidéo ont ainsi plus ou moins recours, dans leur dispositif, à des technologies dites "avancées". Cette caractéristique n'a rien d'artistique ni d'esthétique en soi. Cependant, outre qu'elle suscite probablement, et comme pour toute le forme d'art dit "technologique" ou "industriel, une reconnaissance esthétique du même nom, on peut également lui supposer un certain nombre de conséquences plus spécifiques, directes ou indirectes, dans la réalisation et l'appréhension des œuvres ; et cela à différents niveaux. Celui, par exemple, de la maîtrise des œuvres et des responsabilités des auteurs.

Héritières à leur manière de l'alliance de l'art et de la technologie qui elle-même s'inscrit dans la tradition des "*Ars*" & "*Tekhnê*", les installations vidéo, ou audiovisuelles, ou encore multimédia, constituées de matériaux issus des secteurs de pointe des technologies de communication ou de production de réalités virtuelles, seraient directement liées à la recherche et à la découverte scientifique, et, par conséquent, tenues de se conformer à une logique progressiste leur imposant d'aller toujours de l'avant et de se montrer à l'affût de la toute dernière nouveauté technologique.

Or, la relativité même des notions d'actualité (ou de "modernité" au sens large) invite à la modération, voire au scepticisme ; en particulier, à propos de notions telles que "position avancée" ou "secteur de pointe". Une forme artistique qui construirait son identité sur une base aussi peu concrète,

[1] ETR-Media Intégration & Communication Research, Kyoto, Japon.

qui en ferait son étendard, serait forcément vouée à l'obsolescence ; ce que traduisent assez bien, semble-t-il, ces quelques lignes extraites d'un article de presse paru à l'occasion de l'exposition *Vidéoformes* de Clermont-Ferrand : « *Supplanté par le CD ROM le support vidéo va sans doute mourir très bientôt de sa belle mort.* » [2]

Il est difficile de ne pas être sensible à la logique dont sont victimes les produits culturels prétendus "datés" ou "ringards" dès que leur réalisation remonte à quelques années. N'y aurait-il pas dans le rapport de l'installation vidéo à la technologie un principe spécifique qui resterait indépendant d'une quelconque position de pointe de la technologie des médiums qu'elle utilise (alors même que le support vidéo, comme médium et comme *media*, aurait fondamentalement participé à son avènement)? Principe, à l'égal de celui de picturalité, qui pourrait dès lors perdurer au-delà de l'utilisation stricte du médium vidéo, et placer les œuvres dans une perspective autre que "progressiste", à l'abri de l'obsession des découvertes de "l'avant-garde technologique", et dégagées de toute manifestation singulière.

La présence de la technologie dans les dispositifs des installations vidéo réactive sans doute quelques problématiques propres aux arts électroniques par lesquelles se voient relancée la question de l'éventuelle fonction sociale de l'art et de ses productions. Cela concerne tout spécialement, dans le cas présent, les situations d'expérimentation sur les espaces virtuels par lesquelles l'installation vidéo se prêterait souvent à un rôle d' "interface". En effet, certaines présentations de dispositifs CD ROM, lors de manifestations artistiques, ressemblent à des ateliers d'apprentissage, ou à des stands de démonstration. Il n'est pas étonnant que l'objet, présenté et perçu comme le dernier gadget "branché" fonctionne de manière équivalente à ces objets magiques vantés par les camelots sur les marchés. L'expérimentation adopte en effet la courte durée du regard curieux : le regard de "spectateur" induit par la situation d'exposition d'art se mue en une manipulation dilettante et superficielle qui ne permet pas que se réalise un véritable apprentissage.

On en viendra à s'interroger sur la vocation sociale de tels objets artistiques, notamment en ce qui les distingue de simples outils d'apprentissage. Qu'impulse l'art (ou l'artiste) aux médiums et *media* électroniques qui participe à travers eux à l'évolution de l'humanité? Autrement dit, l' "intérêt" artistique porte-t-il sur l'efficacité pratique (donc sur un niveau d'avancée, d'amélioration, de pur progrès technologique) ou sur d'autres points, tels que, par exemple, le caractère phénoménologique du procédé? Cette distinction est moins facile à établir qu'il y semblerait, probablement parce qu'elle n'est pas non plus totalement accomplie dans la plupart des pièces appartenant, d'une façon générale, à cette sorte d'art. C'est pourquoi il reste à craindre que les moments d'évolution technologique au

2 Quotidien *La Montagne* , dimanche 7 Avril 1996.

cours desquels les objets d'art auront joué un rôle ne les marquent d'une trace indélébile : certes, de tels objets seront ensuite considérés avec reconnaissance, sympathie ; avec l'estime un peu nostalgique que nous accordons parfois à tel instrument qui contribua à l'enrichissement de notre connaissance sensible. ***De Là*** ou ***He Weeps for You***, exposées dans un musée d'art, pourraient être un jour, si ce n'est pas déjà le cas, perçues de cette manière, "visitées" ainsi.

Ce qui pose ici problème, provient du paramètre pertinent — ou "standard", pour reprendre le terme choisi par Kendall Walton[3] — retenu pour regrouper les œuvres. Le fait de constituer une classe d'objets sur le paramètre de leur technicité impliquerait en effet que ce trait détermine avant tout autre chose une appartenance catégorielle. A moins qu'une telle considération ne repose sur une valeur — un attribut — symbolique. En effet, pourrait ***s'exemplifier*** en eux, pour reprendre la terminologie de Nelson Goodmann [4], quelque chose qui serait l'état technologique d'une société. La technologie de telle peinture et celle de telle œuvre électronique, n'y seraient point dès lors opératoires pour une production pratique, mais représentatives des technologies elles-mêmes. En ce cas, les œuvres se trouvent effectivement frappées d'une forme d' "articité" (selon l'expression à laquelle se range finalement Gérard Genette [5]) toute extérieure, comme n'importe quel objet (une pierre, une pomme...) est susceptible de l'être. Elles ne sont plus que le moment artistique d'une technologie érigée en son propre symbole. Et le principe interactif devient dès lors, par cette sorte de renversement symbolique, l'occasion de s'approprier la technologie de son époque.

L'installation vidéo peut-elle être investie d'une telle fonction ? le spectacle de la technologie avancée qui s'expose en elle aurait pu, en effet, représenter l'un de ses plus meilleurs attraits, l'une de ses plus fortes séductions. Mais, celui qui cherchera un exemple de l'avancée des technologies électroniques dans ***He Weeps for You*** risque d'être fortement déçu ; déception qui ne saurait tarder pour ***Telematic Vision*** ou bien ***Intro-Act*** ou encore ***Piano as Image of Media***. Du reste, ce n'est pas nécessairement la "performance technique" qui, dans ces œuvres, séduit le plus. Car, alors que les installations déroutent, agacent, exaspèrent, en particulier par le mélange de sérieux et de désinvolture avec lesquels sont souvent traitées les technologies employées, elles parviennent pourtant à se glisser dans le champ de perception du visiteur égaré, à s'y introduire insidieusement, par un son, une mélodie, une voix, par une qualité de lumière, un rythme (un "chant des

[3] Cf. « Catégories de l'art », p. 87.
[4] Cf. *Manières de faire des mondes*, p.46.
[5] *L'Œuvre de l'art*, p.10, *La Relation esthétique*, p.167.

sirènes" en quelque sorte); à le piéger dans un espace ouvert et tentaculaire dans lequel il s'englue, malgré lui.

En s'échappant de ces alvéoles nauséeuses, on se sentira parfois dépité d'avoir cédé à quelque jeu narcissique, furieux contre soi-même, contre l'art et le monde de la promotion culturelle, car, certes « *L'ensemble produit un effet magique, d'une esthétique douteuse, proche de certaines attractions de Disneyland. Le spectateur séduit s'amuse* [...] *et le temps passe.* » [6]. A première vue, cependant, les installations vidéo ne sont pas particulièrement séduisantes, dans le sens où elles se prêtent peu à la contemplation. Leur séduction proviendrait donc surtout, comme on l'a vu plus haut, de la dimension ludique et narcissique des sollicitations interactives : produire des couleurs en pianotant sur un clavier, évoluer à volonté dans la jungle d'*Intro-Act*, enfourcher la bicyclette de Jeffrey Schaw et générer à chaque tour de pédale les architectures virtuelles de *The Legible City, Manhattan.* Dans *White Devil* de Paul Garrin, le chien de garde vous suivra de moniteur en moniteur ; les revenants de *Tall Ships* de Gary Hill se dérangent à votre approche : puissance et maîtrise qui, bien que virtuelles, n'en sont pas moins grisantes.

Autre atout, le ballet vertigineux des « technimages » [7] : la multiplicité et la vélocité chorégraphique de celles qui circulent, par exemple, sur les murs vidéo de Nam June Paik ; toutes sortes de sollicitations et de magies prodiguées par les technologies de pointe au service des pures fantaisies de l'imagination.

Ainsi, non seulement l'installation vidéo a des possibilités de séduction très personnelles, mais elle en use au sein de "dispositifs prédateurs" qui vous mettent insidieusement dans un état de réceptivité et d'excitation sensorielle dont il semble que les capacités d'entendement soient exclues. Les œuvres seules connaissent les règles et les lois de cette sorte de séduction qu'elles exercent, ce qui rend le jeu d'emblée déséquilibré ; car même leurs aspects parfois rébarbatifs ou agressifs participent de leur logique générale. La capture de l'attention provoquée par un son strident ou une voix métallique, le trouble inspiré par l'obscurité des salles, la fascination pour ces corps pendus (marionnettes, écrans écartelés entre des cordages) et le mystère des images illisibles sont probablement tout autant des modalités de séduction que la manipulation d'une souris d'ordinateur.

Même les œuvres en apparence les plus énigmatiques offrent souvent une deuxième chance au cours des circuits labyrinthiques des expositions. Ainsi, *He Weeps for You* concédera un embryon de réponse, une image de soi, curieusement inversée. Une sorte de dialogue s'établit alors entre l'œuvre

6 *Télérama*, 3 Janvier 1996

7 Selon l'expression d'Anne Cauquelin, *Petit traité d'art contemporain*, Editions du Seuil, 1996p. 59.

et son regardeur. Et même si cette réponse ne comble pas pleinement les attentes esthétiques, des champs d'exploration se laissent parfois entrevoir ; un niveau supérieur de correspondance devient accessible, dans un imaginaire partagé : cet état flottant que Kierkegaard nommait un *confabulatio*.

En effet, quelles que soient les propriétés séduisantes possédés par les œuvres, qui, sans se priver des moyens traditionnels de l'art, intègrent progressivement les multiples techniques actuelles de fabrication d'images (et de sons), il semble que ce soit surtout dans leurs manières d'en faire usage, qu'elles parviennent à séduire le public. La façon dont elles exhibent plus ou moins le dispositif technologiques en est d'ailleurs assez symptomatique. Les moniteurs, les magnétoscopes, les ordinateurs, et autres appareils sont parfois disposés avec ostentation, parfois cachés, en fonction des effets escomptés. Dans *L'Artiste, le méchant et le conservateur*, ils auraient sans doute entravé les effets d'interactions entre le décor réel et les images, barrer l'accès à l'imaginaire ; ils sont alors dissimulés derrière des parois... Ou noyés dans un puits dans *Fontaine du désir*. En revanche, dans *Inasmuch...* de Gary Hill, tubes cathodiques dénudés, ils sont mis en correspondance avec la nudité troublante des fragments de corps, et dans *Good Boy, Bad Boy*, blocs massifs et familiers, ils s'associent au leurre de la présence télévisuelle. Ces œuvres n'ont décidément rien d'un stand d'exposition technologique.

Au reste, la démarche artistique lors de l'utilisation de ce pannel d'outils, témoigne peut-être de préoccupations d'une toute autre nature. C'est ainsi que Lilian Schwarz, lorsqu'elle modifia son installation *Proxima Century* (sculpture cinétique) entre 1968 et 1987 en remplaçant les coussinets palpeurs du mécanisme par des détecteurs infra-rouges et les diapositives par des images infographiques chercha surtout à affiner sa proposition artistique en exploitant une avancée technologique adaptée ; de même pour Laurie Anderson, qui tout simplement utiliserait « *la technologie parce que cela facilite le travail* » [8]. La maîtrise technologique ne participerait donc au processus artistique qu'en tant qu'elle contribue à obtenir un résultat d'ordre phénoménologique. L'artiste se "bricole" l'objet qui lui convient, quitte à le modifier si telle invention technique s'avère plus efficace à rendre l'effet voulu.

En fait, au delà des objets, les critiques portant sur l'aspect séducteur des installations sont symptomatiques des craintes concernant la sauvegarde de l'art et sa vocation humaniste. La suspicion porte donc sur le risque de dérapage de tels objets "technologiques" du secteur de l' "Art pur" vers d'autres secteurs subalternes, car ils troublent les rôles respectifs (et positifs pour l'humanité) et de l'Art et des Sciences.

[8] Cf. catalogue de la *3° biennale, L'art électronique "non-PC"* article de Barbara London, p. 96.

C'est en quoi la teneur en "technologie de pointe" du médium utilisé dans les installations vidéo intervient comme problème spécifique et particulièrement aigu. Car on pourrait considérer que, parmi les différentes installations "vidéo", celles qui se limitent strictement à l'utilisation de cette technique relèvent de la classe des arts dits "technologiques"? Sans doute, en ce cas — c'est-à-dire en tant qu'objets d'expérimentation pour une nouvelle invention technique — elles apparaîtraient très décevantes. En effet, la "vidéoscopie" — ou la "vidéographie" — n'étant plus tout à fait aujourd'hui le ***nec plus ultra*** de la technologie, il semble hors de question que l'installation vidéo "simple" puisse entrer en concurrence avec des moyens électroniques plus récents (CD ROM, CVD, procédé numérique, rayon laser, palpeurs, système par infrarouge, logiciel etc...) sans souffrir d'une hiérarchie qui n'aurait rien d'artistique. En outre, si l'on cherche en elle l'exemplification d'un état de société des technologies avancées, elle risque de devenir très vite obsolète. En revanche, en tant que principe artistique — par lequel un acte et une idée parviendraient à s'associer avec un procédé de technologie électronique — la vidéo pourrait être représentative d'un certain nombre de phénomènes, ce qui lui éviterait de se dissoudre totalement dans une exemplification d'elle-même, en tant que procédé technologique. Car, si la technologie utilisée est passible d'obsolescence, selon la logique du progrès technique — ou celle de l'engouement pour toute innovation — le principe, lui, continue à survivre au-delà de telles bornes temporelles. La présence du technologique dans l'objet ne garantit pas que celui-ci soit un objet d'art. Elle n'empêche toutefois nullement qu'il en soit un.

On serait donc finalement tenté de se laisser séduire, et abuser, par un aspect technologique, et de prendre par exemple pour un dispositif artistique un simple emprunt à la technologie, utilitaire le plus souvent, ou fantaisiste dans certains cas. Il semble donc bien que ce qui chahute constamment la lisibilité formelle des œuvres provient de ce que cette forme d'expression dispose de moyens et de possibilités qui, tout en déterminant ses modalités de fonctionnement, perturbe son identité. Suite aux observations précédentes, il convient d'analyser de façon plus précise les causes, les raisons et les conséquences de cet état de fait.

Le dispositif, fonctionnement interne, n'est pas nécessairement discernable en tant qu'aspect extérieur et n'offre pas la saisie immédiate d'une identification de catégorie. Il se pourrait qu'à défaut de produire une forme qui lui soit propre, l'installation vidéo, victime du complexe du caméléon, endosse des aspects qui évoquent d'autres sortes de dispositifs. On a vu, outre le cas du dispositif technologique, que certaines œuvres, telles que *Good Boy Bad Boy* et *Trois suites pour piano,* pouvaient être prises pour des aménagements de vidéo pédagogique, ce que dénie très vite l'orientation sémantique propre à chacune des œuvres. Dans le même ordre d'idées, *L'Amérique est une Erreur*, de Catherine Beaugrand, n'offrira l'aspect d'une petite salle de cinéma d'entreprise ou de ciné-clubs (quelques bancs, orientés face à un écran suspendu au mur), que tant que sera ignorée la relation instaurée entre les images, les objets et les matières disposés dans la salle (goudron sur le sol, petits coussins carrés distribués sur les bancs). De même, si les salles aménagées pour ***Nostos I*** et ***Nostos II*** de Thierry Kuntzel semblent se conformer "modestement" au dispositif du cinéma, le spectacle des flammèches d'images, à la limite de l'abstraction, se propageant à la surface des moniteurs, aura tôt fait de désamorcer toute méprise de cet ordre.

Dès que la "forme" cinématographique ou théâtrale est présentée dans un musée ou une galerie, elle se trouve soit déplacée, au double sens de "transit provisoire" et d' "inconvenance", soit fictive (ou "fictionnalisée" pour reprendre l'expression de Roger Odin [9]). En effet lorsque le cinéma est introduit dans un musée, il l'est en tant que trace d'une expression artistique ; il se trouve en "déplacement" par rapport à sa fonction d'origine. Son séjour éventuel dans un musée le constitue en objet d'observation, le met en vitrine. Il perd son immédiateté de spectacle. Il est réduit à l'état de signes des spectacles passés, prenant la place, selon François Albera, « *d'un objet de référence, d'un modèle, d'un matériau* ».[10] Le cinéma (ou le théâtre), en tant que tel, ne résiste pas au contexte muséal. Victime du « *démembrement du corps filmique* », le cinéma, tel qu'il "sexpose" dans l'installation vidéo, n'est donc plus vraiment du cinéma. De même, en ce qui concernerait le dispositif théâtral. En effet, s'il semble parfois que l'objet se présente à la manière d'un décor de théâtre comme pour ***Tantôt Roi, Tantôt Reine*** de Catherine Beaugrand. la scène ne s'animera en réalité que le temps d'une performance ; reste ensuite un décor de théâtre vide, cependant que se poursuit la diffusion du film vidéo. Il ne faudrait pas non plus se méprendre sur les situations théâtrales des installations d'Ann Hamilton dont le personnage n'est pas un "acteur" mais un *performeur*.

L'ambiguïté catégorielle de l'installation vidéo par rapport aux arts du spectacle relèverait donc à la fois d'un principe commun (principe de "distraction" correspondant aux arts d'agrément et aux loisirs) et d'une ressemblance formelle avec des dispositifs normalisés. Bien que la confusion ne demeure pas totalement possible, la position des installations vidéo dans le musée ou la galerie d'art, leur légitimité, leur appartenance aux arts plastiques et leur place dans les espaces d'exposition qui leur sont habituellement consacrés, se trouve constamment interrogée par les emprunts

9 « Du spectateur fictionnalisant au nouveau spectateur » 1988, cité par Christian Metz : Cf. *L'Enonciation impersonnelle ou le site du film*, p.191.

10 Cf. « Exposer le cinéma » de François Albera , *in Art press* n° 213, pp.53,54.

faits aux dispositifs des arts du spectacle ; et cela, tout simplement parce qu'il arrive assez souvent qu'elles leur "ressemblent".

Pour sa part, *In Line* de Tony Conrad évoquerait la retransmission télévisuelle d'émissions ou de reportages telle que l'on en rencontre dans les lieux publics, à l'instar de *Aus der Transit Bar* de Vera Frenkel. Mais, ici, la surabondance des témoignages, et là l'aspect caricatural des cadrages font pressentir que les cartes sont truquées, l'authenticité douteuse. De plus, dans la premier cas, le moniteur est situé très haut, ce qui rend le visionnement inconfortable. Lorsque l'image est "normale", une surprise d'un autre ordre guette le visiteur : car il s'agit en fait d'une image de lui, sa propre image, mobile, mais renversée, retardée de quelques secondes, de dos, dédoublée ou détournée, à moins qu'elle ne soit plus qu'une ombre (différentes expériences auxquelles invitent des œuvres comme *Shadow Projection* de Peter Campus, *Present Continuous Past,* de Dan Graham, ou encore *The Watching* de Tony Ousler, reliée à un système de caméra de surveillance).

Interior Design Espace for Showing Videotape de Dan Graham oscille, quant à elle, entre l'installation artistique et l'aménagement d'architecture intérieure.

L'installation de Marcel Odenbach *Dans la Vision Périphérique du Témoin*, semble offrir au visiteur l'accueil chaleureux d'un petit salon et le confort d'une "conversation" (ou "confident"), cette sorte de banquette dont la forme en esse permet de s'asseoir en heureuse com-pagnie afin de se consacrer, précisément, à l'art un peu suranné de la conversation. Cependant, de part et d'autre de ce fauteuil double, sont disposés deux exemplaires identiques d'un poste de télévision : objet, contemporain celui-ci, et représentatif sans doute d'une antithèse de l'art de la parole et de l'échange verbale : "conversation" *vs* "télévision". De plus, l'image du film diffusé est fragmentée, obstruée par des bandeaux. Plus inconfortable encore, le film visible sur le moniteur de gauche ne trouve son complément nécessaire que sur celui de droite. Impossible de regarder les deux simultanément. Le confortable salon se transforme en un lieu de gesticulation et de frustration. C'est ainsi que l'image et l'histoire se trouvent parasitées par divers procédés qui ont chacun pour effets de perturber la perception et la réception unilatérale propre, au demeurant, au dispositif télévisuel.

D'autres situations s'apparentent davantage à un accrochage de peinture. C'est ainsi que *Le Retour de l'Homme Invisible* de Danielle et Jean Louis Nyst, présenté à Clermont-Ferrand en 1994, est une installation composée d'une peinture très en pâte (sur laquelle il est possible de reconnaître une sorte de paysage avec, au premier plan, une silhouette en forme de cocon), d'un écran où l'on peut voir défiler des fragments de la peinture (filmée en travelling et en plan très rapproché), d'un objet en volume, ressemblant au cocon du tableau, et, enfin, de l'enregistrement sonore d'une conversation. Il apparaît impossible, dans ce cas, de confondre l'installation avec un dispositif de peinture, car la peinture n'est pas exposée ici selon ses propres conventions. Elle se prête en fait au jeu de l'exploration périodique de la caméra auquel s'adjoint le bavardage des deux artistes. Elle se situe donc à mi-chemin entre une mise en scène théâtrale et un spectacle cinématographique.

Inversement, le petit tableau conçu par Dominique Belloir — paysage de bord de mer, sagement encadré, dont la lumière et la végétation se modifient sous l'œil du spectateur par la magie du signal électronique appliqué à des plans fixes de diapositives — fait explicitement référence au dispositif pictural, tout en jouant à s'en échapper par un imperceptible mouvement et par une mise en scène temporellement dynamique que son titre, *Scénographie d'un tableau* contribue à expliciter.

Il semble donc bien que chaque fois que l'installation vidéo suggère un dispositif identifiable, elle en rompt aussitôt le principe. Ce n'est jamais ni une performance technologique, ni du cinéma, ni du théâtre, ni de la peinture ; ni davantage de la sculpture, ne serait-ce que du fait de la force d'attraction des images en mouvement qui invitent à focaliser l'attention sur tel ou tel poste plutôt qu'à appréhender, selon les normes de la pièce sculptée, l'objet dans sa totalité ; ou selon les normes de l'instrument de diffusion, c'est-à-dire à partir d'un contenu diégétique, en vertu du pouvoir de fiction de l'image mimétique. C'est en quoi ces dispositifs d'emprunts semblent se caractériser par une tendance à ce que l'on pourrait nommer une sorte de "mimétisme déviant".

Pourquoi, alors, les installations vidéo se glissent-elles, comme des parasites dans les formes d'autres dispositifs, alors qu'elles se montrent par ailleurs tout à fait capables d'en inventer d'autres?

On pourrait avancer, comme première hypothèse, que ces dispositifs reposent sur des modalités complexes qui les rendent inaptes à générer une forme identifiable dominante, à la différence de dispositifs qui exigent la répétition d'un modèle simple, mais précis tel que le dispositif de la projection cinématographique qui, malgré l'évolution technique a peu varié, sinon par rapport à ses premières manifestations. Le théâtre il est vrai propose une palette d'aspects assez diversifiés, mais dont tous, à l'exception des recherches avant-gardistes ou expérimentales (donc de nature transgressive) ont nécessité une séparation entre deux espaces et un point ou une zone centrale au-delà de laquelle se déploie l'espace du regard. Il reste toutefois possible que la forme "installation vidéo" n'en soit qu'à ses balbutiements et n'ait pas exprimé de manière suffisamment impérieuse ses conditions d'existence. C'est en effet lorsque la dominante de « l'ocularisation interne » s'est imposée [11] que le dispositif cinémato-graphique est entré résolument dans l'orientation qui l'a conduit à la forme de dispositif contemporain. [12]

Cependant, la comparaison entre un dispositif correspondant à la catégorie des arts du spectacle et celui d'une catégorie des arts plastiques conduit à situer le lieu de leur différence au point de séparation entre ce qui relève de l'œuvre et ce qui relève de la catégorie.

Le dispositif cinématographique est au service de l'œuvre, même si celle-ci l'intègre dans sa genèse par anticipation.

Le dispositif plastique est produit à la fois par l'œuvre (selon les principes de sa catégorie) et par son environnement (muséal, galériste, urbain) qui se plie à la catégorie et à l'œuvre ; il "informe" partiellement l'environnement selon les singularités du dispositif propre à l'œuvre ; ce en quoi il se retrouve dans les installations qui travaillent leur environnement de façon singulière. *Circular Breathing*, de Gary Hill, qui impose un format, un rythme, une scansion et une temporalité particulière aux séquences [13] travaille "plastiquement" le matériau audiovisuel, en posant de manière singulière la question de son appréhension, des conditions de sa visibilité. Cet investissement implique des transformations, des aménagements. Le lieu d'accueil de ces œuvres est aujourd'hui de plus en plus souple (parois mobiles, éclairage transformable...). Il apparaîtra donc normal que celui des installations vidéo soit moins formalisé que ceux des arts du spectacle. Cela, à la condition qu'elles soient apparentées véritablement à la catégorie des arts plastiques, car sinon la tendance de nombre d'entre elles à prendre l'allure de dispositif d'arts du spectacle persistera, comme on l'a vu, à jeter le doute sur cette appartenance de classe.

La difficulté à isoler une forme de dispositif spécifique est-elle un indice de défaillance de classification? Il se peut en effet que ce soit simplement par manque d'appartenance à une classe déterminée d'objets, que l'installation vidéo se comporte de manière aussi mimétique à l'égard des divers dispositifs artistiques. Une telle insuffisance désoriente inévitablement le spectateur, car elle le dépossède de repères et de réflexes comportementaux. Elle le prive aussi des lois du genre dont la connaissance participent à l'appréciation, et à l'évaluation "médiates" des œuvres. Ces emprunts pourront être, dès lors, assimilés, du point de vue artistique, à des facilités, des complaisances. Considérés comme extérieurs à l'élaboration poïétique, ils apparaîtront comme une forme de désinvolture par rapport aux conditions

[11] Selon l'expression proposée par François Jost, *L'Œil-Caméra, Entre film et roman*, p.18. Cf. aussi André Gardies, Jean Bessalel, *200 mots-clés de la théorie du cinéma*, p.153

[12] Cf. André Gardies, *Le Récit filmique*, p.69 : *« Il y a donc, préalablement au surgissement des premiers sons et images, mais aussi nécessaire à leur surgissement, un espace propre au cinéma, distinct de l'espace proprement filmique, mais ayant des conséquences sur lui. »*

[13] Par la division du cadre en cinq pans sur lesquels courent de gauche à droite les images vidéo et les sons, selon une vitesse dégressive,.

environnementales de l'œuvre, laissant à l'espace d'accueil, et à ses responsables (commissaire d'exposition ou conservateur de musée), le choix de la "mise en exposition". En conséquence, l'installation vidéo pourrait être victime d'un atypisme structurel caractérisé par les divers emprunts dont elle fait usage.

Souvent, pourtant, les artistes accompagnent "l'installation" proprement dite, qu'ils y participent ou qu'ils s'en chargent seuls. Il est arrivé que des artistes confient cette responsabilité à un assistant, ou s'en remettent aux organisateurs, mais dans la plupart des cas l'espace réservé aux œuvres est soit pensé en termes d'environnement artistique, soit soumis à l'appréciation de l'artiste et négocié avec lui. Preuve en est la recherche de formes, de couleurs et de matériaux de *L'Amérique est une erreur* qui, bien que discrète, implique une volonté artistique. Mickaël Snow regrettait, lors de la *3° biennale d'art contemporain*, que le mur du fond de sa salle n'ait été peint en rouge, comme il l'avait demandé. Or, cette exigence d'artiste avait, semble-t-il, un rôle à jouer dans la prise en charge d'un espace d'installation vidéo (*De-là*) qui, sinon, ressemblait beaucoup à celui, traditionnel, de l'exposition d'une sculpture. Ne peut-on voir également dans cette légère discordance le signe de l'évolution de l'installation vidéo, traversée par les trois modalités de ses propres dispositifs (spatialisation, interaction, attraction), le fait qu'elle ait, d'une façon générale, de plus en plus tendance à se penser comme un espace pénétrable, dans lequel le dispositif dominant, pour donner la pleine mesure de lui-même, nécessite que l'environnement spatial immédiat lui soit acquis? L'absence du "pan de mur rouge" exprimerait dès lors, le symptôme d'une mutation en cours d'accomplissement.

Les œuvres des débuts travaillaient la distribution des interactions du médium, comme les *6 TV Dé-coll/age* de Vostell dont l'accent porte sur les différentes formes de perturbation du signal hertzien qui sont distribuées entre les six téléviseurs. Celles des années soixante-dix construisent des espaces (parois, vitres, miroirs, couloir...) qui sont les conditions spatiales du processus en œuvre auquel est intégré l'expérience du spectateur. Avec elles s'ébauche une forme de dispositif auquel la fréquentation des œuvres de Bruce Nauman, Dan Graham, Peter Campus familiarise. C'est alors que, par le biais des recherches environnementales et celles correspondant aux performances, l'instal-lation vidéo gagne en complexité (celle du dispositif) ce qu'elle perd globalement en détermination formelle. Le principe d'attraction cependant ouvre déjà l'installation à des jeux formels multiples où tous les secteurs d'origine ont des chances de s'infiltrer. C'est ainsi que la proximité des moniteurs et des pierres de *Materia Prima*, la plasticité propre à chacune, participent à la qualité formelle de l'œuvre tout en appartenant au dispositif mis en place.

Par ailleurs, la diversité des secteurs d'origine des artistes favorise la variété des emprunts formels. Les premiers d'entre eux devaient être un peu techniciens, physiciens ou ingénieurs. La musique électro-acoustique a ouvert la voie du secteur électro-visuel. La plupart appartenait comme on l'a vu au groupe ***Fluxus***. Une origine qui se situe dans le mouvement ***Fluxus*** joue à deux niveaux : celui de la recherche musicale, représentée par John Cage et La Monte Young auquel Nam June Paik et Wolf Vostell étaient tous deux liés ; celui de la philosophie de ***Fluxus***, dont l'idéologie de "l'art dans la vie" s'articule à la critique sociale et politique et induit une dénonciation du contrôle politique sur la communication. La libération par l'art implique la pulvérisation des catégories. En cela, l'installation vidéo possède en arrière-fond le principe révolutionnaire du théâtre total, mais revisité par le goût de ***Fluxus*** pour les actions sous-jacentes (telles que celles de l'artiste Georges Brecht) et les espaces alternatifs. Peter Campus porte en lui sa formation en psychologie, Gary Hill celle de sculpteur ; Vito Acconci vient de la performance ainsi que Dan Graham (après qu'il eût pratiqué le reportage photographique) ; Antoni Muntadas bénéficie d'une formation d'ingénieur et d'architecte, Michael Snow, cinéaste, est, en outre, musicien, peintre, sculpteur et photographe, etc. Tous ces artistes trouvent un jour la vidéo sur leur chemin. La découverte est déterminante quant aux extrapolations qui pourront en être faites. Une première attraction s'établit entre la diversité des origines et le médium. L'installation est le moyen de mettre en œuvre et en scène ce principe d'attraction, qui entraîne et métamorphose tout ce qui est à sa portée.

Pour certains artistes de la génération actuelle (d'origines variées, comme leurs aînés), les conditions, pourtant, sont quelque peu différentes ; la vidéo et toute sa panoplie d'effets magiques se sont quelque peu banalisées ; les nouvelles avancées technologiques du médium seraient, dès lors, moins enthousiasmantes que ne l'est resté le simple moment de la "prise de vue", et l'objet recueilli à cette occasion. La vidéo (analogique ou numérique) demeure, en effet, le moyen le plus souple de saisir des fragments du monde et de faire circuler, dans un espace, du signal électronique, de l'image, de la couleur, des effets, du mouvement. Pour Frank Popper, « *la principale caractéristique de la vidéo est son potentiel de transformation, non sa nature matérielle.* » [14]

Ainsi Dara Birnbaum, architecte urbaniste de formation, se livre à de opérations fantaisistes sur des documents télévisuels d'archive. Dans ***La Sentinelle***, présentée à la ***Documenta*** 9 de Kassel, elle emprunte pour la forme générale, un dispositif de tour de contrôle, sorte de grande échelle courbe, supportant de bas en haut une douzaine de moniteurs de plus en plus

[14] Cf. « L'art vidéo » in *L'Art à l'âge électronique*, p.57.

basculés vers le bas (de sorte que chacun d'eux est dirigé vers le spectateur). Les écrans diffusent alternativement des retransmissions télévisuelles de Georges Busch en personne dans une version écourtée de son discours d'entrée au parti républicain en 1988, et des retransmissions d'images d'Allen Ginsberg à l'université de Rutger lors du *meeting* de la convention nationale des étudiants. Les images transmises sont elles-mêmes l'expression d'un autre dispositif, celui de la communication médiatique télévisuelle, à l'esthétique de laquelle l'artiste consacre un travail de recherche personnelle :

> *Sur la base de l'analyse esthétique du monde en image de la télévision et son fonctionnement tournoient les vidéos... reprenant toujours les mêmes champs thématiques : les stéréotypes de la féminité et les interventions médiatiques des événements politiques.* [15]

Deux dispositifs dont les formes sont amenées à se confronter.

Il se passe donc un événement tout à fait remarquable avec l'avènement de l'installation vidéo, c'est que des individus aux horizons et champs de compétences variés trouvent, dans le médium vidéo, le moyen de confronter ce champ de compétence à la procédure de mise en image, et découvrent, dans le principe de l'installation, un lieu pour exposer cette confrontation. Or, cette confrontation n'a pas de forme *a priori*, et, selon le type de mise en image et l'horizon concerné, qui, l'un et l'autre, sont éventuellement producteurs de dispositifs, l'installation intègre une ou plusieurs formes de dispositifs comme des readymades, des figures ou des images spatiales. La survivance des catégories artistiques qu'en profondeur les arts de l'installation auraient fait exploser n'auraient plus d'autre intérêt, dépouilles vides, qu'à produire des formes plastiquement "composables" avec d'autres formes.

C'est en quoi le dispositif, en tant que forme, est lui-même intégré à une forme dominante ou bien juxtaposé à d'autres formes. Il procède donc lui aussi de la logique du montage. Il devient une partie des matériaux de l'œuvre qui, pour sa part, se constitue de formes. Cependant, les éléments filmiques en appellent à un regard de cinéspectateur, les éléments vidéoscopiques à un regard de téléspectateur. Chaque dispositif identifié conditionne une approche qui ne peut pas totalement être abandonnée lors de la réception de l'œuvre, ce qui rend l'appréhension globale très incommode. D'autant que lorsque ce n'est pas au niveau de l'aspect général, c'est au sein des éléments filmiques ou télévisuels qu'il semble se produire des infiltrations d'un domaine dans un autre. Ainsi, les traitements d'images des bandes vidéo de Nam June Paik soumettent brusquement des images de reportage à des modifications de nature picturale ou graphique transformant une image "sérieuse" en une fantaisie

15 « *Auf der Basis einer ästhetischen Analyse der Bilderwelt des Fernsehens und ihrer Funktionen kreisen die Videos..., immer wieder um dieselben thematischen Felder : die Stereotypen des Weiblichen, die mediale Vermittlung politisher Ereignisse.* » *in Dara Birnbaum,* Catalogue de la Kunsthalle, Vienne, 1995.

chromatique. C'est du moins ce qu'il advient des documents filmiques d'Allen Ginsberg et de Georges Busch lors des glissades rythmées le long de la haute tour de contrôle, subissant les circulations et les étirements du dispositif de Dara Birnbaum, *La Sentinelle*.

Ainsi, les orientations des œuvres selon des formes artistiques préexistantes ou des pratiques de communication actuelles s'expliqueraient partiellement par la présence de techniques spécifiques et des médiums qui leur sont apparentés, de même que par les origines professionnelles des artistes eux-mêmes. En revanche, cela n'explique pas la fréquence des citations du médium, plutôt que du dispositif, comme dans *Le Retour de l'Homme invisible*, et au cours desquelles les arts traditionnels et les différents modes de communication semblent faire l'objet de parodies, d'attaques ou de perturbations : tels *From Mike to Marshall, in Love*, téléviseur sculpté dans du marbre de Roland Baladi, tels les *Nouveaux Mystères de New-York* de Jean-André Fieschi, aux plans tremblés. Les installations de Chris Marker, amoncellements de moniteurs diffusant des images de film rongées par l'infographie (dans *Zapping Zone*) ou décrochage du plan cinématographique (dans *Silent movie*), témoignent d'un esprit du même ordre. L'installation vidéo est une sorte de broyeuse redoutable où les divers médiums, modes d'expression et dispositifs sont tour à tour thématisés.

Alors que les installations apparaissent comme des expressions sémantiquement pauvres ou défaillantes, elles n'en regorgent pas moins dans leur matériau composite d'éléments porteurs en eux-mêmes de messages, de significations et de profondeurs. Reste à savoir si, suite à l'épreuve du "mixage", il reste un peu de sens dans tout cela.

Contrairement au déploiement des dispositifs technologiques cinématographique ou scénique de certaines installations vidéo, d'autres semblent pour leur part se replier prudemment sur les valeurs littéraires. En effet, beaucoup d'œuvres de Gary Hill intègrent des textes ou des allusions à Blanchot et Lewis Carroll. Patrick Corillon accompagne ses images de chroniques poétiques, Dara Birnbaum s'en réfère à l'œuvre de Gœthe (*Damnation of Faust*, de 1984), Jean-Marie Fieshi fait directement allusion au roman de Louis Garnier *Les Mystères de New-York*, dans *Les nouveaux Mystères de New-York*. A travers *Tantôt Roi Tantôt Reine*, Catherine Beaugrand confronte un conte chinois (*Flins*) avec *Œdipe* de Sophocle et *la Légende Dorée* de Jacques de Voragines, etc...

C'est ainsi que l'un des champs d'expression les plus visités de l'installation vidéo en tant que thème ou dispositif "thématisé", est, curieusement, la littérature. Curieusement, parce que celle-ci ne paraît pas, *a priori*, devoir être le domaine de prédilection de la vidéo. Bien que cette dernière se situe dans le prolongement du cinéma qui, lui-même, doit beaucoup au roman et au théâtre, elle s'apparente davantage à la télévision comme dispositif réceptif; c'est pourquoi, sur l'axe de la culture elle se trouve plutôt du côté de la proximité et de l'immédiateté mais aussi de la vulgarisation et de la facticité. Sur l'échelle consensuelle des valeurs culturelles, la télévision serait au plus bas niveau, le cinéma représenterait un degré intermédiaire alors que la littérature apparaîtrait comme le pôle supérieur et authentique de la transmission culturelle. Le mariage de la littérature et de la vidéo dans une œuvre d'art ne peut ignorer cette base du contrat.

Etant donné cependant la position instable des installations vidéo par rapport à la reconnaissance artistique (réaction ambivalente du public et de la critique, mais aussi difficulté du marché — mauvaise posture dans les collections d'art contemporain), il est à craindre que la présence, dans l'objet, d'une valeur sûre traduise davantage un désir de reconnaissance culturelle qu'un véritable choix artistique. Par ailleurs, on peut aussi s'inquiéter de ce que la dimension critique des premiers temps perde en intensité lors de l'intégration de références traditionnelles. Toute forme d'hommage à l'expression traditionnelle ne manifeste-t-elle pas un abandon de la position critique contre l'institution artistique ou culturelle? Tout d'abord, s'il est vrai que les artistes qui font intervenir la littérature dans leur œuvre sont relativement nombreux, cette forme de mixité reste cependant moins développée que celle pratiquée avec le cinéma, ou avec l'univers télévisuel, infographique ou pictural. Cependant, la proximité des médiums audiovisuels pour les premiers exemples et la position royale de la peinture dans un espace d'exposition pour le dernier, rend l'alliance moins surprenante au premier abord. L'intrusion de la littérature surprend donc davantage, et c'est pourquoi son intégration dans une installation soulève aussitôt des interrogations.

Cette présence du littéraire peut prendre des voies diverses, mais passe tout d'abord par l'intégration de fragments d'œuvres littéraires, poèmes, romans ou autres. C'est ainsi souvent à Maurice Blanchot que Gary Hill fait appel, principalement par ses références à son roman *Thomas l'Obscur* que ce soit dans ses bandes vidéo comme *Incidence of Catastrophe* et *In Situ*, ou bien dans ses installations vidéo. *And Sat Down Beside Her*, installation de 1990, se compose de trois pièces dont la première comporte une table, une chaise, un livre, un cylindre en verre, une lentille, un petit moniteur modifié. Elle présente un dispositif, que l'on retrouve décliné dans d'autres installations (*I Believe It Is an Image in Light of the Other*), qui met en relation directe la vidéo et l'écrit par projection de l'image d'un visage de femme sur la double page d'un exemplaire de *Thomas l'Obscur*, posé sur une chaise et ouvert à l'endroit d'un passage consacré à Anne, le personnage central du livre de Maurice Blanchot. Simultanément on entend une voix lisant le texte.

Les mots, les expressions de l'écrivain imprègnent plus d'une œuvre de Gary Hill. Il arrive qu'un passage entier de ses réflexions soit intégré dans le dispositif. Ainsi, dans *Beacon (two versions of the imaginery*) de la même année, le texte, cité dans le titre, est extrait d'une annexe de *L'espace littéraire*[16]. Il est vidéo-projeté sur les murs de la salle d'exposition selon le mode cité plus haut. De l'autre bout du tube, des images de visages de femme et d'enfant sont projetées sur les parois opposées. Il est vrai que les installations de cet artiste ne sont pas les seules de ses œuvres à s'ouvrir à la littérature. Parmi les bandes vidéo, *Why Do Things Get in a Muddle (come on petunia)*, propose, à partir du roman de Lewis Carroll, *Alice au pays des merveilles*, des variations et des jeux sur le texte, la bande image et la bande son étant passées chacune à leur tour tantôt à l'endroit, tantôt à rebours, ce qui, pour la bande son, renvoie à la contrepèterie du titre : « *Come on Petunia* » (valant, semble-t-il, pour *Once upon a time)*. On peut assister, dans ce film à une recherche sur le sens du cours du récit, avec inversion du son ou de l'image transposant dans le système visuel et sonore le voyage atemporel de l'espace onirique. On reconnaîtra, du reste, le même principe dans l'installation *Circular Breathing*, où la temporalité de la circulation des images et des sons s'accorde de la découpe spatiale de l'écran (à l'image de touches du piano, motif récurrent de cette œuvre), comme on a pu le voir précédemment.

L'interrelation entre les œuvres littéraires, leurs thèmes et leurs styles, et celle de Gary Hill se fait au niveau d'une recherche personnelle de transposition, d'appropriation et de recréation. C'est pourquoi, en dépit de l'hypothèse avancée précédemment, il paraît absurde dans le cas de cet artiste, d'imaginer que l'intérêt manifesté pour l'écrit et tout ce qui s'y rapporte dans ses vidéos ou ses installations vidéo puisse être motivé par une recherche de "caution littéraire". Il s'agirait bien au contraire chez lui d'une préoccupation authentique et d'une motivation profonde, insistante, qui trouverait, si l'on en juge par les pièces qui se sont succédées depuis quelques années dans son œuvre, sa juste expression dans l'installation vidéo.

Marcel Odenbach construit, quant à lui, *La Vision périphérique du témoin* sur des références complexes. On identifie facilement quelques références cinématographiques à Alfred Hitchcock, Peter Greenaway, probablement Jean-Luc Godard et peut-être aussi Volker Schlöndorff (*Le Faussaire*, scène de la course de Bruno Ganz au milieu d'une avenue de Beyrouth), mais dont les deux références les plus explicites sont l'une à *Dial M For Murder* (*Le crime était presque parfait)*, séquence du meurtre en légitime défense (avec les images de la main de l'héroïne cherchant en tâtonnant la paire de ciseaux pour se défendre) et l'autre à *The Draughtsman's*

[16] Maurice Blanchot, « Les deux versions de l'imaginaire » , *in L'Espace littéraire II*, p. 341.

contract (Meurtre dans un Jardin Anglais), manifeste par une présence semblable du style baroque et des conversations de personnages perruqués.

Il existe par ailleurs des références explicites à la littérature. En effet un dialogue s'élabore à partir d'une citation extraite de *L'Homme sans qualité*, qui devient le pivot de la discussion des deux personnages et constitue le lieu de parole de son installation :

« *Un homme vienne, un homme pour qui une chose réelle n'a pas plus d'importance que les choses pensées. C'est celui-là qui, pour la première fois donnera aux possibilités nouvelles un sens, c'est celui-là qui les éveille* ». [17]

Le texte de Musil est inséré dans un dialogue échangé entre deux personnages costumés et perruqués qui sont filmés allant et venant dans le parc de Versailles. Le niveau et la qualité de la langue de l'écrivain gagne l'image et les voix et entre en correspondance avec celles des personnages du film de Greenaway. Ce travail de correspondance pose la question de ce que devient l'écrit dans le visuel et le sonore, dans l'image et dans la voix ; comme du reste le roman de Musil lorsqu'il interroge le devenir de la pensée lorsqu'elle se fait parole et conversation.

Parmi les textes sacrés, celui de la Bible intervient plusieurs fois dans les installations vidéo, en particulier dans l'œuvre de Gary Hill avec *Disturbance (among the Jars)* et dans la première installation de Chantal Akerman (*D'Est, au Bord de la Fiction*) où un fragment de texte sacré de l'ancien testament « *tu ne te feras point d'idoles...* », est lu en français puis en hébreu par l'artiste. Cette dernière prête ainsi aux textes sacrés sa propre voix. Le visiteur peut entendre cette lecture dans la toute dernière des trois salles, la plus petite, celle qui ressemble un peu à un sanctuaire ; dans cette salle, un moniteur diffuse un plan du film fortement agrandi au point qu'il devient impossible d'identifier l'image avec assurance. Notons que lorsque la parole se fait audible (ce qui n'est pas vraiment le cas dans les deux autres parties de l'installation), inversement, l'image se dérobe à la vision.

Dans *Disturbance (Among The Jars)* de Gary Hill, ce sont des évangiles gnostiques qui forment le matériau à partir duquel l'artiste compose une « *magnifique symphonie "verbi-voco-visuelle"* » selon l'expression de Jacinto Lageira [18] . Le texte y est lu par sept lecteurs, dont Jacques Derrida ; il est écrit, récité, traduit en six langues différentes.

Si le principe narratif est souvent le lien entre la littérature et le cinéma, par la voie de la transposition du roman, il semble qu'avec

[17] Plus exactement dans le texte : « *jusqu'à ce que vienne un homme pour qui une chose réelle... donne aux possibilités nouvelles leur sens et leur destination, ...* », *L'Homme Sans Qualités*, Robert Musil, tome I, quatrième section : « S'il y a un sens du réel, il doit y avoir aussi un sens du possible », p.21.

[18] Cf. catalogue *Gary Hill*, p. 42.

l'installation vidéo la relation soit placée plutôt sous l'angle de la dys-narration (au sens où l'entendrait Alain Robbe-Grillet). Les exemples ci-dessus brisent en effet tout essor narratif sous la poussée de procédures telles que l'exposition du verbe, la symphonie du texte, la prédominance de l'inscription etc. La position de ciné ou télé-spectateur est brutalement agressée par de tels dispositifs. Cependant certaines œuvres ménagent une incertitude au sujet d'un contenu narratif que la temporalité même des installations ne permet pas toujours de saisir. C'est le cas, par exemple de l'installation de Patrick Corillon *Trois Suites pour Piano* (*Le Vésuve*).

On retrouve cette ambiguïté dans les œuvres de Jean-André Fieschi, *Les nouveaux Mystères de New-York,* de Peter Huyghe, *The Incivils* [19] de Carsten Höller, *Loverfinches* ou de Rainer Oldendorf, *Marco.*

Jean-André Fieschi s'en remet à la structure narrative de Louis Feuillade dans *les Mystères de New-York* de Louis Garnier, c'est-à-dire, selon ses propres dires, à la forme concaténée du feuilleton :

> *Il en ressort ce qu'il faut bien appeler une sorte de dramaturgie foudroyante : ce qui tient la lecture en haleine, c'est ce qui circule entre ces blocs, ces fragments, ces éclats d'écritures plurielles, c'est ce qui reporte toujours le mystère au prochain épisode, comme dans les merveilleux cinéromans du père Feuillade.* [20]

La vidéo est, pour cet auteur, l'invention technologique qui réinscrit le cinéma dans l'intimité de l'écriture, qui permet à la fois une approche de la source de l'événement, un suivi et une présence discrète, un enregistrement permanent — en quelque sorte, le carnet de notes où l'écrivain griffonne la matière de son roman — et la discontinuité des segments de la syntaxe filmique, l'enchaînement des plans.

L'installation, *Les nouveaux Mystères de New York,* fut présentée au Centre Beaubourg dans une alcôve cruciforme, au centre de laquelle était diffusée la bande vidéo, alors que de chaque côté étaient projetées des diapositives. Il s'agissait donc peut-être d'une présentation purement fonctionnelle, du ressort du musée et non de l'artiste. Le dénuement du dispositif soulignait toutefois l'ascétisme de l'écriture et la rendait d'autant plus sensible au niveau de la réception.

Les courts récits, mis à la disposition des visiteurs dans chaque salle de *Trois suites pour Piano* sont étranges. Ils produisent simultanément une impression d'authenticité et un sentiment d'improbabilité. En fait, il semblerait qu'ils fonctionnent selon un système à double ressort, dans la mesure où le caractère hautement fantaisiste de l'événement relaté (très improbable) est relativisé par l'étonnante neutralité du ton. Cette neutralité, paradoxalement, réintroduit le protocole du communiqué scientifique. Elle

[19] Remake de *Uccellace Uccellini*, de Pasolini.
[20] Cf. Communications n° 48 p.194.

découle, dans cette œuvre, de la surprenante limpidité de l'écriture (de son "économie" classique, de son rythme pondéré). Dans d'autres œuvres, la réserve procédera de modalités énonciatives instauratrices de distance entre l'énoncé et l'événement, telles que le recours au mode conditionnel ou à un *incipit* (le « *C'est peut-être ici que...* » de la série des ***Plaques émaillées*** de 1987). Ce travail de l'énoncé témoigne d'un incontestable investissement de la matière d'expression verbale. Par ailleurs, les événements fictionnels seraient parfois infiltrés de références littéraires explicites : par l'attribution des faits et gestes relatés à « *des figures éminentes de l'art et de la littérature (E.A. Poe, Redon, Kafka...)* »[21]. Ainsi, la référence littéraire s'associe, chez Patrick Corillon, à la "littérarité" propre à ses textes et au ton des énoncés qui en résultent. La fiction narrative se module donc à partir de plusieurs paramètres entrecroisés : caution fictionnelle de l'auteur-conteur, contenu narratif de l'événement décrit, sans oublier les projections vidéo (plans-séquences d'une pianiste en train de jouer).

Trois salles, trois fictions, trois plans visuels : l'expression de la forme sérielle (roman feuilleton, série à épisodes, à suivre, journal de bord, chronique...). Plus le propos simule l'honnêteté du rapporteur, sa discrétion et ses louables hésitations, plus en fait il sécrète l'illusion et la fiction. Un peu comme s'il était en quête d'une origine du narratif, où le narrateur et son auditoire se font complice de la fiction à la condition qu'elle prenne corps dans la réalité incarnée par la communauté rassemblée.

Lover Finches de Carsten Höller, se présente aussi sous la forme d'une projection de chambre : quelques sièges de style en velours damassé devant un écran présentant un petit film. Dès le début de la projection, par un texte d'une écriture vaguement gothique, le spectateur est informé de l'origine romanesque (« *La plus belle histoire d'amour du monde* ») du film à la diffusion duquel il se sent aimablement invité.

Quant à Rainer Oldendorf, c'est à plus d'intimité encore qu'il invite les hôtes de son cinéma, puisque son dispositif prévoit que la projection soit regardée en position allongée. Par ailleurs, Oldendorf renoue avec une tradition communautaire du *Free Cinema*, en cherchant l'expérience et l'inattendu dans le quotidien, et en préservant l'indépendance de la création de la tutelle des circuits commerciaux.

En quelque sorte, Patrick Corillon, Peter Huyghe, Rainer Oldendorf et Carsten Höller s'inscriraient dans la lignée de Walter Benjamin, qui déplore dans « *Le Narrateur, Réflexion sur l'œuvre de Nicolas Leskov* »[22] la fin imminente de « *l'art de narrer* », dont la forme littéraire du roman serait la

[21] Cf. l'article du *catalogue de la 3° Biennale*, consacré à P. Corillon p. 332.

[22] *Ecrits Français*, p.205, cité par Rainer Rochlitz, in *Le Désenchantement de l'art*, p.220 et suivantes.

cause. « *Le narrateur et son public sont alors séparés et plongés, chacun de son côté dans une solitude défavorable...* » commente Rainer Rochlitz. La narration s'y trouve "confinée", dans la mesure où elle ne correspond plus à l'opération de transmission de l'expérience au sein de l'espace de la communauté.

Il est évident que le fait d'évoquer des conditions de production artisanale, l'atmosphère d'une communauté d'artistes où le petit bricolage personnel prépare un lieu de visionnement intime pour les visiteurs, réduit la distance de communication et renvoie aux "conditions d'une société artisanale" qui seraient, pour les conceptions de Walter Benjamin en 1936, les seules capables de conjuguer l'espace de proximité et le lointain des origines de la transmission narrative. Le dispositif de chacune de ces installations, à la condition de la considérer à sa propre échelle, et non pas à l'échelle de l'exposition totale, autorise une interaction des spectateurs, un échange spontané pendant l'expérience partagée — autrement dit elle leur permet de retrouver la conscience de l'expérience (de leur perception, de leur sensation et de tous les effets qui s'y rattachent) à l'opposé de l'expérience de la lecture solitaire du roman.

Qu'en est-il toutefois de l'existence du narrateur dans l'installation vidéo? Le statut de la première personne n'est-il pas un élément de la fiction, du moins, dans les exemples avancés ci-dessus? Dans le cas de Patrick Corillon, c'est tout à fait explicite. La narration est simulée, du moins, le principe de transmission est l'objet d'un simulacre, et ce n'est pas parce qu'un discret *incipit* laisse planer un doute sur la véracité des faits de l'énoncé que celui-ci se trouve réellement incarné dans la personne du narrateur présent. L'artiste, même s'il accompagne son œuvre, s'il la commente et la canalise, finit par la livrer, seule, au public.

Ce que Walter Benjamin décrit comme la forme artisanale de la narration, qui « *ne vise pas à transmettre la chose nue en elle-même* [et qui] *assimile la chose à la vie même de celui qui la raconte pour la puiser de nouveau en lui.* » [23], ne correspond pas à ce qui serait un simulacre installé de narration multimédia. Cependant, le jeu qui consiste pour l'artiste, à frayer avec le narratif et le romanesque, bien qu'il en dénonce ou désarticule les rouages, n'est pas moins un signe de ses préoccupations et de sa sympathie pour cette forme de communication par laquelle l'oralité véhicule la création littéraire.

Il y aurait peut-être à cerner un principe commun, mais dont les situations différentes entraînent des effets et des réceptions qui ne doivent pas être confondues. Les artistes marquent délibérément les formes narratives qu'ils communiquent. Le plus souvent, ils procèdent par autofilmages

23 « *Ainsi adhère à la narration la trace du narrateur comme au vase de terre cuite la trace du potier* ». Cf. traduction légèrement différente dans *Essais 2,* « Le Narrateur », p.66.

(Fieschi, Sorin, Hill, Viola, Höller...) ce qui met le spectateur en contact avec leur voix, leur intimité de travail, jusqu'à la nudité de leur corps pour Gary Hill, Marina Abramovic, Ulay, Vito Acconci etc.... Par ailleurs, le caractère de bricolage (parfois décrié) est aussi la condition d'une proximité de l'ouvrage, des gestes et des manipulations, du tâtonnement, de la relation immédiate entre une pensée, un acte et un effet. L'investissement de l'objet exposé et "audiovisible" par son auteur est réel et perceptible. Néanmoins, dans les cas de propositions narratives, la source énonciatrice de cette narration n'est pas l'individu, son corps et son souffle, mais l'objet exposé. Ce qui est extrêmement troublant pour un spectateur qui ressent simultanément la chaleur d'une proximité d'auteur et la distance glaciale de l'instance d'énonciation.

C'est peut-être en quoi le travail de l'artiste se rapproche le plus de celui de l'écriture littéraire. A ce propos on se reportera au passage que Raymond Bellour consacre à la position d'acteur-sujet des artistes vidéastes, dans lequel il cite ces paroles de Gary Hill : *« Il n'y a pas de différence entre ce que je fais et ce que fait un écrivain »* [24], la relation avec la narration directe n'étant que procédure du texte. Cependant, les conditions de la réception ne sont ni l'espace communautaire, ni la solitude.

En conséquence ces installations à ancrage littéraire et narratif tout à la fois puisent dans les ressorts de la tradition ancestrale de la transmission et pourtant les renient. Le spectateur est soumis à l'effet contradictoire de fascination et de distanciation. Expérience vertigineuse pour certains, déroutante pour d'autres.

Comme on l'a vu plus haut à propos de Gary Hill, s'il est plausible que la qualité poétique des textes littéraires (Musil, Blanchot etc) contamine parfois l'œuvre qui se les approprie, il s'avère néanmoins peu probable que l'installation vidéo cherche ou trouve réellement sa légitimité artistique au moyen de tels emprunts. Du reste, en dehors de la littérature proprement dite, la présence du langage écrit ou parlé — c'est-à-dire, notamment, les textes d'origine moins culturelle que sont les rédactions et communications de type journalistique — sont fréquents dans les installations vidéo. Ce sont les communications d'Allen Ginsberg et de Georges Busch chez Dara Birnbaum (*La Sentinelle*), des membres de *Fluxus* (John Cage) chez Nam June Paik...

Les installations, qu'elles soient d'ancrage littéraire ou journalistique, auraient en commun de fictionnaliser la communication et d'intégrer la matérialité de l' "imagéité" du textuel au sein d'une plasticité globale. Quoi qu'il en soit, les champs convoqués ont un rôle à jouer dans l'œuvre, ne serait-ce qu'en la situant au niveau de la réception sur des registres que le spectateur ne tient pas forcément à confondre.

[24] Op. cit. p. 322

Lorsque l'installation vidéo, à ses débuts, vibre à l'unisson des consciences politiques et critiques, elle paraît assez loin, *a priori*, de toute littérature poétique. Néanmoins les artistes d'alors (Gordon, Muntadas, Vostell, Conrad, Baladi, Abramovic, Naumann, Forest, Viola [25]...) composent un paysage de préoccupations sociales et politiques, un ancrage de problématiques dans lequel le texte et la communication journalistique trouvent un terrain qui les justifie, qui les légitime de manière équivalente à ce qui justifie et légitime le recours au texte plus franchement littéraire pour Gary Hill, Marcel Odenbach ou Jean-André Fieschi... Le verbe inséré dans l'œuvre, qu'il soit d'origine noble ou roturière, n'a pas pour fonction d'en assurer à lui seul la valeur.

En fait, le problème de la légitimation des œuvres concerne beaucoup plus leur réception que leur réalisation. Si elle est source de réconfort pour le visiteur en quête de référence, elle l'est davantage encore pour le monde de l'art soucieux de justifier et d'imposer ses choix. Tout au plus pourrait-elle concerner une poïétique préoccupée, au niveau artistique, des effets de réception. Auquel cas, la légitimité peut s'intégrer au matériau artistique, en tant que mise en condition du public par exemple.

L'emprunt à la littérature, outre une caution de tradition artistique et culturelle, prête parfois aux œuvres un contenu narratif qui, là aussi, touche des préoccupations concernant la réception : les œuvres présentant une forme narrative, même embryonnaire, sont considérées plus faciles d'accès, notamment auprès du jeune public. Pierrick Sorin, interrogé sur le recours à la narration dans ses œuvres, reconnaît que celle-ci « *crée un lien avec le public* ». Cependant, peut-être afin de désamorcer toute tentative de "récupération" sur les œuvres "plus faciles" et susceptibles de drainer un plus large public, ses fictions ne sont que balbutiements. Elles demeurent rétives à s'engager sur les voies d'un processus construit selon les principes narratifs conventionnels : rien n'arrive à ses personnages que la répétition d'un embryon d'histoire aussitôt désamorcée : va-et-vient inutile du "jeune vidéaste", peinture qui n'en finira jamais de brûler ; bol de déjeuner qui n'en finit pas non plus de se renverser sur un malheureux "projet" (***L'Incident du Bol Renversé***, installation, 1993). L'histoire s'arrête au bord du titre, l'image ne fait que la répéter. Par ailleurs, le champ de ses références n'est pas à proprement parler celui de la littérature. Sauf peut-être sous la forme d'une avalanche de "bouquins" qui, par la fragmentation des plans et la multiplication des moniteurs, semblent dégringoler indéfiniment sur la tête de son personnage (***J'ai même gardé mes chaussons pour aller à la boulangerie***).

C'est donc bel et bien à travers les matériaux et la technique que la littérature est invitée à comparaître dans les installations vidéo, quitte à s'y voir parfois tournée en dérision.

[25] Cf. *Reverse TV*, dont le dispositif inverse la situation de l'acteur et du spectateur.

Toutefois, ce qui distingue la présence de la littérature (ou du texte en général) de celle d'un objet non langagier, c'est qu'elle transporte avec elle le contenu thématique des œuvres et des auteurs d'origine — les thèmes de Musil ne sont pas les thèmes de Blanchot. Mais ce thème s'articule dès lors avec l'ensemble de l'œuvre, qui se l'approprie en le revisitant, le nuançant, par l'apport de contrepoints ou de distanciations. L'emprunt, sa force, sa densité, sa profondeur formelle ou thématique, n'est pas l'œuvre. Il n'est qu'un matériau qui participe à la substance de l'œuvre.

A vrai dire, malgré la présence de fragments narratifs dans l'œuvre, la narration s'y trouve court-circuitée par un facteur interne au dispositif : une sorte d'agent "perturbateur". Ce dernier joue du reste de multiples façons au sein des installations vidéo. Ainsi, verra-t-on parfois l'image en mouvement exprimer l'arrêt sur image, comme dans l'installation *Temps Morts*, pièce d'Emmanuel Carlier, qui reconstitue, en les diffusant à partir de plusieurs projecteurs vidéo, un ersatz de développement dans le temps à partir de diapositives prises simultanément (et selon des angles multiples) du même événement.

Plus la séquence est brève, plus le dispositif étire le temps, comme dans *Proposal For Public Art Work : Reconstituting John Ford and the Searchers* de Douglas Gordon, où les photogrammes du film de Ford sont projetés sur écran alors que la durée du film est portée à la dimension temporelle de celle du tournage. Certaines œuvres imposent, du moins le semble-t-il, une distance "contemplative" ; en fait, ce qu'elles offrent à contempler, c'est un dispositif d'éléments peu "disposés" à coexister. D'autres invitent à la manipulation, donc à déranger les choses telles qu'elles étaient disposées. Les murs d'images, tels ceux de Paik ou de Marie-Jo Lafontaine, explosent d'une technologique spectaculaire, mais cela n'empêche nullement les artistes de bricoler en coulisse leur trucage de façon tout à fait artisanale.

Dans l'installation vidéo, les formes identifiables (dispositifs d'emprunt dans bien des cas), lorsqu'elles sont considérées pour elles-mêmes, c'est-à-dire indépendamment de la coloration singulière que l'œuvre leur concède, ne sont, la plupart du temps, que des leurres. On croit reconnaître des espaces familiers, être en relation avec des modes d'expression déjà connus, mais ce ne sont que des simulacres ou des mises en scènes, souvent parodiques : emprunts négatifs, donc, et qui montrent bien la pérennité d'un certain esprit libertaire, critique parfois jusqu'à l'agression (le "mal peint", "mal filmé", "mal joué") à l'égard des conventions.

Non seulement la "forme" — comme arrangement harmonieux — se dérobe au regard, mais il semblerait que le trait le plus constant des installations vidéo soit leur tendance à rompre les arrangements formels. Même dans un de ses dispositifs les plus sommaires, l'inévitable composé d'images vidéo et de présentation d'objets introduit un effet de mélange des genres qui donne aux pièces exposées un aspect bâtard d'œuvre sans identité réelle dont le seul trait caractéristique tiendrait à l'absence velléitaire de caractères spécifiques. Par ailleurs, cette absence de normes et de conventions formelles, qui perturbe, lors de l'appréhension des œuvres, le regard qui souhaiterait prendre appui sur une logique catégorielle, s'accompagne d'une joyeuse et libératrice absence de détermination.

En effet, le terme d' "installation", le seul auquel les œuvres soient tenues et auquel elles répondent pour une partie d'elles-mêmes, ne garantit pas un type de mise en situation spatiale particulier (à la différence de la désignation de certaines formes artistiques telles que la statuaire, le stabile, le mobile...) : seront-elles accrochées aux cimaises ou érigées sur le sol, entassées, posées ou distribuées avec ou sans limites? Nul ne peut le prévoir. Il en résulte que l'on ne sait jamais jusqu'où il est permis d'approcher, et si l'on est autorisé à pénétrer dans l'œuvre ; l'absence de déterminisme spatial est donc bel et bien une manière de déjouer les attentes de l'institution culturelle, et d'en révéler les intentions contradictoires (telles qu'intégrer les formes d'art inédites par exemple). Le musée est contraint de se construire en fonction de probabilités très élastiques et de s'adapter à l'objet formellement imprévisible qu'il aura à sa charge d'abriter et de protéger.

A vrai dire, plus ou moins dadaïste dès son origine, l'installation vidéo se présente comme une menace dirigée contre le formalisme : celui, envahissant, de la vidéo officielle ou technocratique à laquelle les artistes tentèrent de réagir en choisissant de le vivre non pas comme une contrainte, mais comme un défi. En témoigne une œuvre comme ***Reverse TV*** dans laquelle Bill Viola aurait exposé, pendant quelques secondes volées aux plages horaires télévisuelles, devant le propre regard du téléspectateur un "tableau-télé" de l'état téléspectatoriel. Tableau qui viendrait le surprendre, tel un miroir révélateur, dans l'intimité de son espace privé [26]. Le caractère stimulant d'un nouveau matériau tient souvent, pour une part, au fait de relever un défi. Celui, en l'occurrence, du contexte dévalorisant qui entourait les premières expériences d'art vidéo. Comme le rappelle David A. Ross et Alice Pratt Brown dans leur article V*idéo : réussite d'un échec* [27] :

> *L'apparition de l'art vidéo en tant que médium artistique fit l'objet d'un rejet total et d'une critique par la dérision, si bien que bien des artistes de toutes orientations s'empressèrent de l'adopter.*

Les installations relèveraient-elles avant tout d'une forme de composition volontairement perturbée de l'intérieur, en quelque sorte, d'actes de "(dys)-position"? Certes, une différence importante entre le dispositif et la composition se situe au niveau de la réception, ou des diverses conduites de

26 Cf. à ce sujet l'article de Raymond Bellour, « Être ou ne pas être. L'utopie vidéo » in, *Où va la vidéo?* p.92.
27 Catalogue de la *3° biennale d'art contemporain* 1995 p. 433

réception. Le dispositif suppose un projet, auquel le visiteur est souvent intégré notamment dans les dispositifs à interactions. Toutefois, la spatialisation et l'attraction intègrent à leur manière le corps et le regard du spectateur. Si le dispositif rend le spectateur témoin, ou partenaire, ou encore instrument d'un fonctionnement, la composition s'adresse à lui d'une autre manière. Ce qui est composé, c'est la forme à percevoir, dans le sens ou, par le travail de la composition, elle s'exhibe comme totalité onore et visuelle dont les parties sont distribuées, légiférées par l'idée du tout. C'est en ce sens que se retrouvent des présupposés artistiques et surtout esthétiques. L'art, en effet, s'intéresse à la mise en "forme" tout autant qu'au sentiment de l' "informe". L'installation vidéo a-t-elle ses propres moyens de présenter l'une tout en exprimant l'autre?

A ce niveau, le matériau particulier qui distingue les installations des formes artistiques traditionnelles leur provient des différents paliers sur lesquels peut se jouer la composition et ses diverses modalités. L'installation de Gary Hill *Sensing Place = Sens placé* joue avec distance, comme il le reconnaît lui-même [28], la carte de l'interactivité, puisqu'en fait d'interaction apparente, il s'agit de laisser au public la liberté de déplacer les quatre moniteurs posés sur des chariots à roulettes, munis de câbles suffisamment longs pour être placés n'importe où dans la salle. L'artiste exprime ainsi une volonté de ne pas imposer une composition au niveau des moniteurs dont se compose l'installation, et que les spectateurs sont encouragés (consignes du cartel à l'appui) à déplacer. Encouragement dont le but pourrait être de permettre à chacun de composer librement à partir des moniteurs, ou des images diffusées, préalablement enregistrées par Gary Hill lui-même. Or, que voit-on comme images enregistrées par l'artiste et transmises par les quatre récepteurs? des coins de murs, des dessous d'étagères, des angles de portes, quelques livres, des plantes vertes, des objets appuyés contre un mur ou posés sur le sol, tantôt des zones d'ombre, tantôt des flaques de lumière ; plans de quelques secondes avec cadrages hasardeux et mouvements d'appareils désordonnés montrant le résultat filmique d'une déambulation, caméra à bout de bras, à travers différentes pièces de sa demeure. Les plans s'enchaînent par segments hachés qui, au lieu d'offrir une vue d'ensemble, donnent à ce lieu d'habitation un aspect décousu et fragmentaire dont l'éclatement entre les quatre moniteurs ne fait que renforcer l'effet.

Ainsi, pour la deuxième fois, au niveau de l'espace filmé, la décomposition de la forme telle que l'incarnerait un cadrage dans les règles de l'institution cinématographique se voit ici confirmée. L'appar-tement lui-même exprime un certain désordre. Tout ce qui relève de la perception visuelle, les relations de composition des éléments visibles, exprime donc

28 « *Cette installation est assez ironiquement interactive, mais l'interaction se fait avec le corps, elle n'est ni électronique, ni visuelle* », cf *Art press* n° 210, Février 1996, p.26.

plutôt l'absence volontaire de composition, le désordre, comme acte de briser les ensembles, de décomposer. Cependant le dispositif, lui, obéit à des règles très strictes tant au niveau du tournage (durée des plans, respect constant de quelques règles personnelles de prises de vue : tenue de la caméra bras ballants, au hasard des déplacements, geste périodiquement répété selon la même fréquence de quelques secondes (poser la caméra, puis s'en ressaisir et poursuivre la déambulation), qu'au niveau de la restitution : le film est diffusé tel qu'il a été tourné, avec le rythme de l'enregistrement et les sons (amplifiés) des réglages automatiques, régularité des périodes, répétitions quatre fois du même volume. Ainsi, par le travail de combinaison entre plans du présenté (choses présentées : les objets de l'installation ou l'intérieur de l'appartement) et plans de présentation (travail du dispositif), l'installation propose bel et bien un travail de composition de formes décomposées.

Mais que signifie présentation et représentation en vidéo, et, d'autant plus, dans une "installation" vidéo? Sur le plan de la représentation, l'installation vidéo propose une forme dont une partie prend appui sur l'image visible des écrans des moniteurs, dont les codes de représentation appartiennent au monde télévisuel (le terme "télévisuel" étant préférable aux termes vidéoscopique ou vidéographique, plus solidaires du médium en tant que mode de présentation que des modes de représentation) et l'autre partie sur le dispositif d'ensemble.

Les codes de représentation, s'ils subissent l'influence d'un matériau nouveau (aujourd'hui : le signal analogique ou numérique, autrefois, la peinture *a tempera* par exemple), ne sont pas radicalement renouvelés, du moins ils le sont rarement dans l'immédiateté de l'invention technique. Cependant, la vidéo hérite d'un rapport à la représentation bouleversé par l'image photographique du cinéma, par le caractère de présence dû au facteur dit "indiciel" du médium photographique, et par la performance d'immédiateté du signal vidéo. Les corps, les êtres et les choses sont là (ou auraient pu l'être), en direct sur l'écran et physiquement dans la salle.

Cette tendance presque génétique de la vidéo à présenter (dans le sens de livrer une présence directe), articulée à celle de l'installation qui, en outre, relève de la réalité physique, trouve une contrepartie dans le recours aux codes de représentation spécifiques du cinéma et de la représentation télévisuelle. C'est pourquoi il est bien difficile de dénouer le présenté du représenté. Les formes de représentations proposées par les installations vidéo jouent, du reste, de cette dualité tout autant à l'écran que dans le dispositif. *Living Picture*, de Sylvie Blocher, nous en donne un exemple frappant : alors que les visages diffusés sur l'écran en image vidéo, et la parole, transmise par signaux électroacoustiques s'offrent naturellement au présent de la relation de communication (certes illusoire, mais combien chaleureuse), les objets qui composent le mobilier "virtuel" de la pièce dans laquelle pénètre le visiteur sont figurés par des découpes de contre-plaqué à peine relevées d'un graphisme vaguement suggestif [29]. Il apparaît que l'installation vidéo offre un terrain sur lequel les différents niveaux de virtualités et de réalités trouvent donc sans peine à se jouer les uns des autres.

Les codes de représentation et la valeur de présentation fonctionnent constamment à ces deux niveaux, même si c'est par effet de contrepoint. En effet, la démarche vidéo présentée par Gary Hill, prend les codes du cinéma et de la télévision à contre-pied (mauvais cadrages, aucun motif apparent ni aucun événement susceptible de produire la moindre amorce de fiction, de narration ou d'effet spectaculaire). Pour le visiteur cependant, le mode de représentation télévisuel n'est-il pas naturellement solidaire de tout dispositif comportant un récepteur de télévision? Doit-on, du moment que l'on tente d'appréhender l'œuvre dans sa spécificité, son originalité, se dessaisir de ses références de représentation. Certes, il demeure possible de les faire jouer en relation avec ce qui est ici montré, ne serait-ce que pour mesurer la distance instaurée par l'artiste face aux codes en vigueur. Peut-on, dès lors, discerner dans ce réseau complexe instauré entre représentation et présentation une manière de rendre compte des choses qui serait une manière de figurer propre aux installations vidéo?

« *Pour savoir si un objet est une œuvre d'art, il faut examiner la pratique artistique* », nous dit Timothy Binkley [30]. Souhaitant découvrir une "forme artistique", c'est en effet au niveau des pratiques dont elles relèvent que nous avons essayé de la saisir. En ce sens, il semble bien que les installations vidéo soit des œuvres d'art. Pour nous en convaincre, toutefois, il ne suffit pas de constater une démarche poïétique, mais de s'assurer semble-t-il qu'elle ait du sens, et qu'en outre, elle se révèle à ce niveau de sens par ses qualités sensibles. Qu'elle suscite, en quelque sorte une relation véritablement esthétique, au sens baumgartien du terme.

Or, il est probable que le geste critique et subversif qui présida aux premières installations n'avait pas comme priorité des prétentions esthétiques de cet ordre. Sur ce point il est certain que les modalités de présentation de œuvres ont modifiées les règles du jeux. Et comme on ne peut travailler avec un médium tel que la vidéo (avec sa "substance"), même dans une intention purement intellectuelle, conceptuelle ou politique, sans produire des effets sonores et visuels, comme, par ailleurs, on ne peut pas non plus l' "installer" sans penser cette installation en terme de réception visuelle et sonore, comment ne pas réveiller une attente esthétique demeurée latente. Car la plastique même de ces objets composites, nonobstant leur manque de visibilité, stimule l'attention au niveau sensible, tandis que le contexte

29 D'autant que la mise en scène vise au naturel de l'improvisation, dans la mesure où les comédiens étaient invités à parler sans avoir préparé leur texte.
30 « 'Pièce" : contre l'esthétique » *in Esthétique et Poétique*, p.51.

muséal exaspère quant à lui les attentes traditionnelles qui resurgissent à l'occasion.

Les installations vidéo sont ainsi suspendues au niveau artistique entre une motivation issue de la modernité et un environnement conventionnel, et au niveau esthétique entre des attentes inscrites dans une tradition et des comportements superficielles et ludiques. Cette situation de porte-à-faux rend leur appréhension délicate. Après avoir tenté d'examiner les formes et les aspects des installations vidéo, il nous semble évident que ceux-ci, selon les procédures artistiques en jeux dans chacune des œuvres, sont faussés, au niveau de la réception, par une multitude d'événements perturbateurs. Minés, volontairement ou non dès leur conception, par une sorte de parasitage systématique des habitudes et des conduites spectatorielles et catégorielles — qu'elles suscitent du reste — les installations vidéo pourraient dès lors se retrouver exclues d'un mode de relation directe, et privées de ce fait de la possibilité de livrer leur sens véritable ; donc ne pas répondre à l'attention dont elles devraient néanmoins pouvoir bénéficier en tant qu'œuvre d'art. Autrement dit, si nous ne comprenons rien à leur langage, cela pourrait provenir tout simplement des parasites qui troublent leur réception.

Et pourtant, on ne peut pas non plus prétendre que ces œuvres ne font rien ressentir. Alors, peut-être que lorsqu'elles semblent ne rien avoir à dire, ne rien vouloir dire ou refuser obstinément de se faire comprendre, et persister dans leur mutisme, il reste encore l'espoir de les saisir pour elles-mêmes, telles qu'elles sont, telles qu'elles existent! Peut-être alors qu'en dépit de tous ces obstacles, elles se montreront capables d'éveiller quelques sensations et de susciter un minimum de relation esthétique. Mais le problème qui se présente alors est de distinguer entre les sensations "authentiques", et les autres, celles que provoqueraient de fausses identifications. Animé du désir d'accéder au-delà de simulacre et des faux-semblants, à la vérité de chaque œuvre, et de l'appréhender dans sa globalité plutôt qu'à partir de facettes trompeuses, il convient de prendre en considération tous les paramètres qui en accompagnent la perception.

DEUXIÈME PARTIE

Perception de l'installation vidéo

L'œuvre comme "chose", mais la chose comme "texte"

4. Méthodes d'approche

Par les annonces publicitaires, dans la presse, par les affiches sur les murs de la ville, l'exposition nous parle avant que nous n'en franchissions le seuil.

Marie-Sylvie Poli

Ainsi, l'approche des installations vidéo s'avère difficile, et afin de prendre connaissance de ces objets "insaisissables", il semble nécessaire de les appréhender par la seule connaissance sensible au plus près de leur être, au niveau de leur existence physique et matériel, ou encore de ce que Gérard Genette nomme leur identité numérique, leur « *haeccéite* » [1]. Cela, afin d'éviter de les trahir par la substitution d'intentions et de contenus étrangers. Mais dans quelle mesure n'est-il pas utopique d'espérer atteindre directement un objet qui génère par sa propre ambiguïté tout un dispositif de médiation?

En effet se prêtant mal à l'identification immédiate, les installations vidéo provoquent une véritable mobilisation médiatique. En 1991 par exemple, c'est-à-dire deux ans après la création de la manifestation proprement dite, la rédaction du festival de Clermont-Ferrand, *Vidéoformes*, prenant acte du malaise du public, décidait d'introduire une médiation critique et théorique afin de faciliter l'accès aux œuvres.[2] On peut se réjouir d'intentions aussi louables, mais aussi s'étonner du paradoxe qui en résulte : volonté de protection culturelle et didactique d'un art aux racines contestataires. Car en effet, prises en charge par les politiques culturelles, les installations vidéo ne sont-elles pas menacées d'ingérence tant au niveau de la création que de la promotion? L'art médiatisé par une volonté de promotion affichée, comme c'est le cas des installations vidéo, sera d'autant plus victime des accompagnements promotionnels. Toutes ces formes que peut revêtir la médiatisation, et qui, dès lors, précèdent, accompagnent ou prolongent la prise de connaissance des œuvres, qui s'étendent des simples consignes de manipulation aux discours critiques les plus approfondis, ne sont-elles pas, plutôt que des moyens d'accès, en réalité des écrans de fumée? Car on peut craindre que l'approche "im-médiate" de l'installation vidéo se trouve compromise et son abord aliéné irrémédiablement par de tels déploiements. D'autant qu'il est probable que, dans une certaine mesure, ce qui est de fait

[1] *L'Œuvre de l'art, Immanence et transcendance*, p.27.

[2] *« Créée pour la première fois en 1989, en réponse à la demande des visiteurs et des artistes d'avoir un regard critique de spécialistes sur les installations présentées, Vidéoformes accueille cette année quatre critiques d'art pour un débat à chaud face au public et aux artistes… » Vidéoformes*, Clermont-Ferrand, 1991.

extérieur à l'"être là" de l'objet s'introduit dans l'expérience immédiate de celui-ci. Tout ce qui touche directement aux artistes joue intensément au niveau de la perception de l'œuvre. Ainsi, par exemple, en 1995, lors de la 3° biennale d'arts contemporains de Lyon, un petit encart de lettres blanches sur fond gris informant du décès de Teiji Furuhashi, survenu deux mois avant l'exposition de *Lovers* [3], ne pouvait pas manquer d'influencer le visiteur et la rencontre de cette œuvre. En effet, dès l'entrée dans la grande salle carrée située tout au bout d'un couloir, la profondeur de la pénombre, le déplacement furtif des hommes et des femmes nues dont les images grandeur nature sont projetées sur les quatre murs, et l'interrelation entre ses propres cheminements et ceux des personnages prenaient indéniablement un accent d'une plus haute gravité.

Le plus souvent l'information livrée par l'auteur, et attendue du public, concerne les intentions et les secrets de fabrication. Ce terme se situe volontairement entre procédés et modalités de production, concernant l'aspect tout autant technique et conceptuel de ce qui a engendré l'œuvre que les secrets d'alcôve, dont la teneur cognitive est beaucoup moins sérieuse, mais qui introduisent le public dans une sorte d'intimité de la création artistique. Ils incitent à déplacer l'attention — déplacement de l'œuvre à sa genèse ; c'est-à-dire à la considérer davantage en tant qu'ouvrage qu'en tant que chose ou objet autonome. Quant aux intentions reconnues, avouées ou révélées, leur fiabilité importe peut-être moins que l'épaisseur, "l'effet de réel", qu'elles procurent à l'imaginaire des spectateurs.[4]

Articles de journaux, textes critiques de magazines spécialisés, interviews d'artistes ou de personnalités artistiques, conférences ou commentaires du public sur les lieux mêmes de la rencontre des œuvres, parole vive, ou différée, transmise par les chaînes de radiodiffusion ou de télévision, ou bien présence des personnalités sur les lieux d'exposition, parole livrée à chaud, sans que leurs auteurs aient toujours le temps de la réflexion ni la distance requise pour se livrer à un jugement pondéré... sont autant de textes d'accompagnement et de proximité qui, préparant la rencontre, interfèrent dans la connaissance immédiate de l'objet, et lorsqu'ils lui succèdent, en modulent le souvenir. Dans l'un ou l'autre cas, ils jouent un rôle dans son appréciation et la connaissance que l'on en a. On pense à Marcel Duchamp qui, en prétendant que « *c'est le regardeur qui fait le tableau* », liait irréversiblement l'existence de l'œuvre d'art à celle de l'appréhension qui en était faite.

C'est pourquoi, lorsque dans le cas des "catégories flottantes" , les textes critiques s'autorisent de retirer telle œuvre de la "classe des œuvres

[3] Installation vidéo informatique.

[4] A ce propos, on pourrait d'ailleurs se reporter aux raisons pour lesquelles, d'après Jean-Marie Schæffer, il est préférable de ne pas se fier aux "intentions" des auteurs, Cf. *Les Célibataires de l'art*, pp.72-73.

d'art" [5], ils mettent réellement en question le statut artistique de cet objet et compromet simultanément le niveau esthétique de l'appréhension qui pourrait en être faite. Dans le cas d'un tableau, la même critique n'aurait pas le même impact, tout au plus serait mis en doute la bonne qualité de l'œuvre. Une telle différence, significative de la fragilité d'un mode de production d'objets ne peut manquer d'avoir des conséquences sur "l'idée" que l'on se fera de l'œuvre.

Bref, devant les inconvénients d'un accompagnement culturel (louable par ailleurs), on en vient à se demander si l'installation vidéo ne pourrait pas être appréhendée sans "mode d'emploi". D'autant que, de nature critique et polémique, le discours de presse qui accompagne les manifestations artistiques est souvent le porte-parole de conceptions traditionalistes. Il ravive les grands principes de la culture, les positions les plus arrêtées de l'esthétique. C'est pourquoi, alors que des formes d'expression neuves souffrent d'une rencontre trop directe, et nécessitent *a priori* une préparation, une "médiatisation", elles sont aussi les plus fragiles face aux influences extérieures. Plus fragiles aussi face aux présentations réductrices de la presse écrite ou télévisuelle : comment en effet une image, comment des mots, des descriptions ou des commentaires pourraient-ils être de bons objets de substitution pour une installation vidéo, volume sonore qui intègre des modifications et du mouvement et se verrait réduite à la platitude, ou à de simples contenus sémantiques.

En effet, le verbe, l'image et le nom sont-ils en mesure de rendre compte de la chose. Certes cela semble peu probable. En revanche, l'immersion dans la perception directe de l'œuvre imposerait-elle de renoncer au fond de connaissance culturelle? d'oublier les concepts philosophiques, les biographies des artistes, les informations concernant la genèse des œuvres, leur position financière, leur histoire, leurs évaluations antérieures? Faudrait-il vraiment ne rien lire des informations du cartel qui stipule de voir une sculpture, ou une composante laser, de ne pas écouter les remarques des voisins? doit-on faire totalement abstraction des conditions d'exposition, évacuer tout ce qui compose l'environnement physique ou culturel de l'œuvre afin de parvenir à un dialogue direct et serré avec cette chose présente, là, dans sa totalité et dans sa plénitude physique — et cela même lorsque l'œuvre persiste à se murer dans une absurdité et une insignifiance totale — en adoptant âprement la posture de l'ascèse pour cette tentative de pénétration au cœur des œuvres et de leur nature.

Cette conception de la relation "im-médiate" est par trop utopique. L'immédiateté est une conquête sur un savoir. Le regard averti est-t-il donc

[5] Paru dans *Télérama* , Janvier 1996, p.28 « *Pierrick Sorin sort de son ordinateur. Art ou trucage ?* [...] *une œuvre d'art doit susciter un véritable regard.* »

toujours à ce point perverti? et le texte d'accompagnement ne serait-il pas dans certains cas le seul moyen d'assurer un minimum de contact? Grâce à lui, il faut bien l'admettre, quelque chose de l'œuvre parvient au moins à s'éclairer. Et, comme le reconnaissent George Casha et Charles Stein à propos d'installations de Gary Hill :

> *Certaines œuvres méritent une initiation* [...] *ce qui ne veut pas dire qu'elles nécessitent explications, consensus particulier, ou autre apport prescriptif.* [...] *Chacun doit découvrir* **un mode d'accès approprié** *qui soit plus qu'informationnel.* [6]

S'il convient donc d'avoir lu et entendu des critiques, appris et admis des théories, il importe peut-être néanmoins, au moment de la rencontre, de mettre à l'écart ce savoir et de faire le silence en soi, de se placer dans une situation où l'œuvre, ici-présente, est le pôle unique de l'investigation. « Qu'est-ce que je vois? » plutôt que « qu'est-ce que je voulais ou voudrais voir? qu'est-ce que je sais qui me permet de dire ce que je vois? » Ainsi, il ne s'agira pas de renoncer à l'immédiateté, mais d'en mettre momentanément le purisme entre parenthèses, de l'admettre comme moment et comme horizon de référence, sachant que l'intérêt d'un mode d'approche ne réside pas nécessairement dans l'application absolue de ses principes, mais dans l'effet de neutralisation momentanée et partielle qu'il opère sur l'attitude contraire.

Au reste, rien ne pourrait donner les clefs définitives de ce que doit être la rencontre de l'œuvre. La découverte d'une œuvre d'art relève d'un processus relationnel entre l'œuvre, comme objet singulier, et le spectateur, être de sensibilité et de savoir. C'est ainsi que lorsqu'on interroge Name June Paik sur la possibilité, pour l'artiste de garder le contrôle du processus de perception, il répond avec une réserve que la *maestria* de ses œuvres n'aurait guère laisser pressentir :

> *De mon processus à moi, oui, mais de personne d'autre. Je ressens le processus de perception d'une œuvre d'art comme unique pour chaque individu. Mon intérêt n'est pas de contrôler, mais d'activer.* [7]

Parole d'artiste, certes, mais sur laquelle on serait tenté de doublement s'appuyer : d'une part, elle atteste d'une préoccupation de l'artiste en faveur de la perception de son œuvre, c'est-à-dire d'un réel lien entre la démarche artistique et le processus de réception perceptive, tel qu'il serait à l'œuvre au cours de la relation esthétique : une sorte d'orientation esthétique conférée par l'artiste à son œuvre ; d'autre part elle semble supposer une "intériorisation" de cette orientation, au point que cette disposition paraissent inscrite dans l'œuvre... et qu'elle l'anime, en quelque sorte.

[6] *Gary Hill, HanD HearD/liminals objects*, p.20.
[7] *Le sonore et le visuel*, p.151.

Dès lors, les œuvres pourraient fonctionner esthétiquement en toute autonomie. Certes, "œuvres d'art" incontestablement, dans la mesure où ce label garantirait, comme on l'a supposé, la présence d'une orientation esthétique, mais oubliées comme telles, afin que la relation ne soit pas médiatisée par un contrôle externe. Leur existence étant dépendante de l'attention des sens, et conditionnée par cette attention, les œuvres relèvent, comme simple objet, d'une attitude attentionnelle. En conséquence, cet objet bénéficierait de l'attribution de propriétés *«conditionnelles »* — au sens où l'emploierait, semble-t-il, Gérard Genette,[8] telles qu'une forme d'existence aux allures d'autonomie. Les installations vidéo pourraient donc bien faire l'objet d'une attention "esthétique", mais à condition de disposer elles aussi de cette sorte d'autonomie, c'est-à-dire que l'on parvienne à les accepter suffisamment comme œuvre d'art **au point** de l'oublier.

Plus encore que l'existence d'un sujet et d'un objet, la relation à l'œuvre postule donc la rencontre d'un sujet et d'une entité autonome. Auquel cas, il conviendra de la comprendre et de la pénétrer afin de trouver en elle-même son être profond et de « *l'accompagner de l'intérieur* » selon l'expression d'Adorno. L'absurdité , plutôt que d'apparaître, comme dans *Good Boy Bad Boy*, un défaut de la "chose-objet" exposée, devient un trait de caractère de l' "être-chose" rencontré. Par chaque balbutiement, une personnalité singulière s'exprime, communique, ou tente de le faire

Du reste, au cours de ces déambulations auxquelles se prêtent les expositions, il arrivera que l'on rencontre non seulement "quelque chose" de singulier, mais que cette chose semble s'être placée là précisément pour être rencontrée. D'autant que les installations vidéo se mettent souvent en travers du chemin et placent le "badaud" en position de confrontation, d'interpellation, de complicité. *Eye*, cet œil qui vous accroche au passage et vous suit — vous poursuit même, en plusieurs points d'une exposition — de loin avec insistance en serait une illustration assez convaincante. L'œuvre se "présente" au récepteur. En conséquence celui-ci ne peut nier sa propre situation, privilégiée, d'être l'élu d'un désir de rencontre qui, à défaut d'émaner de l'œuvre, se dégage parfois de quelques-uns des objets qui la composent : c'est la goutte d'eau qui saisit l'image du visiteur, les corps de *Lovers* qui l'accompagnent furtivement, la voix d'une femme qui l'attend au bout de la traversée des trois salles.

Et, s'il arrive que l'on ne saisisse pas toujours bien la visée de la chose sur l'individu sujet récepteur (en qualité de quoi suis-je visé par exemple dans *Trois Suites Pour Piano*, n'y a-t-il pas erreur sur la personne?), l'essentiel n'est-il pas que l'œuvre soit perçue comme un être désirant.

[8] Cf. *Fiction et Diction*, p.131. Cette notion sera reprise pas Jean-Louis Schaeffer dans *Les Célibataires de l'art*.

Auquel cas, même si l'esprit et l'intellect ne sont pas pleinement satisfait de la rencontre de l'installation vidéo, elle n'en aura pas moins convié à une expérience inédite, qui d'ailleurs mobilise peut-être encore plus de sensibilité intuitive que d'autres formes artistiques. Car en effet, constituée le plus souvent d'une pluralité d'éléments, l'œuvre comme "être-chose" de nature composite, plutôt que de se dispersée en objets disparates, gagnera en unicité ; mais, son appréhension s'échelonnant nécessairement dans le temps, il semblerait que la rencontre d'une œuvre de ce type requiert bel et bien des modalités d'appréhension particulières, ne serait-ce qu'en relevant d'une attention prolongée, plutôt que d'une perception immédiate.

Bien que cette relation semble imposer l'adoption de règles adéquates, elle s'apparente toujours un peu à une sorte de rendez-vous asymétrique et désordonné. D'une part, parce que le point de vue du récepteur (et de ce qu'il ressent) demeure privilégié, et d'autre part, parce que l'œuvre qu'il découvre reste, pour lui, un être disloqué, inconnu : étranger — d'une étrangéité que la réitération des rencontres, certes, atténue, mais jamais n'abolit totalement. Ainsi, l'approche "littérale" de l'œuvre ressemble à un parcours en *terra incognita* au cours duquel on tente tant bien que mal, en respectant les modalités de connaissance de l'objet, de circonscrire son examen dans les limites propres de l'œuvre.

Celle-ci est dès lors appréhendée telle qu'elle se présente à la perception "immédiate", être saturé, intransitif : *Lyon Video Wall*, mur "activé", plaqué de cents moniteurs de toutes tailles, dont les écrans forment une sorte de grande fresque aux tonalités bleu-acier où alternent, selon le rythme très syncopé de la musique, des images de robots et d'archives télévisuelles, et où s'enroulent, en contre-bas, les images voluptueuses de corps féminins roses dorés démultipliés à l'infini.

Les sens y sont comblés. Les glissements de couleurs ou de formes confèrent à l'installation les séductions d'une peinture abstraite, la ponctuation de la musique produit un effet de clip audiovisuel. Objet saturé, certes, mais aussi saturant, car l'abondance des sollicitations surcharge parfois la perception ; à moins qu'elle ne la rende paradoxalement boulimique, au point que, face à des œuvres plus austères ou silencieuses, telles que *Materia Prima*, l'on se ferme à une "absence" que l'œuvre s'efforce peut-être précisément de présenter. D'autant que la sollicitation de l'œuvre, qu'elle soit trop vive ou pas assez, semble s'adresser à tout sauf à l'esprit. C'est sans doute alors que naît la tentation de sortir de l'œuvre, afin de glaner dans ses alentours quelques éléments intellectuellement plus stimulants : le contexte critique de son émergence, par exemple, ou bien l'évolution technique dont elle bénéficie, la vie de l'artiste, etc. L'esprit souffre, en effet, de rester concentré sur une œuvre qu'il ne comprend pas, alors même que l'objet procure, on l'a vu, plaisir et divertissement en dispensant une multiplicité de petites surprises sonores et visuelles. Le corps s'agite, l'œil et l'oreille sont rassasiés, mais l'esprit s'impatiente pour peu qu'il reste en éveil. Lorsqu'on ne parvient pas comprendre à quelles nécessités intérieures font écho en profondeur les émergences perceptibles, n'a-t-on pas le sentiment de laisser échapper un éventuel principe interne, qui non seulement donnerait du sens aux sensations, mais en outre guiderait la perception? On s'interroge naturellement sur les raisons pour lesquelles ces présences s'imposent — ou s'interposent — sur le chemin de la visite et dont l'insistance même ne peut que suggérer une cause cachée qui les justifierait. Il est probable, du reste, que l'on s'interroge avant tout sur la qualité de cette cause, la valeur de ces "raisons" : sont-elles naturelles, intentionnelles, accidentelles? pourquoi est-ce là? que me veut-on? qu'est-ce que l'œuvre cherche à me dire?

Mais l'objet qui s'offre ainsi directement à la sensibilité du récepteur, s'adresse-t-il à la sphère de l'entendement, ou à celle de l'étonnement. Objet dont l'opacité, relevant soit de l'insignifiance, soit de l'intransitivité absolue — afin de ne pas être réduite, par exemple, à la simple illustration d'une idée — pourrait être en effet pressentie comme une forme d'entêtement de l' "être-chose" : dans tous les cas, il se présente tel qu'il est en lui-même ; tout devient en lui "manière d'être"... et même ce qu'il dit (ou ce qui se dit en lui), quel que soit le non-sens du propos, ce "dire" étant dès lors appréhendé comme sa propre façon d'être ce qu'il est : *9 cm3 Fluxus TV*, caisson de cuivre en forme de poste de télévision, percé d'une ouverture rectangulaire à travers laquelle tremblote une absence d'image vidéo, c'est-à-dire à proprement parler une zébrure clignotante bleutée — œuvre de Wolf Vostell réalisée en 1994 — objet insonore. Au niveau des sensations, rien de bien intéressant, sinon la couleur du cuivre et la luisance des photophores. Mot à mot, élément par élément, s'amorce néanmoins la possibilité de quelques axes signifiants : le carré évidé, le parallélépipède rectangle de la fausse télévision de cuivre, objet massif, répété en creux au centre d'un écran. Voici une syntaxe qui s'élabore, maladroitement, peut-être à tort, avec effort, à partir d'une approche strictement littérale.

Ce que l'œuvre présente accède à la perception grâce aux procédés d'exhibition internes à l'œuvre. Il importe de voir dans la manifestation directe "l'être-là de l'œuvre achevée", (en dépit, parfois de l'impression d'inachèvement – ou de bricolage – suscitée par celle-ci). Et lorsqu'elle manque de "présentation", cela pourrait exprimer le retrait de l'être-chose, une absence dans cet être (comme dans *Materia Prima*). L'absence deviendrait alors dans ce cas une sorte de percept visuel négatif, car elle est, de fait, bel et bien présentée. Du reste, se présentant, l'œuvre impose sa présence tout en étant aussi présentoir d'elle-même. Elle vient au devant du visiteur pour se présenter à lui à travers un certain nombre d'éléments plus ou moins exhibés, plus ou moins cachés. Et c'est donc l'ensemble de l'aspect visuel (visible ou caché) et sonore (audible ou silencieux) qui fait l'œuvre, qui permet d'actualiser sa rencontre et doit être considéré comme son existence littérale, abordé comme ce qui, de l'œuvre, issu de l'œuvre, devient texte.[9] C'est alors que, de la totalité des éléments qui la constituent — objets, fragments, parties présentés (ou délibérément non représentés), comme on l'a vu plus haut avec *9 cm³ Fluxus TV* — et de l'ensemble des relations que ces éléments entretiennent entre eux, parvient tout doucement à naître une sorte de syntaxe singulière, propre à cette œuvre seule, et gouvernant, en elle, les procédures d'interaction et d'attraction — syntaxe issue, à ce qu'il semble, de la seule expérience directe et sensorielle.

Cependant, le fil conducteur qui a permis dans ce cas d'élaborer cette syntaxe singulière n'a-t-il pas procédé de la mise en relation des parties au tout : le rectangle percé par lequel s'exemplifierait la réalité télévisuelle dans la plus petite et la plus grande partie de l'objet? Ne sommes-nous pas contraints, pour faire travailler ce texte dépourvu de présupposés syntaxiques spécifiques, de faire l'appoint de quelques procédés herméneutiques traditionnels ?

Il est par ailleurs assez périlleux de déterminer ce qui compose "le" texte d'un objet comportant des éléments dont les natures sont si différentes, et qui, pour cette raison, ne manifestent pas la même volonté d'exhibition. Si, par la couleur acidulée de leurs coussins, les bancs de *L'Amérique est une erreur* parviennent à manifester leur présence, les sièges de *Trois Suites pour Piano* restent pour leur part en dehors de l'attention, alors qu'ils feraient en réalité bel et bien partie du projet artistique. L'appréhension littérale, lorsqu'elle reste suspendue à la connaissance perceptive et intuitive, n'est donc pas sans risques d'erreur, ou d'incomplétude. Risques que l'œuvre, par son insistance, invite néanmoins à prendre. Ainsi le mur de Nam June Paik, par cette alternance obsédante des contrastes plastiques de formes, de lignes, de couleurs et de lumières entre les corps féminins lovés et les visages masculins robotisés, ne se prête-t-il pas à sa manière à une appréhension dont la syntaxe relève semble-t-il d'une sorte de principe eurythmique. Par conséquent, un objet de ce type présenterait par ses seuls effets visuels et sonores, un attrait pour les sens, reposant sans doute, sur l'effet de syntaxes inscrites directement dans le matériau plastique; il pourrait sembler, dès lors, suffisant de l'appréhender selon une approche purement sensible, étant donnée la nature manifestement sensorielle de son premier niveau syntaxique.

[9] Ce qui pourrait éventuellement faire glisser sur l'œuvre, considérer comme "chose", ou objet naturel, la notion d' « *Intentionnalité "comme-ci"* » proposée par Jean-Marie Schaeffer, et qu'il définit ainsi : « Le sujet adopte une position d'interprète en abordant l'objet naturel comme s'il avait un statut d'intentionnalité dérivée [...], interprète comme pseudo-récepteur » (*Les Célibataires de l'art*, p. 255). Il semble donc bien que cette proposition atteste de la possibilité d'un statut particulier de l'œuvre, qui ne serait ni un signe arbitraire (dépourvue d' "attentionnalité"), ni une chose (signe naturel véritable), mais qui fonctionnerait "comme si" elle était à la fois signe d'elle-même, en tant que chose, et réciproquement, chose dans laquelle le signe puise son référent.

Mais est-on sûr que la satisfaction des sens atteste que le texte de l'œuvre a bien été rencontré dans son intégralité? La littéralité de *Lyon Video Wall* ne consiste-t-elle qu'en une diffusion magistralement synchronisée de signaux vidéo et d'émissions sonores? Outre l'opposition des figures de femmes et de robots, et pour ne s'en tenir qu'à la plastique de l'œuvre, les rythmes dus aux lignes et segments formés par les alignements et la superposition des moniteurs engendrent une sensation visuelle sans doute plus discrète, mais qui pourrait toutefois évoquer d'autres formes, d'autres rythmes très particuliers, ceux, par exemple, de l'architecture lyonnaise elle-même : verticalité des blocs rectangulaires, horizontalité des alignements, tels que le titre lui-même, LYON – VIDEO – WALL, pourraient les évoquer.

Mais l'approche purement littérale d'une œuvre plastique autorise-t-elle cette sorte de glissement d'un domaine dans un autre, alors que rien de l'œuvre n'en "contrôle" le sens? *A priori*, cela semble contraire à son principe. Et pourtant, l'évocation n'est pas sans influencer la perception, car il semble bien qu'à la seule pensée des berges de la Saône, les formes et les positions des moniteurs deviennent plus saillantes, plus fortes ; mieux préparées peut-être à affronter la prégnance des signaux électroniques et la "séduction" des images numériques, l'appréhension de l'œuvre se modifie sensiblement. C'est un peu comme si l'évocation des unes permettaient la relance de l'attention suscitée par les autres, dans un mouvement de correspondance et d'association qui, certes, déborde les limites physiques de l'œuvre, mais ne semble pas néanmoins trahir un principe d'attraction d'ordre syntaxique, plutôt l'enrichir et s'apparenter, en cela, à l'expérience esthétique. Mais, encore une fois, n'a-t-on pas dépasser, par une interprétation abusive, les limites de l'œuvre.

Autrement dit, sommes-nous contraints, pour satisfaire aux attentes esthétiques, d'outrepasser les limites phénoménologiques de l'œuvre, telle qu'elle se présente à nous? et se peut-il, du reste, qu'une relation esthétique s'en tienne au niveau phénoménologique, alors que certaines œuvres, telles que les installations vidéo, sembleraient, sur ce plan, en pervertir elles-mêmes la conduite?

5. Plan phénoménologique et sensation

Lorsque vous faites des actions, est-ce pour faire entrer l'auditeur dans le tableau, pour l'amener à une perception simultanée?

Non, c'est pour le rendre plus sensible, rendre sa perception plus phénoménologique.

Wolf Vostell [1]

En tant que site physiquement volumineux, espace à parcourir, émetteur de variations de sons et d'images, sollicitation de manipulation, l'installation vidéo se distingue des autres formes artistiques par la diversité de ses interpellations, leur caractère graduel et progressif. C'est le cas, par exemple, pour les stimuli de distance : sons, clignotement de lumière, ce moment où le visiteur n'est pas encore véritablement confronté à l'objet, mais déjà sollicité ou interpellé. Il semble qu'à ce niveau du phénomène, les signaux sonores et visuels restent des perceptions distinctes. Puis, au moment où l'œuvre commence à être, sinon parfaitement cernée, tout du moins intuitivement située, elle se fait connaître — sorte de simulacre de sujet autonome, comme on l'a vu — à travers le tressage des différents stimuli issus d'un emplacement parfois très imprécis. Elle apparaît là, existence probable, bien que son appréhension phénoménologique reste encore incertaine : où faut-il regarder pour enfin **la** voir ?

Au plan phénoménologique, l'installation vidéo reste donc une entité complexe, et son appréhension problématique. Or, c'est pourtant très certainement à ce niveau qu'une forme d'expression artistique se caractérise en général le mieux. C'est du reste souvent sur ce plan que les œuvres acquièrent intensité et originalité par la combinaison "artistique" de différents percepts, en vue notamment d'effets esthétiques. Mais tout percept est-il toujours bien accueilli dans la sphère de l'esthétique ? Et sur quelle base perceptuelle se situent le plus, dans le cas de l'installation vidéo, les attentes esthétiques? En ce qui la concerne, les percepts visuels sembleraient prédominants, comme en témoigne l'étymologie du mot vidéo. Il est par ailleurs d'usage que la désignation de la rencontre de l'œuvre se fasse dans tous les cas sous la signe de la perception visuelle, comme en témoignent les expressions usuelles ("avez-vous "vu" telle œuvre?"), et cela bien que d'autres perceptions sensorielles soient en jeu. Si les installations vidéo forment une catégorie

[1] Cf. *Le sonore et le visuel*, p.85.

artistique, elles ne peuvent d'évidence prétendre comme la peinture à ne s'adresser qu'aux organes sensoriels de la vue.

En règle générale, d'ailleurs, les arts traditionnels se constituent en classes sur la base d'un récepteur sensoriel de prédilection (musique, gastronomie, peinture) ou sur la combinaison de plusieurs (opéra). Mais, dans l'un ou l'autre cas, la situation mérite une approche un peu moins sommaire. Ainsi, alors que l'on accorde communément à la peinture le statut d'art visuel, Ludwig Wittgenstein se permet pourtant d'interroger cette "évidence":

> *L'impression la plus importante que produit un tableau [picture] est-elle ou non une impression visuelle? Non, car vous pouvez faire maintes choses qui modifient le tableau dans son aspect visuel et qui cependant n'en modifient pas l'impression*
>
> ***Mais c'est** une impression visuelle* . [2]

En effet la perception n'est pas totalement soumise à chaque bribe de signal visuel, quelque chose persiste, en tant que sensation et impression globale, et cela en dépit des quelques modifications qui interfèrent dans l'événement visuel. La conscience manifeste ainsi, au-delà des signaux émis par un objet physique, une tendance à percevoir un tout, un ensemble, invalidant la possibilité donc de "pure sensation" en tant que pure réceptivité des sens, au profit d'une sensation dynamique, car synthétique et discriminatoire.

Cependant, outre que les installations vidéo ne jouissent que rarement de la sensation de globalité, elles posent un réel problème du fait qu'elles produisent une multiplicité d'effets de perception, c'est-à-dire qu'elles ne s'adressent pas à un sens privilégié alors que par ailleurs elles ne cessent d'être prioritairement abordées par le regard du spectateur. C'est ainsi que le son de la chute de la goutte d'eau sur le tambourin de *He Weeps for You* (alors qu'il est patent que Bill Viola en a soigné la qualité et l'intensité et que, de plus, la sensation produite est tout à fait remarquable dans la mesure où cette sonorité engendre des vibrations presque tactiles) pourra n'être perçu qu'en tant que simple conséquence, événement contingent à ce qui serait la seule vraie réalité de l'œuvre, c'est-à-dire "là où il faut regarder". Or le son inféodé à l'image transforme le sujet en "spectateur". A partir du moment où le corps est sollicité pour prendre connaissance de l'œuvre au cours de la rencontre directe, ne serait-ce que par la dissociation topologique de l'un et de l'autre (et non pas seulement spatiale, comme elle l'est en réalité au cinéma), on n'est plus seulement spectateur, mais acteur. A ce titre les sens de proximité, le toucher et l'odorat, sont aussi bien concernés. En effet, les matières (étoffes, bois et goudron – *L'Amérique est une erreur* – acier et verre

[2] *Leçons et Conversations* p. 74.

– *The Sound of Landscape*..., minéraux verre et bois – *Materia Prima* – marbre, verre, eau – *Fontaine des désirs* – et très souvent : la terre, le sable, la corde..., ou la farine même comme dans *The Butterfly Effect of Geograpy* de Marina Orsinic et Aida Smid), qu'elles soient réellement touchées ou qu'elles ne le soient que virtuellement, éveillent fortement, par leur présence réelle, le sens tactile. Des résidus de repas sollicitent l'odorat et le goût (ou le dégoût), comme dans l'installation de Rikrit Tiravanija, *Bon Voyage Monsieur Ackerman*, installation qui se présente sous l'aspect d'une automobile comportant des moniteurs, les restes de nourriture du dernier repas de l'artiste et de ses compagnons et quelques objets, les uns et les autres comme trace, témoignage et témoins d'un voyage "ordinaire" de Berlin à Lyon.

Or, la conduite esthétique, privilégiant le mode de relation sensible, implique généralement que l'on soit prédisposé à saisir toutes les qualités d'une sensation : lorsqu'on s'apprête à apprécier la forme d'un objet, la sensitivité est alors mise en état d'alerte, et on le considérera d'une tout autre manière que pour une utilisation pratique. En conséquence, l'œuvre interactive, qui implique des manipulations, semble inciter à une conduite pratique sur un objet fonctionnel — une souris, des pédales, un clavier, un masque. Cependant que le contexte muséal supposerait, de par sa tradition, une conduite plus réceptive, voire contemplative et favorable à l'éveil des sensations, l'œuvre, quant à elle susciterait l'action. La réception sensible se ressent forcément de cette sorte de dérive.

Il est vrai que ce n'est pas sans réticence que l'on entre dans un processus interactif en terrain muséal, et ce n'est pas seulement à cause d'une méconnaissance du fonctionnement pratique des objets. Le contact de la main, le "toucher", qui, par principe, est en effet tabou dans la relation esthétique, bénéficie d'un gain inattendu de sensitivité. Il est probable que le contact des objets interactifs provoque des sensations tactiles d'une nature particulière parce qu'à la fois refoulées et activées. C'est ainsi que le geste (encouragé par le cartel d'accompagnement de *Childhood/Hot & Cold Wars*) par lequel la mappemonde est mise en rotation, outre son efficacité pratique sur le défilé des images vidéo, produira éventuellement cette sensation de plénitude, produite par le contact de la paume sur les énormes ballons de plage, et à travers laquelle remonte par effluve le bonheur tranquille des jeux d'été. Mais on préférera souvent occulter une telle sensation, quelque peu inconvenante, volée à une intimité extraesthétique, étrangère, estimera-t-on, à l'œuvre exposée.

L'image du corps, de son propre corps, soumis aux lois de la pesanteur, de la gravité, que nous renvoient les installations de Peter Campus, Bill Viola, Bruce Nauman ou Dan Graham, n'est, certes, qu'une image, mais elle est tout de même ressentie comme l'expérience présente du corps (de sa pesanteur, et de son désarroi lorsqu'il perd l'orientation qui lui est familière).

A moins que ce ne soit à l'expérience d'un geste inédit, improbable, que convie, par les effets de son programme, cette installation de Toshio Iwaï, *Other Time, Other Space* : large tour de structure métallique noire bardée de moniteurs auxquels sont fixées des caméras qui captent tout corps mobile passant dans leur champ et modifient son mouvement par l'intervention de systèmes informatisés. Toutes sortes d'effets (recul, décalage en bandeau, écho, répétition, dédoublement, image torsadée) transforment votre corps en figures de la Loï Füller, ou en jouet mécanique. Il est fascinant de se sentir flotter entre la conscience de son propre corps "civilisé" et une image de soi aussi "dévergondée".

L'effet produit par l'installation d'Orlan, *Un peu de temps et vous ne me verrez plus... Encore un peu de temps...* tient, pour sa part, à la fois du malaise et de l'impatience. On peut y voir, filmé selon quatre points de vue (et quatre moniteurs) différents, le corps de l'artiste au cours d'une opération chirurgicale ; chose qui, en soi, n'est peut-être pas de nature à procurer la sensation de félicité, mais qui, néanmoins, ne suffit pas non plus pour expliquer cette espèce d'agacement impatient que l'on ressent à leur vision. La disposition particulière de cette installation permet toutefois de comprendre en partie les causes du malaise.

En effet, les différents éléments sont fixés ou incrustés dans le plafond d'une montée d'escalier et n'entrent donc dans le champ de la perception qu'au cours de l'ascension qui mène à l'étage supérieur. La sensation engendrée par les images vidéo et la lampe d'opération suspendue accompagnent celle de l'ascension : expérience d'une position inconfortable, d'un léger vertige, à peine sensible il est vrai, mais bien réel, bien à soi, à la différence de ce que procure le film à sensation : « *Ce sont des corps dans l'inconfort qui regardent et/ou s'identifient au corps d'Orlan filmé aussi dans l'inconfort.* » [3]

Certes, la position imposée au corps, les gestes, les contacts interviennent dans la nature de la sensation. Mais l'esprit sait-il s'emparer des sensations du corps? La pratique du musée n'a-t-elle pas fait oublier celle d'une certaine forme d'art *in situ*, d'un certain vécu de l'art dont on pouvait faire par exemple l'expérience dans les églises de la Renaissance et qui si l'on en croit Hubert Damisch, imposait au corps des visiteurs « *une véritable gymnastique* » [4], des positions variées et parfois douloureuses, que nous épargnent généralement nos actuels musées? Ainsi, l'inconfort du corps trouve parfois du sens à l'occasion de rituels sociaux, culturels ou cultuels, où il se convertit en spiritualité.

N'en déduisons pas que plus personne ne sache aujourd'hui donner sens à cet inconfort ; mais en mesure-t-on bien la portée sur le plan esthétique?

[3] Cf. catalogue *3° biennale d'art contemporain de Lyon*, p. 358.
[4] « Signes et symptômes », in *Théorie des Nuages*, p. 18.

Car ce qui fait problème, c'est probablement le statut de ce "comme". La sensation directe, physique, du corps a-t-elle un sens conforme à la logique d'une œuvre d'art? A-t-on le "droit" de projeter sur elle une valeur de cette sorte? Autrement dit, bénéficie-t-elle d'un "coefficient d'articité" suffisant? Une sensation identique éprouvée dans un parc d'attractions n'aurait aucune valeur esthétique. Ainsi, non seulement le contexte immédiat déterminerait la valeur de la sensation, mais le contexte culturel, plus large, influerait sur son orientation. Auquel cas, la cause du désarroi suscité par l'œuvre se situerait dans l'incapacité de l'arrière-plan culturel à "orienter" correctement un certain nombre de sensations qui n'appartiendraient pas à la sphère de l'esthétique. Ce hiatus est d'autant plus fâcheux que l'installation vidéo assigne incontestablement à la perception un devoir de "sensitivité", et que celui-ci pourrait facilement se confondre avec l'assujettissement aux sensations imposés par les jeux d'attraction. C'est aussi pourquoi, dans le cas des installations vidéo, on ne peut saisir le phénomène — ou encore le texte de l'œuvre tel qu'il se construit comme pure sensation — sans recourir aux garanties consenties par la catégorie des œuvres d'art. Il est vrai que le terme de "sensation pure", lié pourtant au phénomène naturel (*versus* artistique) toujours plus ou moins traumatique, n'est qu'une référence pour une esthétique intervenant en terrain artificiel. Car le purisme en matière l'œuvre d'art prétend distinguer les sensations "esthétique" des sensations "impures". Investi dans l'art, sublimé, le phénomène est libéré en quelque sorte de la dimension aliénante du traumatisme.

Mais dans quelle mesure les installations vidéo, en œuvrant sur le dispositif technologique et communicationnel, subliment-elles effective-ment les multiples traumatismes dispensés ou imposés au quotidien par les nouvelles inventions technologiques, sinon par ce principe artistique qui confère à chacun de ces phénomènes un statut particulier? Thierry Kuntzel considère par exemple que l'origine de l'une de ses œuvres, *Camera obscura*, est à située dans « *Une violente émotion ressentie, il y a quelques années, dans la* Camera obscura *de San Francisco* » [5]. Son travail artistique consiste dès lors à substituer l'image vidéo à la réalité du dispositif de la chambre noire :

> *La bande vidéo, conçue comme un vaste plan-séquence — panoramique sur panorama —, joue de l'apparente banalité d'un parcours (mer, plage, falaise, perspective d'une route, hôtel, villas...) dans lequel certains objets, propulsés de façon trop proche, font irruption (envol d'oiseaux, rochers à fleur d'eau, branchage, personnage en gros plan) de façon aussi étrange que l'anamorphose venue déranger la belle ordonnance des* Ambassadeurs *; d'autres scènes, trop lointaines en revanche, à demi-masquées, prennent, pour des raisons inverses, un caractère d'énigmes.*

[5] Cf. Notes sur le projet de *Camera obscura, in Catalogue Thierry Kuntzel.*

Effectivement, il semble dans ce cas que les sensations de malaises et de gênes, liées ici à un dispositif visuel, soient pleinement assumées par le projet artistique. C'est donc bien en fonction d'un contenu d'intentionnalité, et parce qu'elles sont dès lors assurées de leur valeur esthétique, que pourront se cultiver sans retenue les réponses sensorielles aux phénomènes artistiques. Au fond, si l'on ne se sent pas autorisé à donner à certaines de ses propres sensations physiques une valeur esthétique, on ne peut pas faire jouer la relation entre le plan du montré et le plan de l'éprouvé, ni les mettre en phase l'un avec l'autre selon l'exigence esthétique, car cette mise en relation n'aurait qu'une signification intellectuelle, désincarnée, construite après coup, déconnectée de l'expérience et discursive. Cette correspondance des sensations n'aura pas été correctement éprouvée sur le plan esthétique. La synesthésie n'est pas du reste simple confusion des sensations, magma sensoriel, mais circulation dynamique entre les sites sensoriels :

Au niveau de la réception, la circulation entre les points d'émission de l'œuvre d'art ne fonctionne que si chaque sensation est acceptée comme participant à niveau égal à l'élaboration d'un tout. Elle est constituée d'un réseau de perceptions dont l'intentionnalité phénoménologique est élaborée selon un modèle esthétique. En conséquence, il ne suffit pas de penser en termes de sensation pure, mais il est nécessaire de s'interroger sur les relations qu'entre-tiennent entre elles les différentes expériences de perception lorsqu'elles s'organisent les unes et les autres pour former, sur le plan phénoménologique de l'œuvre, une totalité perçue. Saisie par la vision d'une image, je me laisse surprendre par le son. La prédominance de l'image sur le son dans ***He Weeps for You*** instaure une hiérarchie ; non pas au niveau de la valeur des éléments de l'œuvre, mais au niveau de celle qui en organise la perception, dans le temps et dans l'espace du corps ; ce n'est qu'à la condition que la sensation visuelle soit suffisamment "prégnante" qu'une "surprise" aura lieu au niveau du son. Ce qui laisse supposer que lorsque le dispositif prend en charge l'orchestration des sensations, il contribue à la potentialité esthétique de l'œuvre.

Ainsi, les trois salles successives de l'installation de Chantal Akerman (*D'Est, au bord de la fiction*) instaurent une progression dans l'aventure sensorielle. Le film, l'unité du film, le grand écran, l'étendue, la respiration de l'image plein cadre et du flux continu de la première salle se fragmente, se décompose, se tronçonne dès l'entrée dans la seconde salle où le film, monté différemment, est réparti entre les moniteurs. La sensation d'étendue se déplace sur la salle elle-même, sur l'espace à parcourir, devient donc kinesthésique, tandis que l'image se rétrécit à la taille du petit écran, se réduit en se multipliant. L'activité visuelle, de pure réception, se transforme en quête, en investigation. Le regard règle sa distance à volonté, glisse, abandonne, revient. Les couleurs et les personnages se croisent d'un point à un autre des séries. Puis, c'est l'entrée dans la dernière salle ; le visuel perd en netteté, en visibilité, il n'est plus que la trace déjà lointaine des images vues précédemment dans le tohu-bohu des sons entremêlés, mais le mouvement se fige, le corps n'oscille plus qu'entre le pôle de l'image perdue et celui de la voix qui l'arrête. La hiérarchie des sensations est ainsi partiellement assurée par le principe de spatialisation du dispositif.

Mais les constructions ne donnent pas toujours une telle impression de hiérarchie graduelle entre les médiums. Parfois l'une des sensations prédomine nettement : dans *Lyon Video Wall*, du fait de la frontalité de l'œuvre, ce sera la sensation visuelle, stimulée par l'image vidéo, ses couleurs, sa texture et sa lumière, pour laquelle le son n'est que le rythme d'accompagnement, cependant que la sensation de réalité physique, “massique”, des moniteurs reste en retrait.

Bien que le son des chapelets de notes pianotées sur le clavier par la succession des visiteurs produise la première existence phénoménologique de *Piano as Image Media*, il est évident que ce qui prédomine dans cette œuvre, ce sont les stimuli colorés. Ils focalisent en effet l'attention, aspirent le regard dans les flux de couleurs étoilées jaillissant à chaque impulsion du clavier. En fait, la fascination que cette œuvre engendre n'est probablement pas tant liée à la qualité chromatique des couleurs acidulées de l'électronique, ni aux formes qui se limitent à une certaine rigidité de fleurs artificielles, mais bien plus probablement à la soudaine métamorphose du sonore en visuel. Le phénomène qui s'offre alors à la perception met en jeu la conscience topologique de la perception. Le visible, même abstrait, exprime généralement une matérialité toujours plus présente que ce que le sonore, par lequel la plus intime profondeur de l'être accède déjà à l'immatériel, communique. Qu'il soit plainte lugubre ou musique des anges, le son manifeste une échappée de l'âme. Il ne sollicite donc pas la conscience selon les mêmes principes que le visible. Alors que ce dernier, pour être capté, assigne au corps une position déterminée, le plie à son exigence et le confronte à la projection obsédante de la reconnaissance d'une matérialité intérieure, le son a cette faculté propre à l'immatériel de s'infiltrer insidieusement jusqu'aux strates les plus élevées de l'esprit. Le lieu psychique du son serait “l'ailleurs” du lieu psychique du visuel (et inversement). C'est pourquoi, pour reprendre l'expression de Gilles Deleuze :

> *La musique commence là où la peinture finit* [...] *pour hystériser la musique, il faudrait y réintroduire les couleurs, passer par un système raffiné de correspondances entre les sons et les couleurs.* [6]

Dans le dispositif d'Iwaï, la musique n'est plus cet ailleurs du visible, mais se déplace d'elle-même dans le registre de la semi-matérialité des couleurs, elle s'incorpore, non pas comme lorsqu'un son est spontanément

[6] *Logique de la sensation* p. 38.

attribué à un point de l'image, selon le principe du cinéma sonore, mais par une sorte de renoncement à son propre site, selon le rite cruel du mythe d'Ondine où l'accès à la corporéité se fait par le renoncement à l'immortalité. La sensation synthétique qui s'élabore sur cette base est donc empreinte de gain et de perte.

L'installation de Bill Viola, *Passage*, est constituée d'un vaste écran auquel on accède, comme on l'a vu plus haut, par un étroit couloir qui lui-même débouche sur une petite salle de la hauteur et de la largeur de l'écran, mais profonde d'à peine un mètre. Le manque de recul dû à la disposition spatiale impose au visiteur une position spectatorielle intenable, sauf à changer ses habitudes de regard et à renoncer au point de vue général. Le regard se fait "haptique". S'engage une sorte de corps à corps entre l'image et celui qui doit physiquement se plier au désir de son regard. La sensation kinesthésique entre en concurrence avec la sensation visuelle. Dans *Encore un peu de temps...*, l'image domine fortement la sensation kinesthésique, qui reste enfouie, étrangère à l'expérience. Cependant, une tension s'instaure entre le visuel et la réalité présente, entre les diffusions vidéo — dont les cadrages en assez gros plan des scènes de chirurgie engendrent une image mouvante et flasque — et le corps dur, rigide, massif du scialytique suspendu qui génère quant à lui la sensation permanente d'une menace très pesante. On retrouve cette sorte de tension dans *Good Boy Bad Boy*, mais modulé selon que l'on accorde de l'intérêt au témoignage de l'un ou de l'autre des personnages, ou bien que l'absurdité des paroles déplace l'attention sur l'ensemble de l'installation. Car alors s'établit une sorte de lutte d'influence due à la présence solide, carrée des objets (moniteur sur socle), leurs masses brutales de stèles verticales dont le dédoublement accentue la matérialité et la réalité douteuse des images "diffusées" des deux personnages.

Les dispositifs de Keun Beyung Yook se fondent sur une force d'attraction entre deux types de sensation. Qu'il s'agisse de *Eye for Field* où il encastre dans un monticule de terre couvert de pelouse un moniteur diffusant le regard de deux enfants, l'un coréen et l'autre allemand, ou de *The Sound of Landscape + Eye for Field = Survival is History* [7], où la même vidéo, montée avec des images d'archives de L'INA, est sertie dans un monumental cylindre d'acier *corten*. Les éléments réels sont plus que de simples objets, car ils sont l'un et l'autre extraits du monde naturel. Le tumulus herbeux est appréhendé à mi-chemin entre deux sensations : celle d'une communion bucolique et mythique avec la texture et le parfum des herbes sauvages, et celle d'une soudaine force hostile et tellurique érigée en rempart ou sentinelle (l'abri antiaérien) au seuil du Museum Fridericianum. Qu'il semble provenir des profondeurs de la terre, dont il garderait encore une empreinte de rouille et d'humidité, où des *pipelines* courant dans les déserts

[7] Exposé sous sa première forme à Kassel en 1992 et sous la seconde à Lyon en 1995.

saoudiens, le cylindre est le témoin d'une nature sauvage dont il se fait l'écho et par lequel transitent les signaux électroniques de la vidéo. La vision des images, qui, par le codage électrique, dénature la réalité physique de leur origine, se produit simultanément à un surcroît de sensations tactiles et olfactives, ce dont l'image vidéo est, du reste, le plus dépourvue. Ce phénomène est semblable à ce qui avait été précédemment observé à propos de *Materia Prima*, installation dans laquelle le moniteur, objet technologique fonc-tionnel, est confronté à la minéralité matérielle riche en stimulation tactile des pierres. La vision du moniteur s'enrichit du mode de regard que les pierres suscitent. La forme et les matériaux, leurs textures et leur couleur en appelleraient non plus seulement au regard intellectuel de l'identification, mais également au regard sensuel de la contemplation, si tant est que ces deux regard puissent s'exercer indépendamment l'un de l'autre (point sur lequel nous reviendrons ultérieurement).

En ce qui concerne *Trois Suites pour Piano*, le plan phénoménologique de l'œuvre est à la fois très simple et très complexe. Simple, d'être composé de trois modes d'appréhension qui, à l'image des trois salles qui se succèdent, semblent coexister dans l'expérience — mais contigus et disjoints. Le premier, documentaire visuel, s'adresse à l'iden-tification (de la scène, du lieu et du personnage) ; le second, sous forme de parcours orienté et balisé (ouverture, position de l'écran, sièges...), s'adresse à la faculté du corps de se déplacer d'un point à un autre, de stationner (de se mettre en position de cinéspectateur) pour un parcours de connaissance ; le troisième, les textes mis à la disposition du visiteur fixés aux sièges par une chaînette, suppose l'acte de manipulation et celui de lecture. Chaque plan de l'appréhension de l'œuvre est placé sous l'angle de la quête de connaissance d'une réalité qui lui est extérieure. Le plan phénoménal pourrait-il se faire assez discret et transparent afin de n'être plus que le transit de cette réalité? Mais sa concrétisation se constitue sur l'intransitivité du dispositif. Plus la réalité du personnage et de l'événement s'estompe, plus le phénomène s'actualise et se densifie. L'image vidéo acquiert une texture granitée, le noir et blanc devient un gris plombé ; la succession des trois salles se compose en triptyque, les positions du visiteur se transforment en poses ; les imprimés s'alourdissent des chaînes et des supports et les textes se formalisent : ils se matérialisent et se chosifient à la manière des écrits de Blanchot dans les installations de Gary Hill où la projection de fragment du corps sur les pages d'écriture produit une métamorphose de l'écrit de l'état de réel à l'état d'image, dans le sens d'un changement phénoménologique de la perception qui distribue le contenu du livre entre les différents niveaux de vision : réel, imaginaire, hallucinatoire ou intellectuel. La seule bande-vidéo ne peut inviter le visiteur à pénétrer dans le champ d'action d'un tel déploiement. La sensitivité dès lors "activée", et la synthèse des sensations amorcée, l'œuvre semble prête à apparaître.

Mais le phénomène ne prend l'allure d'une apparition que si le niveau d'appréhension dépasse, outrepasse, celui de la perception sensorielle, afin de donner la vision d'une entité. La "phénoménalité" serait donc passible de degré de perception et de niveaux d'investissement de conscience par lequel s'accomplit la transmutation de l'apparence en apparition. La spécificité de l'existence phénoménale des œuvres d'art pourrait du reste tenir tout particulièrement à ce processus de transition. Elles sont, pour le témoin, telles qu'elles lui apparaissent. C'est-à-dire tantôt selon la globalité de l'apparition, tantôt selon la multiplicité des apparences ; soit dans la retenue, la réserve, soit dans l'exhibition totale des parties de l'organisme. Il est possible que pour certaines œuvres, le mode d'apparition soit constant, mais pour la plupart il est varie en fonction de paramètres tels que le recul, la lumière ambiante, les conditions de la visite (la solitude ou la foule) : les paramètres sont contingents ou inhérents... (et cela souvent de façon indécidable) et les aspects sont changeants. Par ailleurs, étant donné la part de l'acte, c'est-à-dire de l'investissement du témoin, le passage de l'apparence à l'apparition et le maintien du phénomène sous l'aspect de cette dernière serait aussi affaire d'individu.

Il n'est donc pas spécifique aux installations vidéo de prétendre à des appréhensions graduelles ou changeantes. Ce qui, en revanche, les distingue des autres formes artistiques, c'est que l'apparition ne se fait, au mieux, que partiellement, ou ponctuellement sans que leur totalité ne puisse aspirer à prendre part au phénomène. Ce qui "apparaît" alors parfois, n'est qu'une petite partie d'elle-même : phénomène de couleur, d'images, de forme, de miroir, alors que la plénitude du phénomène en appelle à la synesthésie de l'image et des formes, des couleurs et des sons, des miroirs et des mouvements du corps, de l'immobilité et de la durée. L'apparition, alors qu'elle est souvent généreuse en stimulation sensorielle, est néanmoins amputée de ce qui lui donne son identité.

La gêne que provoquent certaines installations vidéo, surtout quand on les mesure à l'échelle artistique des formes traditionnelles, relève probablement en partie d'un déséquilibre au niveau de la proportion des stimuli dégagés ponctuellement ou localement et des sensations dont l'amateur d'art fait usage habituellement au cours de sa contemplation et de sa méditation. Autrement dit, il lui semblera soit qu'il n'y a rien à voir, soit beaucoup trop, car, en ce cas, l'abondance de stimuli est telle qu'elle risque de transformer le témoin qui la subit en récepteur ahuri : incapable de jouer entre les deux moments de l'expérience — réception et appréciation du phénomène —, et ses deux stades — celui de la globalisation (l'apparition) et celui de l'analyse des apparences —, la confrontation ne pourrait être que de nature elle-même traumatisante. Et si, dans la réalité, personne ne semble réellement sortir traumatisé d'une exposition d'installations vidéo — tout au plus irrité ou déçu — c'est sans nul doute parce que la relation sensorielle se trouve, de fait, partiellement émoussée.

Or, il convient de ne pas négliger ce qui émane de l'œuvre, quel que soit le niveau de l'intensité de l'émission. Mais encore faudrait-il peut-être s'interroger sur les conditions matérielles de leur appréhension? Les installations vidéo sont en effet rarement visibles en dehors des expositions artistiques, et c'est au cours de grandes manifestations d'art contemporain que l'on aura le plus souvent l'occasion d'en rencontrer. La qualité de leur réception sensible s'en ressent-elle?

Elles invitent à une expérience semi-collective qui, là encore, évoque l'ambiance des foires et des spectacles sans pour autant leur être assimilées : certes, cet aspect quelque peu spectaculaire qui pourrait prêter à des confusions catégorielles procède effectivement en partie de modalités phénoménologiques propres aux installations vidéo, mais, également, d'un mauvais ajustement du regard porté sur elles. Cependant elles sont exposées, donc se donnent plus ou moins en spectacle. Dans leur cas, la "participation" parachève souvent l'œuvre, complète même parfois sa forme générale, l'activité du public apparaissant dès lors comme la condition de son existence, ce qui lui donne sens. Mais cela justifie-t-il qu'il soit presque d'usage de n'accéder à ces œuvres qu'à travers la foule et dans le bruit? Autrement dit, si l'appréhension collective semble favoriser l'accomplissement des œuvres, il arrive aussi qu'elle leur nuise : la qualité de la sensation pourrait en effet souffrir d'une sorte d'écrêtement des stimuli, au point de transformer la nature même du phénomène.

D'autant que les organisations culturelles sont parfois tenter de promouvoir l'aspect spectaculaire des œuvres. Cette tendance témoignerait du reste d'une évolution des attentes esthétiques d'un public toujours plus gourmand d'effets, et pour lequel, comme le dit Georges Rey [8] :

> *Les artistes sont obligés, pour ne pas se laisser déborder par une concurrence trop forte, d'utiliser ces moyens et de créer un univers [...] étonnant et magique .*

Mais plus grave encore serait la situation pointée par Gladys Fabre, qui voit, dans l'exhibition d'Orlan le « *prix à payer* » auprès des médias et des critiques et qui déplore qu'il « *faille du sensationnel et une telle prise de risques comme caution d'un contenu* ». [9] Au mieux, les visiteurs d'une exposition ne seraient pas tant conviés à partager une "expérience communautaire", qu'à prendre simplement connaissance, en tant que spectateurs, d'un état de culture, et d'en "tester" la qualité. On peut donc supposer que la réception est parfois tiraillée entre l'approche collective et

8 *Art press* n° 208 p.33.
9 « Plaidoyer pour un imaginaire du futur et un nouvel humanisme », Catalogue de la *3° biennale d'art contemporain de Lyon*, 1995, p.42.

l'approche individuelle. D'autant que la sensibilité sensorielle mobilisée lors d'une expérience esthétique est aussi déterminée par les conditions de l'émergence de la sensation. On pense souvent cette relation sous une forme duelle sujet/objet, or l'objet émet des "ondes" qui ne deviendront stimuli qu'à l'instant de leur rencontre avec le réceptacle sensible. Objet-émetteur, émission proprement dite et sujet-récepteur, trois instances sont donc concernées. Or la deuxième, dans le cas des installations vidéo, est assez souvent défectueuse. La dépendance au bon fonctionnement technique des machines est en effet un point de perturbation récurrent de la réception, car il arrive assez souvent que les œuvres exposées "tombent en panne". D'où un certain flottement bien normal de la réception. En effet, dans la mesure où l'appréhension de l'installation vidéo se fonde sur la perception des complexités du phénomène, de la balance entre différents niveaux de stimulation, c'est-à-dire sur une palette de niveaux d'émission allant du plus violent au plus faible, et qui reconnaît même une valeur esthétique aux signaux défaillants, aux parasites, à la retenue, à l'absence, le cas de véritable défaillance jette un trouble sur l'activité sensorielle de l'appréhension des œuvres. Que Fabrizio Plessi s'en amuse quelque peu en présentant des moniteurs éteints montre du reste que le fait est suffisamment intégré au principe des expositions et spécifique de l'installation vidéo pour que l'on puisse s'en servir de "matériau artistique".

Il en résulte non seulement une gêne momentanée, mais trop souvent aussi, conséquence fâcheuse lorsque tous sens peuvent être convoqués par des phénomènes aussi complexes, « *le regard* [*retenu*] *à l'intérieur d'un état de présence alerte* » [10], une véritable défiance à l'égard des œuvres telles qu'elles apparaissent.

Le dispositif "muséal" lui-même ne permet pas toujours qu'une approche des œuvres se fasse dans les conditions les meilleures? L'intimité des espaces alternatifs de l'ère *Fluxus* accueillait les œuvres dans un contexte en accord avec celui de leur création. La diversité des œuvres actuelles et de leur champ d'influence ne peut, certes, permettre d'espérer un environnement aussi adéquat. Néanmoins, la fonction du musée étant de s'adapter aux formes d'expression artistiques afin de les exposer au mieux, il leur serait nécessaire de pouvoir anticiper sur les formes des objets qu'ils devront accueillir. Or, la forme "installation vidéo" manque comme on l'a vu de déterminations, et, malgré la relative souplesse actuelle des principes de cloisons mobiles, elle ne bénéficie que de maigres aménagements, qui ne tiennent pas toujours suffisamment compte de ses spécificités.

Ainsi, par exemple, selon le témoignage de Christine Van Assche, l'œuvre de Bill Viola, *Passage*, aurait nécessité un mur de projection trop vaste pour le Musée National d'Art Moderne. Il s'en serait suivi le projet de

[10] *Gary Hill, Hand HearD/liminals objects*, p.20.

la réduire par un système de lentilles, d'où, semble-t-il, une perte au niveau du plan phénoménal, compte tenu de l'importance donnée dans cette œuvre aux proportions spatiales.

Chaque œuvre anticipe du reste dès l'élaboration artistique sur le mode d'appréhension qui lui conviendra. Si les musées n'ont pas encore les moyens de le respecter, qui doit s'adapter : l'artiste? le visiteur? l'œuvre ? Alors que l'installation est l'occasion de mobiliser un potentiel sensoriel peu investi habituellement par l'attention esthétique, il n'est pas certain que l'espace muséal encourage vraiment cette démarche. Par ailleurs, les œuvres interfèrent entre elles de façon inattendue ; interférences sonores qui émanent rarement de la volonté du créateur mais sont le plus souvent liées à des problèmes techniques d'isolation phonique. A l'occasion de la Troisième Biennale d'art contemporain de Lyon, le son du piano de l'installation de Stan Douglas, *Pursuit, Fear, Catastroph : Ruskin B.C.*, gênait indéniablement la qualité d'écoute de celle de Catherine Beaugrand, *L'Amérique est une erreur*, située juste à côté. Certains artistes d'ailleurs, comme James Colleman ou Bill Viola, établissent en conséquence leur contrat d'exposition.

Dans le même ordre d'idées, des objets qui font appel, semble-t-il, à de longs temps d'expérimentation côtoient des œuvres de type "image fixe" devant lesquelles les spectateurs défilent comme dans le cadre d'une exposition de peinture. Le parti de montrer une large palette d'expressions différentes est louable, mais il est possible que la rencontre des œuvres en souffre plus qu'elle n'en tire profit. *Nostos III*, de Thierry Kuntzel, exposée seule dans le sous-sol de la Fondation Cartier en automne 1995, de même que *Stations* de Bill Viola, à l'American Center en 1994, n'avaient ni l'une ni l'autre à souffrir de la proximité volubile ou tapageuse d'autres installations vidéo. Dans ce cas, le rapport à l'œuvre semble alors pouvoir être conduit avec une attention plus aiguë et plus soutenue. Le dispositif n'est plus perçu comme une astucieuse facétie, mais comme une proposition dont il convient de pleinement se saisir. Ce n'est probablement qu'à cette condition que la durée nécessaire à la disparition très lente de l'image vidéo de *Nostos III* pourra être ressentie selon le mode de la surprise, puis de l'acceptation. La même œuvre, lorsqu'elle est rencontrée un jour dans une grande exposition internationale et un autre jour dans un musée de province, ne peut être tout à fait identique au plan phénoménal, si tant est que, pour l'installation vidéo, ce plan tient de l'exploration et de l'engagement du corps. *Tall Ships*, de Gary Hill, exposée à Lyon de façon assez confidentielle au Musée d'Art Contemporain, se "visitait" librement, mais dans le plus grand isolement. Lors de son exposition à Kassel en 1992, cette œuvre dut subir un filtrage des entrées, imposé par la direction de la Documenta 9, pour sauvegarder un minimum d'intimité à la rencontre. Dans la mesure où le regard ne parvient à discerner les images qu'après s'être accommodé à l'obscurité, il semble que le charme de *Tall Ships*, pour opérer, requiert du temps et une grande acuité d'attention. Aurait-il résisté à la cohue, aux gloussements et aux gesticulations?

On peut ainsi admettre que la relation des visiteurs aux œuvres est parfois simplement parasitée par des insuffisances purement techniques ou contingentes. Pourtant, il faut aussi reconnaître que la foule, le bruit, la bousculade, les cris d'enfant, bref l'atmosphère de kermesse des grandes expositions "populaires" participent peut-être de la mise en condition la plus favorable à certaines des œuvres présentées. N'a-t-on pas besoin de convivialité pour aborder ***Another Time, Another Space*** ou ***Intro Act.*** Il est vrai que ces sortes d'installations vampirisent leurs amateurs, s'animent de leur propre dynamisme, mais il est incontestable que la relation à l'œuvre y trouve son compte.

Au reste, si chaque forme d'expression artistique induit, du fait de son (ou ses) médium(s) des conditions de perception appropriées, les œuvres singulières devraient-elles être toutes assujetties à une procédure unique et toutes appréhendées avec le même regard. Car ce serait peut-être, comme le dirait Rainer Rochlitz « *confondre médium et message, choc mécanique et choc esthétique...* » [11]

Ce qui apparaît donc comme diversité — des formes ou des réceptions — traduit peut-être une situation propre à l'ensemble des installations vidéo : celle de la succession des modalités perceptives. Qu'il s'agisse de l'espace ou du temps de l'œuvre, ses conditions d'approche, sa manière de gérer les différents éléments dont elles se composent et d'en produire des stimulations sensorielles diverses, tout en jouant sur les plus ou moins grandes possibilité d'identification, sur les leurres ou les différés du phénomène de reconnaissance et d'apparition. S'y trouve mêlés des aléas externes, mais toutefois propres aux modes actuels de monstration de ces œuvres qui impliquent d'être eux-mêmes considérés à leur juste proportion.

Bref, l'installation vidéo induirait des modalités d'appréhension variées, d'une œuvre à l'autre, au sein de l'œuvre elle-même, voire d'une exposition à l'autre, et ce serait pourquoi elle parviendrait à instaurer cette forme d'aperception spécifique, sollicitant des variations constantes du régime d'appréhension sensori-motrice. Du reste, comme ce fut dit plus haut, dès sa constitution ("installation-vidéo"), elle en appelle déjà à un double régime de perception : celui de l'installation et celui de la vidéo. La dualité engagée au niveau des régimes d'aperception offre des modalités de conduites multiples et complexes. Outre ce qui procède du site sensoriel lui-même (tel que cela a été examiné plus haut à propos du passage du son à la couleur dans ***Piano as Image of Media***), les transitions ou les ruptures ont non seulement des conséquences sur les modalités d'appréhension, mais aussi sur les formes et

[11] Rainer Rochlitz, *Le Désenchantement de l'Art, la Philosophie de Walter Benjamin*, p.189.

les styles, participant donc pleinement du matériau artistique. Name June Paik à ce propos confiera :

> *J'aime également cette contradiction que représente le fait de placer une œuvre composée exclusivement de sons dans un contexte visuel, car cela crée un phénomène de déplacement qui nous oblige à nous interroger à nouveau ; voilà un aspect de ce qu'être artiste veut dire : amener à penser les choses à nouveau, les percevoir à nouveau.* [12]

Le son et l'image dans *He Weeps for You* inflige une rupture de régime par laquelle la perception subit un choc et qui nécessite une manœuvre rapide de l'attention afin de conserver le minimum de continuité au phénomène ; dans cette œuvre, le régime du regard sur l'image projetée est différent de celui induit par l'assemblage des appareils. L'image de la goutte et celle du témoin qui s'y trouve inclus en appelle au même régime visuel, qui permet de reconnaître des objets en volume à partir des aplats colorés d'une image plane. Toutefois, à l'instant de l'identification de soi se produit une charge affective qui modifie la sensation et provoque là encore un changement de régime, celui induit par la fascination narcissique. Cette œuvre somme toute assez austère implique donc des modalités de régimes de perception fondés principalement sur la rupture.

En revanche, les installations de Tony Oursler, telles que *Ann-Daisy* ménagent des transitions entre le régime visuel de l'image vidéo et celui du volume réel. En effet, ses poupées de chiffons, simples tissus enroulés sur eux-mêmes, sont ficelées de manière à dégager dans la partie supérieure un volume légèrement sphérique, sur lesquels est projetée l'image vidéo d'un visage. Par ailleurs, dans le cas particulier de *Ann-Daisy*, les poupées sont posées sur le sol, le long des arrêtes des murs sur lesquels sont projetés les visages. La liaison se fait donc en douceur entre le volume fixe, le volume animé par le signal électronique et le plan/image vidéo (fixe ou mobile). Tony Oursler travaille l'aspect plastique de son œuvre un peu à la manière d'un peintre hollandais — sol, horizon, ciel coulant sans rupture les uns dans les autres. A la différence d'œuvres plus fragmentaires, celles de Tony Oursler produisent en effet une sensation de continuité et d'unité, grâce aux transitions ménagées sur le plan phénoménal. D'où cette impression de facilité perceptuelle..., impression qui n'en dérape du reste que plus âprement à la chute de l'apparition ; car tous les ingrédients constitutifs de l'apparition étaient déjà là, bien présents ; et si l'on en vient à quitter le régime de l'apparition pour celui des apparences, alors le choc sera encore plus violemment ressenti, lorsque, de l'être pleurnichant, il ne restera plus que quelques lambeaux de formes se décomposant elles-mêmes en fragments de tissus.

[12] Nam June Paik, entretiens, *Le Sonore et le visuel*, p. 149.

Ainsi, dans l'installation vidéo l'appréhension spatio-temporelle devient une question de régimes de perception. La perception n'est pas, ou peu, assujettie à une durée déterminée. L'installation en elle-même propose une distribution dans l'espace qui implique un temps d'exploration, activité d'échange constant entre le sujet et l'objet, donc temporalité semi-subjective. Les projections ou diffusions possèdent leur propres durées, qui n'excèdent cependant pas, dans la plupart des cas, une dizaines de minutes dans un montage en boucle. Les dispositifs cassent suffisamment les ressorts d'ocularisation pour que le phénomène d'identification à la caméra ne puisse se produire. Rarement le film sollicite un régime de "suivi" du regard. On ne suit pas le film, on l'emprunte pour un trajet qui quelquefois correspond à la dynamique kinesthésique réelle. Ainsi, les huit minutes d'*Un peu de temps et vous ne me verrez plus... Encore un peu de temps...* ne seront pas visionnées en totalité, comme un film, mais regardées — zappées — comme des images, des documents dont on prend connaissance en feuilletant un magazine.

Certes, selon Walter Benjamin, les formes artistiques pourraient s'accommoder d'une réception "distraite" et "morcelée". Mais en dehors de ce phénomène d'évolution sociale, il faut admettre que les images diffusées dans les installations, en imposant une position, induisent le plus souvent par elles-mêmes ce comportement. Il est certes improbable d'assister aux huit minutes d'un film vidéo diffusé dans une montée d'escaliers à double sens, et, d'une façon générale, toute position pénible dissuadera de prolonger longtemps l'expérience perceptive. Ce qui laisse supposer que le corps est autorisé à retrouver ses droits, sa liberté, à l'aune de sa sensation. Celle-ci n'est pas plus imposée que l'image, l'une et l'autre restent donc des sortes de propositions. En revanche, ce que le dispositif impose se situe au niveau de la complexité d'un phénomène fait d'images, de déplacements et de sensations physiques. La vidéo visionnée seule n'aurait guère plus de sens que l'escalier gravi pour lui-même. Par ailleurs le recours au temps réel, ou au montage bout à bout de prises de vue en temps réel place le regardeur dans une situation de réalité. Le comportement s'aligne sur celui du témoin d'un événement, qui regarde par à coups, tantôt la scène, tantôt son contexte. D'autant que, si l'événement "opération chirurgicale" est en soi dérangeant, il n'est pas restitué selon les codes narratifs et pourrait être diffusé à l'envers sans que cela soit perceptible, n'ayant ni début, ni fin, ni évolution marquante — comme semble du reste en rendre compte la structure du titre.

En ce qui le concerne, le dispositif spatial de *Temps Morts*, avec projection sur un écran totalement circulaire, ne permet pas de voir la totalité de l'image. La perception d'une image partielle est donc suscitée par le dispositif lui-même, à l'instar de *Dans la Vision Périphérique du Témoin. Passage*, comme cela a été commenté plus haut, impose une vision inconfortable. Le champ visuel est ici confronté à un problème d'accomodation, qui, du fait du manque de recul, ne peut s'effectuer que sur une petite partie à la fois. Le seul recul du couloir n'offre plus qu'une image amputée. *L'Amérique est une Erreur* n'est, pour sa part, qu'un simulacre d'espace cinématographique, car cette installation ne propose qu'un confort ascétique, les coussins ayant plus de couleur que de moelleux. Le film est une continuité de plans montés, mais sans lignes conductrices continues. Il fonctionne comme un collage de documents, soit filmés en direct, soit empruntés à l'histoire du cinéma.

Le comportement suscité par les films ou leurs extraits ne correspond à vrai dire ni à celui du regard-cinéma ni à celui du regard-peinture. Bien installé dans son fauteuil, le ciné-spectateur, pris en charge par les codes temporels propres au cinéma peut se laisser porter par la narration. Devant le tableau, objet permanent, il joue à sa guise de la circulation de son regard et peut se concentrer sur des sensations intérieures, sans crainte que l'image lui échappe au cours de la fuite continuelle du temps. Le spectateur de l'installation vidéo est, certes, libre de la durée de son attention, mais confronté à l'expérience d'un regard situé dans une fourchette souple entre celui que l'on accorde à l'objet permanent et celui qu'induit la continuité évanescente du flux cinématographique. Liberté qui se révèle en fait très déstabilisante.

En résumé, du point de vue de la temporalité, le régime de vision de l'image en mouvement des vidéos diffusées dans les installations rejoint celui des autres éléments de l'œuvre, sauf qu'il en appelle **à la fois** à la relation à l'image (tableau) et à celle du spectacle cinématographique. S'il relève d'une forme d'homochronie, il subit néanmoins les ruptures de ses domaines de référence. Mais certaines installations, telles que *He Weeps for You* et *Intro Act* par exemple, comportent un système de diffusion qui libère totalement le matériau filmique de la double référence ciné-peinture. Les conditions de visionnement de l'image filmée sont assujetties à une durée présente, contemporaine à la relation sujet/objet et à l'existence de l'œuvre dans son entité physique et matérielle.

C'est aussi le cas de *Tall Ships* (traduction : "*Les grands passeurs*") de Gary Hill, espace en longueur, sorte de long couloir, totalement occulté, dans lequel on pénètre par un sas noir. Des images en noir et blanc de douze personnages (ou seize, dans le projet d'origine tel qu'il fut présenté à Kassel en 1992) de tous âges, dont celle d'une petite fille, sont projetés sur les trois parois du couloir. Les déplacements du spectateur agissent sur des palpeurs situés à environ quatre-vingt centimètres de chaque image, déclenchant le fonctionnement des lecteurs vidéo. Les images fixes des personnages se transforment en mini séquences au cours desquelles ; selon leurs positions d'origine les personnages se lèvent, s'approchent, s'arrêtent, amorcent parfois un geste (du bras, de la main). Les personnages, dans la situation de plus grande proximité, sont grandeur nature. Le silence est total, la salle absolument obscure (hormis la très faible luminosité des images vidéo) au point de rendre nécessaire pour le visiteur, comme on l'a vu plus haut, un temps d'accommodation à l'obscurité afin qu'il puisse discerner les projections en noir et blanc. L'expérience est celle d'une sorte d' "infra-phénomène".

La brusque animation des personnages, que l'on distinguait à peine auparavant, produit une réelle surprise. Etant donné les conditions de faible visibilité, on ne perçoit même plus cette brève secousse du passage de l'image fixe à l'image en mouvement ; l'effet correspond à celui d'une image floue, passée, ancienne (bien que les personnages soient d'aspect contemporain) assimilable à l'irréalité d'une présence fantomatique. La vitesse de défilement des bandes subit un facteur d'inertie qui produit le plus souvent un effet de ralenti, accentuant l'aspect noté ci-dessus. Le spectateur se trouve assujetti à une succession de régimes d'aperception différents. Il convient dès lors de dissocier le régime qui concerne les objets, sorte de régime interne, et celui qui, tout en dépendant des objets, concerne avant tout ce qui les environne. Les régimes "internes" seraient dans ce cas l'ensemble des règles qui gouvernent l'œuvre proprement dite, c'est-à-dire d'une part, l'installation d'objets dans l'espace (rapports de distance, de proportions, d'éclairage, de positions...), et d'autre part, la réalisation de la bande diffusée (règles de prises de vue, jeux d'acteur, débits des voix, succession des images...) ; ainsi, pour reprendre l'exemple d'une installation vidéo composée de plusieurs moniteurs telle *Disturbance* de Gary Hill, les régimes internes s'appliqueraient par exemple aux espaces précis ménagés entre les moniteurs ou aux modulations des différentes voix par lesquelles le texte est proféré. Quant aux régimes externes, ils concerneraient les règles de conduite à observer lors de l'appréhension de l'œuvre (et induits par elles): les actions, les gestes, les déplacements, les regards, les considérations mentales, c'est-à-dire l'ensemble des comportements que doivent adopter les personnes (public, artistes, conservateurs, marchands, personnel des musées) face à ces objets ou à propos d'eux. Ainsi on peut supposer que les quelques chaises placées devant *Disturbance* induisent un comportement visuel particulier pour les individus qui choisissent d'y prendre place ; l'approche sera en effet différente pour le spectateur qui restera debout, ou passera devant, voire derrière, les moniteurs. Les gestes ou regards n'obéissent pas aux mêmes lois selon qu'ils répondent à la dispositions des moniteurs sur le sol, ou aux images en mouvement diffusées par ces moniteurs. Il se produit dans *Disturbance* un phénomène particulier qui tient au fait que les éléments de l'image semblent glisser d'un moniteur à l'autre sans que, pour autant, cette impression n'atteigne tout à fait le niveau de l'image mentale. Elle reste en suspens entre l'amorce d'une image hallucinée et celle d'une spéculation intellectuelle sur la possibilité d'existence de cette image. Alors que la virtualité de l'existence des objets (serpent, bras tendu, pomme) appartient à la logique de l'image, la présence rationnelle des moniteurs, affirmée par leur disposition remarquable, lui apporte un démenti "catégorique".

Le texte lu et vu induit quant à lui un troisième régime d'aperception, non seulement par le rapport qu'il entretient avec la temporalité de l'œuvre, à laquelle il confère des fragments de linéarité, mais aussi par l'effort de mémorisation qu'il requiert. En outre, il joue sur le double régime auquel doit adhérer le témoin : régime de sensation, régime d'intellection. En effet, comme l'écrit Jacinto Lajeira dans le catalogue consacré à Gary Hill :

> *Les textes lus ou prononcés se retrouvent dans un défilement temporel qui, pour demeurer actif et significatif, n'a pas d'autre lieu que le pouvoir abstractif et mémoriel du spectateur* [...]. *L'aspect cognitif du langage, de l'échange simplement verbal, se trouve ainsi mis en avant par rapport à la perception, et la compréhension immanente de ce qui est vu privilégie l'intellection au détriment de la sensation.* [13]

La rencontre immédiate de l'œuvre implique une appréhension souple, capable donc de supporter les ruptures de régimes sensoriels induites par les différents modalités des stimulations émises par les installations vidéo. Le premier constat qui s'impose, c'est que la qualité du phénomène, c'est-à-dire de l'œuvre en tant que phénomène vécu dans le moment de la coprésence, ne peut être éprouvée qu'à la condition que le "capital sensoriel" de chacun soit pleinement mobilisé et prêt à répondre à la complexité des stimulations : prêt à saisir l'infime et le tonitruant, le jeu des glissements d'un site sensoriel à l'autre et à se laisser visiter par des sollicitations inédites. L'élaboration complexe, parfois raffinée, de ces objets-phénomènes manifeste donc en amont une véritable démarche créatrice, nécessaire à la mise en œuvre d'effets originaux à partir de matériaux divers alliant les richesses traditionnelles aux technologies contemporaines. En conséquence, il sera possible, à la condition d'avoir perçu le raffinement sensoriel offert par les œuvres, de saluer en elle le travail de création des artistes.

Néanmoins, toute création n'est pas forcément "artistique", au sens, comme on l'a vu plus haut, où elle s'adresserait à la sensibilité esthétique. Les sensations éprouvées pourraient être des réponses à des "machines à sensations" particulièrement inventives et efficaces. Mais les sensations, pour être reconnues spontanément de nature esthétiques, ne devraient-elles pas susciter un peu de joie et de mélancolie, de tristesse et de félicité — de jouissance ? c'est-à-dire cet état de plaisir "supérieur" caractéristique d'un sentiment esthétique. Le jeu des sensations, quelle que soit sa richesse, ne trouvera semble-t-il de sens que s'il se dégage d'une pure sensorialité pour mobiliser plus complètement l'individu au niveau de ses émotions et de ses sentiments.

[13] Op. cit. p.57

6. Émotions et sentiments

Le sensationnel n'est *que la figuration primaire de ce qui provoque une émotion violente ...*

Gilles Deleuze

Selon Gilles Deleuze, on ne peut éprouver la force d'une sensation que si celle-ci « *est directement en prise sur la puissance vitale qui déborde tous les domaines et les traverse.* » [1]

L'installation vidéo ne toucherait donc réellement la sensibilité qu'à la condition d'une "réceptivité" et d'une "sensitivité" active du témoin lors de sa relation à l'objet. Or, par leurs stimulations excessives, les installations vidéo, en provoquant un réflexe de défenses psychiques, induiraient par elles-mêmes une réception prudemment superficielle. En effet, lorsque tout est jeu, machines à produire des sons et des images à la demande, effets spectaculaires... on ne peut s'empêcher de résister à ses propres élans. L'assaut trop violent des stimuli troublerait en quelque sorte le"*moment pathique*" de la relation esthétique.

Il importe pourtant de relativiser les soi-disant "effets à sensations" des installations vidéo. Ainsi, comme ce fut examiné plus haut, la dimension spectaculaire tient souvent à la saisie sélective d'un "dispositif spectacle" intégré dans l'œuvre ; quant aux aspects attractifs, ils s'inscrivent en fait, nous l'avons vu, dans un principe général d'interaction. Il est vrai que des médiums tels que le signal vidéo — lumière et mouvement — produisent, un peu comme le signal sonore, des sollicitations perceptuelles particulièrement "efficaces", comme on le dirait notamment dans le cadre de l'adaptation de l'être à son milieu. Particulièrement séducteurs aussi, on se souvient de ces purs petits plaisirs scopiques dus aux images colorées des installations de Nam June Paik, ou de Toshio Iwaï, ces objets brillants, ces reflets changeants? Comment pourraient-elles du reste, compte tenu de leurs matériaux de base ne pas émettre quelque effet de luisance? Le vidéo parfois scintillent, tandis que les objets, tournent, vibrent, montent ou descendent ; les images clignotent en circulant d'un poste à l'autre (voir *La Sentinelle* de Dara Birnbaum et *Disturbance, (among the Jars)* de Gary Hill) ; il arrive même, comme dans *Materia Prima*, que le signal brille par son absence — et cela sans jouer totalement sur les mots — car à chercher l'image, on rencontre les faces luisantes des moniteurs tournées vers le haut et les faces

[1] *Francis Bacon, Logique de la sensation*, pp.28 et suivantes.

polies des pierres de Rome. L'installation vidéo serait-elle tout simplement un art de la luisance ; et, malgré ses lumières, ses mouvements et ses sonorités, serait-elle davantage que toute autre forme d'expression artistique (car nulle n'est totalement dépourvues de médiums stimulateurs) tenue à la débauche des médiums ? Ne s'efforce-t-elle pas plutôt de plier ceux-ci à des intentions artistiques ?

Et si l'on peut reconnaître aux installations vidéo une tendance à se donner en spectacle, ce serait surtout au sens où, comme on l'a vu, elles se constituent toujours selon le principe d'un dispositif de captation et de circulation des facultés perceptuelles. Or, le "dispositif", à la différence de la "composition" offerte au regard contemplatif, désigne un mode actif, dynamique et interactif de distribution des différentes parties. De même que tout spectacle fonctionne nécessairement sur le mode du dispositif, ne serait-ce qu'au niveau de la gestion des effets, il semble que tout dispositif comporte une dimension spectaculaire. Certes, au nom de principes quasiment moraux appliqués à l'esthétique, l'exhibition technologique, la force des stimuli sensoriels (sonores et visuels), et la taille des dispositifs — voire la violence de toute prise de vue "directe" — inspirent souvent de la méfiance ; et pourtant, elles peuvent se révéler facteurs de véritables émotions, dont l'installation vidéo semble être l'une des rares (sinon la seule) formes d'expression artistique à cumuler et entremêler les effets. Car, plutôt que de bannir les fortes sensations de la sphère de l'art, ne convient-il pas, au contraire, de leur permettre d'être réinvesties, quelles qu'elles soient, dans une expérience authentique et intime, et de leur ouvrir un voie vers une véritable sensibilité?

Si l'installation vidéo relève un peu de la magie, peut-on pour autant prétendre que le regard en soit ravi, ébloui, confondu par l'intensité du spectacle, au point de ne pouvoir mobiliser d'autres facultés, ou débordé au point de ne pouvoir se déplacer dans le champ de l'œuvre? Le dispositif qui provoque souvent l'inconfort, ne veille-t-il pas à susciter avant tout une démarche explorative et investigatrice. Même dans ses occurrences les plus prégnantes, les plus lumineuses et les plus spectaculaires, comme par exemple *Lyon Video Wall*, les images et les moniteurs semblent bien offrir un terrain perceptuel à découvrir, sorte de paysage mouvant sillonné de multiples sentiers sonores et visuels.

Au reste, les installations ne produisent pas toutes les mêmes éclats : rarement éblouissantes au point de pétrifier le spectateur, elles inventent des formes de luisance qui laissent plus de liberté au regard. La luisance, dans l'œuvre, peut prendre des formes multiples : couleur-lumière, éblouissement ou lueur, faible reflet ou miroitement. Quoi qu'il en soit, si quelque fragment de l'œuvre en venait à éblouir, ce ne serait pas un éblouissement de l'œuvre en elle-même, mais d'une de ses parties. Il faut à cet égard revenir sur un aspect rencontré plus haut concernant la diversité des œuvres, car celle-ci prend en compte des manières très différentes d'user de l'intensité des stimulations. Nombre d'entre elles sont en effet très discrètes, soit en limitant les signaux lumineux au minimum perceptible — au point de nécessiter un accommodement du regard comme *Tall Ships* ou *Tiny Death* et en général toutes les œuvres de Bill Viola, Gary Hill et Thierry Kuntzel — soit en réduisant les signaux sonores — comme les murmures de *Ann-Daisy*. Beaucoup de films renoncent plus ou moins à la couleur (*The Sound of Landscape*...), ou même au mouvement (*Proposal for Public Art Work: Reconstituting John Ford and The Searchers*) ou, plus radicalement encore, au médium vidéo lui-même.

La luisance du médium n'est donc pas une fatalité, ni pour les œuvres, ni pour les artistes. Et la dimension de spectaculaire, si l'on en croit le témoignage de Max Neuhaus dont les œuvres seraient à l'entendre « *toujours spectaculairement non-spectaculaires* », n'est pas toujours ce que l'on croit :

> *Ce qui m'intéresse, c'est de créer un premier contact avec l'œuvre, très subtil. Une fois que le spectateur a changé son échelle auditive, il va pouvoir entrer dans un espace immense. Cette subtilité initiale agit donc comme une sorte de seuil qui, une fois qu'on l'a franchi, ouvre sur quelque chose d'énorme et donc, de fait, spectaculaire.* [2]

La sensation revivifiée par l'œuvre d'art devient précieuse et subtile à la fois. Elle donne sa raison d'être au phénomène en tant qu'effet produit par l'œuvre, mais aussi en tant que matière particulière de ce que chacun pourra individuellement éprouver, et transformer en sentiment esthétique.

Il semble bien que les installations vidéo quant à elles règlent les stimuli de manière à induire un niveau de conscience vitale, autrement dit, selon les expressions de George Casha et Charles Stein, un « *état liminal... ou État d'Être possible* » ; le phénomène deviendrait, en ce cas, non pas un état limite de la sensation, mais le « *seuil d'une expérience de la totalité.*» [3] Plutôt qu'un spectacle à sensation, elles se présenteraient le plus souvent comme un miroir tendu devant les abysses d'une conscience de soi (conscience de son corps, de cet inconnu de soi-même dont elles esquissent le reflet) bien souvent perdue. C'est alors qu'il semblera qu'un contact, une relation authentiques puissent s'établir. L'ébranlement psychique qui témoigne du chemin que l'un et l'autre, l'œuvre et son témoin, ont parcouru pour se rencontrer, qui témoigne de l'effectivité de la rencontre, est la première émotion engendrée par l'œuvre. On comprend dès lors pourquoi les œuvres qui paraissent le plus accessibles au niveau esthétique sont celles où l'on parvient à s'identifier : qui révèlent une image du visage, du corps ; une silhouette en mouvement. Il est assez étonnant du reste que dans un tel

[2] *Le Sonore et le visuel*, p.149.
[3] *Gary Hill, HanD HearD/liminals objects*, p.18.

contexte la moindre image de soi, vision banale, prenne tant de saveur. Il se pourrait qu'en dehors de tout plaisir narcissique un événement improbable ait eu lieu : une double intrusion. Celle du voyeur piégé dans l'image de son propre regard et celle du profane surpris dans l'espace de l'art.

La présence ou la représentation humaine est du reste fréquente dans les installations vidéo : le contenu de l'image-vidéo (ou télévisuelle) ou photographique est, le plus souvent, constitué de personnages ; quant aux installations vidéo-performance, elles sont animées ponctuellement par la participation d'un "performeur". A défaut de l'un ou de l'autre de ces deux cas, la plupart des dispositifs s'apprêtent plus ou moins à piéger le spectateur, à travers le jeu des miroirs et des caméras. Le visage, les mains, le buste, la silhouette, la peau, les organes sexuels, le dos : partout et sous tous ses aspects, le corps humain est représenté, présenté ou "rendu à sa présence". Certes, ce peut être de sa part une manière de prendre le relais des arts traditionnels de la représentation. Néanmoins, compte tenu des possibilités nouvelles offertes par cette forme d'expression, l'humain s'y voit travaillé de manière spécifique.

Les artistes, comme on l'a vu à propos des vidéos de Gary Hill, ont très souvent utilisé leur propre corps comme support à leur recherche et à leur matériau artistique. Un matériau à vrai dire un peu particulier, d'une part parce qu'il induit plus directement l'identification du spectateur, d'autre part, du fait que quelque chose résiste à la fiction, laisse des traces, comme les opérations sur le corps d'Orlan par exemple. Il y a donc, dans la présence, en direct ou filmée, du corps de l'artiste une marque de réel, une preuve d'authenticité, qui rendent peu pertinent le soupçon d'exhibitionnisme, et ne justifie pas davantage l'appel à des réticences d'ordre esthétique.

La frontière entre performance filmée et autofilmage de nature "performative" est parfois difficile à tracer au niveau des actes et des gestes. Néanmoins, la performance se nourrit de la relation directe au public, alors que l'autofilmage est préservé à la fois du public et de la relation au modèle. Au reste, Pierrick Sorin reconnaît se sentir dans ce cas beaucoup plus libre de filmer ses actes intimes et son anatomie en toute impudeur, hors de toute entrave à sa volonté créatrice.[4]

Les installations vidéo sont ainsi souvent le théâtre d'événements privés de la vie des artistes, comme par exemple dans le cas du Triptyque de Nantes de Bill Viola (exposé en 1992 à la chapelle de l'Oratoire des Beaux-Arts de Nantes), où de chaque côté d'une projection de la bande vidéo de *Arc of Ascent*, (l'homme en immersion) sont projetées à gauche une vidéo de femme accouchant (évocation très probable de la naissance de sa fille) et à

[4] Cf. *Avant la Bataille* (documentaire).

droite celle de sa mère à l'agonie, semblablement aux images de la bande vidéo *The Passing*. [5]

Il est probable aussi que les dispositifs qui sollicitent la participation des visiteurs, en intégrant les gestes, les actes et les actions des individus participants, s'approprient un peu de leur substance vitale et la transforme en matériau artistique. En témoignent alors les images qui portent la trace des gestes et l'empreinte des actions et celle du corps qui osa se "compromettre" avec l'artefact. On en a déjà rencontré un exemple avec *Watching Yourself*, de Timothy Binckley. Ainsi, bien souvent, l'image vidéo rivalise avec le miroir des vanités.

Certes, l'image vidéo vous révèle de dos, de loin, vous réduit parfois à n'être qu'une ombre (avec Peter Campus), qu'une la silhouette (avec Dan Graham) qui, au lieu de se rapprocher selon l'usage, s'éloigne au contraire inexorablement vers l'infini ; elle vous décontextualise, vous broie, vous "abstrait" ; mais elle est aussi le mode de figuration qui s'impose quotidiennement avec le dispositif télévisuel. A vrai dire, on ne verra pas en elle, à la différence de la peinture et de la sculpture contemporaine, un retour au figuratif. Et pourtant, la télévision est naturellement et (totalement) figurative, au sens de productrice de figures. La vision de nos congénères sur les écrans de diffusion ou de projection reste d'ailleurs terriblement banale, insignifiante en tant que telle, transparente à l'événement, la situation, l'action "portée à l'écran", notamment en ce qui concerne un grand nombre d'œuvres. On admet volontiers que le décor, les gestes, les actes soient fictifs, que les scènes visibles obéissent aux lois de la représentation. En revanche, les êtres humains sont, eux, "présents" à l'écran, ils ne sont ni le fruit d'une représentation, ni celui d'une figuration, même s'ils y participent, ou s'y complaisent. Le signal vidéo, par sa fidélité, sa serviabilité, ne serait que la condition de visibilité des existences, son médium naturel, comme l'est la lumière, ou, pour les sons, la densité atmosphérique.

En ce sens, la vidéo, médium "transparent", pourrait ne pas être concernée par une esthétique de la représentation ou de la figuration humaine, ni par le travail de l'expression artistique, ou l'émotion résultant de ce travail. Les émotions provoquées par les arts de la représentation sont, en effet, liées à la manière de représenter le visage, le regard. La petite touche de rose qui tout à coup prête à l'œil un reflet humide et lubrique, le frottis de blanc rosé sur la surface ocre beige, qui rend la main calleuse, le dérapage de la brosse sur le visage qui écrase et dissout la matière colorée dans un long et toujours actuel anéantissement, sont impensables pour le médium

[5] Cf. Raymond Bellour, « *La Chambre (fragment)* », in 5° S. I. V., Saint Gervais Genève, 1993, p.87 ; cf. aussi *Trafic* n° 9.

télévisuel, où l'être humain semble toujours présent, directement visible ou provisoirement dissimulé derrière le masque de sa propre image, lorsque celle-ci se trouve livrée aux effets spéciaux du *morphing* et de la colorisation. C'est ainsi que nombre d'installations vidéo paraissent dépourvues d'intérêt, du fait de la banalité des images de reportage ou d'interview qu'elles diffusent. C'était, comme on l'a vu plus haut, le cas des images de *Good Boy Bad Boy* ; c'est aussi celui de *Violent Incident*, du même artiste, où l'on assiste à une scène de ménage dans les pures conventions de la représentation de la dramatique "télé" (jeux d'acteurs et décor). On retrouve ce traitement dans *In Line* de Tony Conrad qui ne montre apparemment rien de plus qu'une émission en différé au cours de laquelle le personnage concerné est filmé en cadrage rapproché, respectant platement les règles de l'interview et sans aucun travail accompli en post-production sur la matière de l'image elle-même.

Il semblera, en un premier temps, que l'installation vidéo se limite à diffuser la vision d'une banale "humanité" au quotidien, simple vision à l'image de celle diffusée par la "télé-vision" elle-même, ou produite par cette dernière. Or, c'est entre l'impression de réel particulier de la représentation télévisuelle et une réalité reconstruite et produite par celle-ci que l'installation vidéo semble souvent s'ingénier à situer son espace de création artistique. D'une part, elle s'obligerait à reconsidérer l'effet d'illusion du naturalisme télévisuel, d'autre part elle en organiserait la déconstruction, ne serait-ce que par le dispositif de dédoublement, de démultiplication et de répétition (comme dans les deux œuvres de Bruce Nauman) qui prive d'authenticité la représentation de l'individu. « *Le syndrome du double* » exprimerait, selon l'analyse de Jean-Paul Fargier « *la réaction — et la réaction moderne — d'un art aux prises avec le développement des techniques de reproduction et des moyens de communication de masse* ». [6]

En effet, en dépit de son aspect "direct", la présence de l'humain véhiculée par le signal vidéo des circuits de télévision est soumise en fait à de sérieuses "triturations". Ne serait-ce que dans le régime habituel de la présentation télévisuelle : les têtes sont tronquées, les corps réduits. Ainsi, ces formes humaines dont le téléspectateur est devenu familier et qu'il reçoit comme un mode de visibilité transparent (plus ou moins bon, selon les circonstances) constituent, en fait, une imagerie de l'être humain beaucoup moins naturelle qu'elle n'y paraît. Elle composerait même ce que Gladys Fabre nomme le « *monde cosmétique de la télé* » [7]. Or, il se pourrait bien

[6] Voir à ce propos l'article de Jean-Paul Fargier, « Dernière analogie avant le digital, « Allan and Allen's Complaint » Nam June Paik et Shigeko Kubota », Cahiers du cinéma, n° 341 : « *Plus qu'un procédé, le double chez Paik est une véritable obsession [...] le premier éclat, le premier écho, le premier mouvement d'une série* ».
[7] Cf. le catalogue de la Biennale d'arts contemporains p.41.

que cette "cosmétique", plus naturante que naturelle, intéresse précisément l'installation vidéo.

Cette image, reprise dans le dispositif de ***In Line*** révèle en effet à l'examen des caractères troublants : au centre de la rampe d'escalier, de l'autre côté de la rambarde de sécurité, un personnage s'excite devant le micro et la caméra ; sorte d'individu plus ou moins hystérique qui se serait emparé de force de l'antenne, le temps d'un discours pirate. Une succession de cadrages de plus en plus rapprochés abandonne un plateau télé pour serrer en gros plan, première entorse au "régime" télévisuel, la tête de l'individu filmé. Les mouvements constants de ce personnage excité insufflent à l'écran une sorte de pulsation. Jusqu'à ce que le visage se bloque comme écrasé sur l'écran. L'image, pleine de ce visage rubicond, semble devenir elle-même convulsive, comme si la matière de l'image vidéo était prise de mimétisme. L'interaction entre le poste de télévision et l'image du visage produit, semblable en cela à la vidéo de Judith Barry, ***Imagination Dead Imagine***, un monstre à la tête parallélépipèdique, privé de corps, ridiculement suspendu aux parois du Museum Fredericianum. L'objet téléviseur serait-il devenu un "télévisage" ? On assiste tout à coup aux conséquences de la réification de l'humain par les *media* télévisuels (l'homme « *encubé* », selon l'expression de Jean-Paul Fargier[8]).

Par la télévisualisation, en particulier dans ce qu'elle génère de conceptions figées de l'humanité, de tabous, de valeurs et de désirs, se produit en effet une représentation de l'humain et une figuration qui lui sont spécifiques. Figure du personnage en costume cravate, visage beige rosé sur fond bleu (de trois quarts/face, rares sont les profils à la télévision), buste tronqué, du présentateur du vingt heures, figure de la speakerine des années soixante, du personnage en pied du reportage, du buste frontal des correspondants de presse, écouteur pressé contre l'oreille gauche, micro main droite etc...

Il y a dans toute figuration, et notamment celle générée par le mode télévisuel, une part d'abstraction. C'est un mode de représentation mimétique qui concentre tout en épurant. La silhouette, la couleur franche des vêtements, la mobilité labiale de la bouche (comme site affirmé de l'émission des voix), les yeux (comme facteurs de vectorisation des regards), le casque de la chevelure, les mains, font partie des éléments retenus par cette figure de représentation. Seront beaucoup moins respectés : la fidélité des dimensions du corps, son intégrité, son volume, son contact. L'esthétique de la figuration télévisuelle semble bien éloignée de celle de Rembrandt ou de Bacon. Beaucoup plus proche, sans doute, de celle de la "ligne claire" de la

[8] Cf. « "Encubés", Vidéo Installation », in *Vidéoformes*, 1992, p.25. Voir aussi « ti vi ou ti vi pas », *art press*, n°169, p.48.

bande dessinée, sans toutefois s'y conformer tout à fait. Outre ce coefficient d'abstraction, la figure télévisuelle est normalisante. Et les installations mettent en question aussi bien cette abstraction que cette normalisation. Elles participeront l'une et l'autre à l'élaboration artistique selon la logique propre à l'œuvre. Les masques de Vito Acconci pourrait ainsi donner connaissance de la face cachée, le "côté pile" de la "figure cosmétique" : tel le faciès câblé, bardé d'électronique, de ***Virtual intelligent mask.*** [9]

Ainsi, les images de *Un peu de temps... Encore...* évoquent les émissions médicales. Néanmoins, elles en désamorcent le principe narratif et la dimension d'information. Les séquences ne sont qu'éternel-les répétitions des mêmes blessures opérées sur le visage, support artistique (comme on le dirait d'un support publicitaire). Au body art des années soixante-dix, auquel fait écho la démarche de plusieurs artistes des installations vidéo (Marina Abramovicz, Stelarc, Bruce Nauman, Vito Acconci...), Orlan ajoute un axe de recherche qui porte à la fois sur l'image "clean", véhiculée par la télévision, et sur la réification médiatique du corps féminin, à travers notamment la tyrannie de la normalisation des canons de beauté, auxquels elle propose d'autres perspectives et dont elle se fait librement le véhicule. A partir des mutilations qu'elle sert à l'écran en guise de nouvelles normes, elle touche simultanément à deux champs de valeurs établies, en ébranle les fondements, en ravive les sutures, comme une mauvaise cicatrice soudain révélée, symptôme abject de la "féminitude". De même dans *La Tentation d'Ève*, d'Isle Gassinger, le bouclier crevé en son centre par l'image vidéo d'un torse de femme apparaît comme une figure emblématique du corps tronqué d'une féminité réifiée ; figure héraldique très représentative d'un blason de l'ère électronique.

Flying Lady, de Catherine Beaugrand, pose d'une manière encore différente un problème voisin, présentant l'image de la femme prise entre les canons de la beauté grecque et l'objet de série produit par les systèmes de reproduction technique : l'équivalent, en quelque sorte, de la Victoire de Samothrace (*Flying Lady*) transformée en bouchon d'essence des Rolls Royce (figure générique de la bande vidéo), ou encore de l'idéal de femme de la société occidentale reconsidéré à la lumière du théâtre Nô, lui-même en équilibre sur les objets-symboles de la civilisation latine (praticable élevé à quatre-vingt centimètres, posé sur quatre amphores, sur lequel se dressent les stèles où sont installés les moniteurs).

Bien que chacune de ces œuvres se réclame du corps humain, elles ne provoquent pas, loin s'en faut les mêmes sentiments. La première pourrait toucher plus directement, compte tenu du sentiment de répulsion qu'elle inspire. En revanche, *La Tentation d'Ève* pourrait simplement offrir le

[9] Avec substitution entre la parole et le récepteur télé et entre le regard et l'ampli-son.

spectacle d'un objet plaisant à contempler. Tandis que *Flying Lady* resterait, quant à elle, une proposition énigmatique, éveillant plutôt la curiosité, ou l'intérêt intellectuel, qu'elle ne suscite l'émotion.

L'installation de Chantal Akerman, *D'Est, au bord de la fiction*, compte tenu du travail accompli sur le film *D'Est*, casse, pour sa part, le processus d'émotions convenues que les images du film auraient pu engendrer. Cependant, dans la mesure où le film participe à la première partie de l'œuvre installée, ce moment est à prendre en considération. L'humanité y est constamment présente, dans les villes, les campagnes : passages de voitures dans les nuits nocturnes enneigées, grappes sombres d'hommes s'éloignant sur les chemins. Ils attendent un bus, un taxi, un autocar, dans le vent et le froid ; parcourent les champ labourés. Ou bien ils restent assis, de longues heures dans les salles d'attente, circulent dans les halls de gare ; un cul-de-jatte traverse sur son chariot la salle des pas perdus. On se croirait dans un tableau d'un artiste de la *Neue Sachlichkeit*. Même souci de mettre la vérité de l'humanité sous les yeux du spectateur. Sauf qu'ici, il n'y a pas de figuration caricaturale, seulement un désir de témoigner en "laissant voir" ce qui fut vu pendant ce voyage vers l'Est. Femme debout, immobile, dans sa cuisine, quelques activités ménagères, une famille regroupée dans une salle de séjour, chacun tourné de son côté, et une parole que l'on attend mais qui ne vient pas... ou mal : bruits de fond, brouhahas, murmures inaudibles.

Le temps s'étire, long présent d'une attente perpétuelle.

Le film s'étire, long travelling, plan-séquence, enchaînement d'une file d'attente sur l'autre, d'une marche sur l'autre.

Comment ne pas être ému de voir ces êtres humains réduits à la mobilité absurde des colonies de fourmis?

C'est, du reste, sur cette base émotionnelle que l'installation "proprement dite" de la deuxième salle situe sa première différence par rapport au film "cinéma". Toutefois, c'est dès le film lui-même que cette différence commence à se faire sentir, en plaçant le ciné-spectateur devant un cas de conscience : abandonner la projection en cours de route pour poursuivre la visite, ou bien assister à la totalité du film. Le film n'est plus alors une diégèse, même de nature documentaire, mais un objet, reconsidéré dans sa matérialité d'objet : sa durée, sa place par rapport aux autres éléments de l'installation, sa position et son statut se jouent à travers le temps que l'on acceptera (ou que l'on refusera) d'accorder à cette humanité tragique. L'installation assigne au regardeur des choix par lesquels il engage sa responsabilité d'humain face à d'autres humains qui, eux, ne peuvent que choisir l'attente passive. Elle inscrit donc le ciné-spectateur passif et attentiste dans une logique de la volonté et de la responsabilité, et cela dès le premier geste, ou plutôt acte, par lequel il se lève en cours de projection. Selon une moyenne "mathématique", le public assisterait à dix minutes de projection environ. Mais cette moyenne n'a guère de sens dans le cas de cette œuvre, car elle est peut-être l'une des installations où la diversité des temps de visionnement de l'objet film est la plus grande : de quelques secondes à la durée totale du visionnement, c'est-à-dire cent sept minutes.

Il y a une sorte de déchirement vaguement honteux à quitter la première salle, probablement dû en partie au sentiment d'abandonner ces êtres, à la fois si lointains et si proches. Dès l'entrée dans la deuxième salle l'émotion se déplace et se transforme. C'est l'architecture de la salle, à laquelle contribuent la disposition des moniteurs, leur rythme, qui ouvre une vanne vers l'immensité spatiale. Tout le film est là, brisé, décomposé en une sorte de rhapsodie bigarrée. Ces hommes et ces femmes ne seraient plus rien d'autres, semble-t-il, que des figures télévisuelles en perte d'*Aura*, victime de la réification du médium et de la *diaspora* du dispositif.

Puis il semble qu'une ordonnance s'amorce, reprenant les rythmes des attentes, les aspects de files étirées, de groupes serrés, de grappes lointaines. La salle se transforme en une immense salle d'attente que le visiteur est convié à parcourir. L'émotion d'origine ne s'est pas perdue, mais elle s'est greffée sur l'acte par lequel il devient possible, en se déplaçant de rangées en rangées, d'accompagner l'humanité dans son destin. La poursuite de la visite qui s'accomplit par une déambulation de poste en poste et qui aurait pu n'être que curiosité touristique, est chargée d'émotion, un peu comme l'on scrute les visages photographiés des victimes d'une catastrophe : sympathie pour des êtres dont on n'a plus ici que des images, mais dont on partage toutefois l'expérience corporelle à travers les stations, les déplacements, les hésitations imposées par la spatialisation du dispositif. Il y a donc eu déplacement, incorporation et translation de l'émotion d'origine.

Les figures humaines de *Butterfly Effect of Geography* de Marina Orsinic et Aida Smid présenté en 1996 à Clermont-Ferrand apparaissent sur trois écrans, l'un portant le nom de Ljubjana, le deuxième celui de Sarajevo et le troisième celui de Berlin, le tout serti dans une grande planche représentant grossièrement un ancien poste TSF. Les films diffusés alternent entre le régime de l'image de reportage (cadrage serré, soit encombré de foule, soit rivé sur un individu, avec rupture et déséquilibre de l'image), et le régime du téléfilm (qui se reconnaît le plus souvent par sa lumière rosâtre ou bleutée, son image d'une parfaite lisibilité, et ses actions lourdement dramatiques). Les films sont montés de manière à ce que les mêmes images passent, indifféremment sur l'un ou l'autre des écrans. Le recours à l'image télévisuelle s'impose ici, compte tenu du thème décliné à travers les différentes évocations des médiums et instruments de diffusion. Si quelque chose de l'ordre de l'émotion parvient à poindre dans cette installation, ce n'est pas dû au contenu des images elles-mêmes, simples vitrines d'une uniformisation de l'information, mais à la teneur "humaine" qui se dégage à la fois de la maladresse par laquelle le poste de radio est esquissé, cette espèce d'urgence qui s'en dégage face à une nécessité archaïque de représentation, et les quelques objets ou matières qui complètent l'installation : une tourte de pain, quelques seringues, un casque de mineur et, répandue sur le sol, de la farine dans laquelle fut tracée au doigt : "FAIRE LA QUEUE POUR LE PAIN VIRTUEL".

L'humain rôde, griffe, souffre, pendant que l'image circule sur les ondes hertziennes.

Il est à noter que plus d'une installation présente des traces d'un passage. C'était le cas de *Bon Voyage Monsieur Ackerman*. Ici la trace se fait inscription du corps dans le texte, inscrit lui-même dans le corps de l'œuvre. Deux extrêmes sont proposées : le trace électronique qui produit l'image vidéo et la trace singulière, physique et matérielle que permet l'installation. L'une et l'autre se nient et se complètent. Mais le plus curieux provient du mode de présence et d'exclusion qu'elle pratique ici, dans la mesure où, d'une part, la trace humaine n'est physiquement présente que si sa cause, l'être vivant, est absente, alors que, par ailleurs, les personnages qui apparaissent à l'écran ne sont en fait que des figurations de l'être humain, donc attestent de ce fait l'absence des référents.

Une installation de Marie-José Burki, *Animaux, (animaux)* à défaut de visages humains, montre des portraits d'animaux filmés dans un zoo. Lorsque cette œuvre fut présentée à L'Espace Lyonnais d'Art Contemporain en 1991, elle était composée de quatre moniteurs. Ceux-ci, disposés chacun contre la paroi d'une pièce carrée, étaient munis d'un magnétoscope, ce qui leur permettait de diffuser le même enregistrement, mais avec un certain temps de décalage les uns par rapport aux autres. Les animaux ont tous été filmés selon le même cadrage. Les enregistrements se présentent comme une suite de plans brefs, chacun consacré au gros plan d'une tête d'animal au regard perçant dardé sur la caméra. En conséquence, ils semblent regarder intensément le spectateur dans les yeux. Simultanément se fait entendre une litanie répétitive de diverses voix prononçant le ou les mot(s) ANIMAUX, (animaux) sur tous les tons ; parfois, un visage humain apparaît. La sobriété des cadrages et du sujet n'a donc d'égale que la parfaite lisibilité de l'image. Redondance et, semble-t-il, insignifiance... Sauf que cette ennuyeuse lisibilité est mise en échec par le dispositif lui-même. En effet, il est impossible de voir l'image sur laquelle le stimulus sonore vient d'attirer l'attention sans abandonner celle qu'on vient de voir. A peine l'a-t-on abandonnée pour se tourner vers une autre image qu'elle lance un nouveau stimulus sonore qui vous arrache de votre spectacle. S'absorber dans une image, c'est aussitôt se sentir épié par trois autres regards. Le regard oblique ne permet pas davantage la saisie globale des images. Bref, on désire "voir", et l'on se sent terriblement vu. La position du visiteur du zoo est inversée. Les têtes "mises en boîte" deviennent des guérites de sentinelle ; vous êtes dans la cage, soumis au regard. Cette installation, apparemment si banale dans sa manière de "servir" au spectateur des images "convenues", transforme peu à peu l'émotion paternaliste et doucereuse, inspirée par la vision de l'exotisme en cage, en sentiment de panique.

Il a été reconnu que l'image vidéo, par ses qualités propres, s'accommodaient mieux de certains rendus (ceux de l'eau par exemple) que d'autres. La restitution des carnations n'est sans doute pas son point fort. La figure télévisuelle la plus *soft* n'offre pas la qualité du grain de l'image photographique et encore moins l'onctuosité des glacis de la peinture. Les chairs y semblent toujours lisses, leurs couleurs acidulées, dans des tons de rose et de bleu. Ainsi, l'image de *Sustain*, d'Edward Stewart et Stéphanie Smith, qui montre des fragments des corps nus des deux artistes, est lumineuse, propre, "clean", plate, sans perspective ; les couleurs sont claires et saturées. Deux projections vidéo superposées, diffusent chacune une bande différente, mais qui reste du point de vue formel, assez semblable à l'autre : même position de caméra surplombant une baignoire (ou une piscine). Sur celle du bas, on peut voir le haut des épaules et le visage aux yeux clos d'Edward, immergé sous quelques centimètres d'eau ; sur celle du dessus, le torse de l'artiste, dans la même position mais inversée (changement d'angle de prise de vue ou changement de position de l'artiste), ce qui, à première vue, donne l'impression d'une carte à jouer vivante : planéité décorative du corps sectionné et renversé, mouvance de l'eau et des corps filmés. Apparaît très vite dans le champ inférieur la nuque sombre de Stéphanie qui s'abouche à Edward pour lui apporter sa ration d'air de survie, qu'il expulsera quelques secondes plus tard, pendant qu'au-dessus, toujours selon le même mode d'apparition glissante, Stéphanie, méticuleusement, pratique une série de succions et de morsures roses framboise sur la chair pâle d'Edward. Les opérations se répètent en boucles imperceptibles.

Le rythme est régulier, calme, mais pulsionnel ; l'image lumineuse, mais vitreuse ; les gestes attentionnés, mais déterminés ; les attouchements sont tendres, mais néanmoins blessants : le sujet tout en restant banal, se révèle donc d'une inspiration cruellement mythique.

L'abîme entre la cruauté animale des accouplements amoureux et l'instinct immuable de la survie de l'espèce trouve son équivalent dans celui qui s'ouvre entre le mode de représentation télévisuelle et le contenu de représentation. Le malaise et le dégoût provoqués, si l'on s'en réfère à de nombreux témoignages, par cette installation, ne proviendrait pas des seules performances filmées, qui n'ont, pour leur part, rien d'outrées (encore qu'il est peut être plus "scandaleux" de révéler une intimité de la "dépendance amoureuse" au sein du couple que de diffuser du *hard-sex*) ; le sentiment de répulsion résulterait davantage de ce que l'aspect gui-mauve de l'image télévisuelle devient ici, par les légers décalages qu'elle subit, absolument écœurant. Par ailleurs, si le signal vidéo s'avère représenter l'antithèse de la texture de la carnation, les moniteurs, par leur manière de tronquer les têtes et les corps des deux artistes, fonctionnent, quant à eux, comme un lit de Procuste.

L'installation, par le mimétisme qu'elle instaure avec le dispositif et la figuration télévisuels, et par le décalage qu'elle distille en permanence, la dimension d'insondable qu'elle introduit dans la représentation totalement planifiée des rapports amoureux, décape et revitalise une situation apparemment familière ou banalisée. Le trouble et la gêne qui en résultent sont donc bien provoqués par le dispositif, et non pas seulement par le contenu des images.

La spatialisation du corps réalisée par l'installation vidéo produit des configurations variées, telles que *Clover* de Gary Hill, dont les quatre moniteurs disposés en carré, écrans vers l'extérieur, suggèrent la figure du trèfle (*clover*) à quatre feuilles. Les quatre bandes diffusent avec de légers décalages le spectacle d'un personnage au cours d'une promenade forestière, filmé de dos par une caméra fixe ; ce qui donne l'impression d'une marche interminable vers un point inconnu : l'infini de l'horizon et le centre virtuel des quatre moniteurs. Mais les images de corps disloqués, mis en pièce et jetés en pâture au regard, comme par exemple dans ***Inasmuch As It Is Allways Already tacking Place*** (du même artiste) suscitent davantage l'émotion.

Une autre œuvre de Gary Hill, *Crux*, présente un auto-filmage réalisé là encore au cours d'une promenade en forêt (à partir de cinq caméras fixées sur le propre corps de l'artiste). Cinq moniteurs disposés, comme on l'a vu plus haut, verticalement selon une structure cruciforme, diffusent les enregistrements séparés de son visage, de ses mains et de ses pieds. Les moniteurs sont disposés aux cinq points principaux de la croix chrétienne. Bien qu'elles respectent dans l'installation la topologie globale du corps, lui-même virtuellement perçu à partir des cinq fragments visibles, les zones d'articulation ne sont jamais parfaitement ajustées. D'où un sentiment de corps monstrueux, et douloureusement tordu. Les conditions de la performance sont rendues présentes par le témoignage dont le film est empreint ; hésitation de la marche, tâtonnements et dérapages des pieds nus, crissement des feuilles sèches et des brindilles, visage fouetté par les branches basses, provoquent un sentiment de compassion immédiat cependant qu'ils évoquent parallèlement les souffrances des différentes étapes d'une "Passion" qui se voit confirmée par la figure de la Crucifixion. Ainsi, la référence culturelle prendrait corps dans l'expression actualisée d'une expérience physique familière. Cette œuvre ne manque pas d'un fort pouvoir émotionnel : éveil d'un vague sentiment religieux du fait d'une position christique suggérée par la disposition des moniteurs, compassion devant le corps souffrant, ou encore rejet vital face à la monstruosité de ce corps aux membres torses et disgracieux. L'inadéquation entre les instruments de l'expression et le sentiment exprimé serait donc facteur de l'émotion, condition du sentiment éprouvé. Le moniteur, en tant qu'objet physique, n'est toutefois pas le seul instrument de l'installation vidéo propre à permettre la disjonction entre le système de représentation et la communication de l'émotion. Il est même probable qu'en dehors des propres principes de l'installation cette disjonction préexiste déjà dans la mise en scène du mythe d'origine, les stations du chemin de croix imposant une rythmique de rupture, donc formelle et vitale à la fois, au sein du flux continu de la souffrance et le long du sentier linéaire du Golgotha. Un peu comme les mots de la phrase sont les butées — contraintes et possibilités de forme à la fois — de la pensée. A l'égale de toutes autres formes d'expression, les installations vidéo travaillent donc bien la capacité de résistance de leurs matériaux.

Bill Viola exposait en décembre 1995 à l'American Center une œuvre appelée précisément *Stations* dont les cinq parties étaient alors distribuées de part et d'autre d'une ligne médiane. Chaque "station", donc, correspond à deux types d'éléments, l'un vertical : les écrans de vidéo-projection, où l'on voit des corps humain au cours d'un plongeon, et l'autre horizontal : les miroirs noirs (en dalles de granit poli) à peu près de la taille des écrans, posés au sol devant ceux-ci et reflétant les corps "plongeant", en image inversée. Les films, montés en boucle produisent une sorte de stase, d'arrêt sur image d'un corps en suspension dans l'eau. Par ailleurs chacun est redoublé par le miroir posé au sol, "sur" ou "dans" lequel l'espace se creuse en profondeur, et le temps s'inverse. Le dispositif écartèle le regard entre les tensions antinomiques des ordres du temps et de l'espace.

L'ordre spatial autorise la "saisie" immédiate : l'objet peut être saisi d'un seul regard. Le regard maîtrise ce qu'il voit en le tenant à la merci de son champ de vision. En revanche, l'ordre temporel échappe à cette maîtrise. Il impose au regard les modalités de la réception ; le regard accepte de perdre la totalité du voir sur la base d'une sorte de contrat avec le devenir : le champ de vision se découvrira progressivement par pans, selon les règles du contrat, selon les structures catégorielles de la conscience, d'un espace distribué sur la ligne du temps. En revanche le regard qui ne veut pas renoncer à la vision totale sera débordé par le temps, submergé par une vision confondante, "dessaisi" du regard par l'intensité de la sensation sans limite. L'émotion serait donc ici provoquée par l'ébranlement des certitudes du regard confronté à la dessaisie des repères temporels. Distinguer les deux ordres, et leurs implications, pour pouvoir mieux en jouer pourrait donc bien être l'un des moyens de l'installation vidéo pour générer un sentiment de perte, un voluptueux renoncement. Néanmoins la distribution des cinq stations impose au regard vacillant de se ressaisir par la maîtrise de son temps d'exploration. C'est aussi le principe du *Triptyque de Nantes* dont la structure trinaire réinscrit les événements les plus bouleversants de l'humanité dans une séquentialisation spatiale et temporaire.

L'émotion naît ainsi de la friction entre le terrain familier d'un vécu du quotidien — du corps apprivoisé, socialisé — et le pressentiment d'un gouffre inconnu, mystérieux, fascinant et terrorisant à la fois, qui compose néanmoins tout autant la réalité de l'être humain. Le thème de l'inhumain relève de cette dualité. Or, la figuration du corps humain par des corps "inhumains" est le propre du totem et du robot. Alors que dans le premier cas, le monstrueux est aussi la condition du divin, dans le second, il n'est que la rançon de la technologie. Les grandes figures totémiques de Nam June: *Robespierre*, *Rousseau*, *Voltaire*, *Olympe de Gouges* ou *Diderot*, se situent précisément entre le robot et le totem, rendant hommage à la technologie électronique par le recours aux traitements vidéographiques de l'image, tout en donnant libre cours à la fantaisie par laquelle l'imagination populaire salue ses divinités (par exemples les feuillages dans le torse de *Rousseau*, ou la voilette bleu blanc rouge arrimée au buste de la féministe *Olympe de Gouges*).

Relancée dès qu'il y est question d'humanité, la question de la dimension technologique de l'installation vidéo devient dès lors un point névralgique de cette forme d'expression. La technologie est-elle l'ennemie ou l'amie de l'homme? Les portraits de cire — *Portraits virtuels en forme de collection particulière* — de Catherine Ikam obtenus par un procédé de réalité virtuelle (moulage numérique à partir de modèles vivants) offrent une représentation de la déshumanisation par clonage qui, littéralement, glace le sang : une série de visages laqués, vidés de leur substance et de leurs expressions, tournent sur eux-mêmes en rotation perpétuelle, alors qu'une dernière image, pellicule dérisoire, est projetée avec désinvolture sur une mince feuille blanche suspendue aux côtés d'un haut-parleur dont sort une voix métallique. La froideur du dispositif et son aspect de simple constat, de vitrine aseptisée, interdisent la moindre sollicitude, induisant curieusement un rejet tout aussi glacé que l'œuvre telle qu'elle se présente, tout du moins si l'on excepte l'interpellation sonore et le voile de papier écran que le visiteur peut éventuellement ranimer de son propre souffle.

Beaucoup plus interpellantes étaient cependant les têtes hurlantes que Bruce Nauman présentait à Kassel en 1992 : *Anthro-Socio* : thème d'une identité en crise de l'humanité, d'une perte de la conscience de soi, qui, du reste, perçait déjà dans *Good Boy Bad Boy*, œuvre dans laquelle, malgré une apparente intégration sociale en vertu de l'image normalisée de la figuration télévisuelle, la conscience se perd entre ses contraires, incapable de sortir d'un discours préfabriqué, aux prises avec la confusion des sexes et des états : *good boy or bad boy, bad boy or bad wooman.* Si l'on en juge par les dernières paroles prononcées, il ne reste qu'une certitude, la peur de la mort. Dans *Rats and Bats (learned helpessness in rats) II*, Bruce Nauman met en relation une grande boîte de plexiglas — conçue comme un labyrinthe et dans laquelle un moniteur diffuse le film d'un rat qui se reflète sur les parois évoquant la circulation incessante d'un rat de laboratoire — et, projeté simultanément sur un écran latéral, l'enregistrement vidéo d'un homme qui tape violemment sur un sac, dans un décor sordide de sous-sol d'immeuble. Triste humanité dont la bestialité est prête à resurgir sous le vernis social dans la terreur des bas-fonds. L'émotion naît de la simplicité, de l'évidence d'un propos qui s'ancre dans des lieux chargés de sensations violentes. La plupart des œuvres de cet artiste, qu'elles soient ou non des installations vidéo (tels qu'en témoignent *Andrew Head* et *Mean Clown*) exprime, comme on le verra plus en détail ultérieurement, l'angoisse de l'homme clivé entre son statut et ses pulsions.

Les performances, les vidéos et les installations vidéo avec performance de Stelarc sont, quant à elles, des moments de confrontation presque insoutenables entre l'humain et la robotique. Dans *Scanning Robot* il abandonne son propre corps — corps "involontaire" — aux impulsions d'un robot ; dans *Involontary Arm and Third Hand* il se greffe une "troisième main", prothèse actionnée par les muscles de son thorax ; dans ses performances les plus récentes son corps serait mis à la disposition des utilisateurs d'Internet. La mutation de l'humanité est donnée ici comme fait avéré plutôt que menace. Il s'en dégage un violent malaise, car, dans l'œuvre, quelque chose s'adresse directement au corps, sans être médiatisé par l'intellect, quelque chose d'inconnu que le corps, la main ou le bras serait néanmoins susceptible de reconnaître, de l'ordre d'une « *résonance morphique* », selon le concept du biologiste Rupert Sheldrake.[10] Le meilleur antidote que l'installation vidéo sécrète contre l'excès borné de "technologie technocratique" pourrait du reste se situer donc au sein du principe même de l'installation. Les objets sont là, dans un présent soumis aux aléas de la technique, dans un corps à corps toujours renouvelé entre l'œuvre et le service de maintenance (ou le secours de l'artiste qui redonne le coup de pouce en cas de défaillance), résistance du réel face à toute dérive technologique. *De facto*, dans la situation de l'installation, l'humain retrouve sa place.

Le thème de l'humain dans l'installation vidéo se traite ainsi de façon concrète, au niveau du corps, écartelé entre ses instincts et ses aspirations, lieu où s'exercent les forces contradictoires de la nature et de la culture, des sciences et des techniques, des lois et des contraintes. Les grandes thématiques qui nourrissent l'art et la littérature, l'installation semble les stigmatiser dans sa propre chair, distillant, en quelque sorte, une émotion à fleur de peau. Ainsi, lorsque *De Là* opte, comme on l'a vu plus haut, pour la vidéo, elle abandonne les plateaux désertiques pour s'approcher de l'humain et participer à ses déambulations, comme s'il y avait une sorte de complicité entre l'homme et le médium vidéo. Par ailleurs s'exprime sans doute à travers les multiples contorsions grotesques (ou sublimes) de ses membres et de ses rotules, le tribut à payer pour toute satisfaction de la pulsion scopique.

10 Cf. Charles Stein, in *Gary Hill, HanD HearD/Liminals objects*, p. 31.

La caméra vidéo, prothèse oculaire dans le prolongement de la main, induit naturellement un regard tactile sur la surface des corps. Elle est le moyen de laisser s'écouler hors de soi, d'amener au seuil de la visibilité, cette intime sensation du corps : dès les années soixante-dix, le camescope est l'occasion d'une exploration systématique et scrupuleuse du corps humain. Dans *Body Press* de Dan Graham, deux protagonismes nus au centre d'un miroir cylindrique, chacun muni d'un camescope qu'ils font lentement glisser tout contre leur corps, procèdent à l'enregistrement rigoureux du reflet de leurs investigations. Dans d'autres cas, il s'agira de guetter les moindres frémissements, les moindres contractures du corps soumis aux conditions d'enfermement, comme dans *Remote Control* de Vito Acconci (1971), où deux vidéos sont disposées face à face, montrant dans chacune d'elles, filmé en plan-séquence un personnage (l'artiste d'un côté et Kathy Dillon de l'autre) coincé dans une boîte d'environ un mètre de côté.

Thierry Kuntzel réalise en 1989 *Eté (double vue)*. Dans cette installation sont disposés face à face le petit écran d'un moniteur vidéo et le grand écran de vidéoprojection. Le premier diffuse un enregistrement, plan fixe de sept minutes, de Ken Muddy (modèle de Mapplethorpe) allongé nonchalamment, au loin sur une méridienne, dans une grande salle, face à de hautes baies vitrées grandes ouvertes par lesquelles pénètre un flot de lumière estivale, et qui donnent sur un vaste jardin planté d'arbres. Un long travelling (sept minutes aussi), parcours méthodique en très gros plan du corps de Ken Muddy, est simultanément projeté sur l'autre écran. Le grain, la texture, la lumière de la peau noire du modèle sont caressés amoureusement par l'œil électronique, révélateur de la moindre aventure de la chair : percées de sueur, battements du sang dans les veines. Les effets de proximité et de distance s'enchevêtrent au point qu'il semble que la lumière et l'air relèvent des mêmes sensations et que l'espace et la peau respirent pareillement. Cette subtilité de la lumière, cette atmosphère riche en sensations chromatiques, alliées à la perspective scientifique, trouvent une sorte d'accomplissement dans la transfiguration du corps.

Aux antipodes du sentiment de plénitude dégagé par cette œuvre, *Hiver (la mort de Robert Walser)* de 1990 : trois écrans dont les deux latéraux diffusent d'infimes variations de lumière et de couleur tandis que, sur l'écran central, un dernier souffle d'agonie soulève le linceul ; une dernière vibration de l'image puis les évanouissements successifs d'un corps en passage dans l'image, jusqu'au blanc total. L'inconfort du corps, dans cette pièce sans recul, se joint au malaise provoqué par le spectacle de la mort.

Le signal vidéo est ainsi directement impliqué par le rendu, expression, représentation ou figuration de tout ce qui concerne le corps . On a vu plus haut comment la technologie de l'image 3D de réalité virtuelle, par son inhumanité, ses effets trop "cleans", trop "laqués" permettait de traduire, dans

Portraits virtuels... un état de désubstan-tialisation et combien le traitement télévisuel imposait à la carnation, dans son mode de figuration, une sorte d'abstraction. La vidéoscopie n'en aurait pas moins une vocation paradoxale à traverser les surfaces pour exprimer l'intimité des chairs, ou le mystère de leur apparition..

Dans *Nostos III*, Thierry Kuntzel exploite le fondu au blanc pour faire disparaître de façon imperceptible le souvenir de cette image pseudo-photographique de la famille — la mère, le père et le jeune garçon, lisse, blond et souriant — qui lentement se détache du regard du jeune adolescent dont l'image fixe semble du coup animée (sorte d' "effet-Koulechov") des différents sentiments que génèrent le deuil, la nostalgie et l'oubli. *Tu, ou le petit garçon* joue aussi sur la relation entre la photographie et le médium vidéo : Huit grandes photographies d'identité du même enfant blond, dans des positions chaque fois différentes, distribuées en demi-cercle de gauche à droite jusqu'à une neuvième, qui se révèle être en fait un montage vidéo enchaînant par procédé de morphing les huit temps de poses, ce qui reconstitue un petit film mi-réel, mi-fantastique. Touchante par sa manière d'exprimer l'intimité du souvenir, cette installation est aussi quelque peu angoissante compte tenu des déformations qui s'y opèrent (dans le souvenir tout autant que dans le médium), et des frémissement insoupçonnés de l'âme que la magie semble laisser percer. C'est ainsi que la commente Anne-Marie Duguet, écrivant à propos du « *mouvement artificiel* » qui s'y rencontre :

> *Il accomplit des expressions en puissance dans chaque portrait, il en génère de façon inattendue. Les mythes de l'innocence et de l'insouciance de l'enfance ne résistent pas alors à l'avènement d'un sourire curieux, au passage d'un rire franc à un regard soudain inquiétant que l'on croyait candide. Le bel enfant n'est pas, n'est plus* .[11]

Dans une de ses rares installations vidéo, *Le Pubis de la Nymphe, Intrusion temporaire*, Paul-Armand Gette dispose, dans deux lieux distincts du même espace d'exposition, d'une part un bloc de basanite d'autre part une composition en Y de vingt pierres de la même origine sur des socles de plus en plus élevés, tandis qu'un moniteur posé à l'avant sur un socle similaire diffuse l'enregistrement vidéo d'une rose filmée en gros plan, à proximité du velouté des pétales et de la luminosité du coloris, une "*Rosa Sp.*" dont s'écoulent quelques gouttes de rosée. La matérialité de la pierre, sa noirceur sont ainsi mises en contrepoint d'un métaphorique pubis, pour la figuration duquel s'allient deux substituts, la rose et le signal électronique.

Materia Prima exposerait, quant à elle, un monde pré-humain pour lequel la retenue du signal électronique pourrait être ressentie comme une immobilité silencieuse et trompeuse, dérobant aux regards les effets d'une

[11] Cf. « *Tu*, Installation photo et vidéo de Thierry Kuntzel », in *Spécial Vidéo-formes 1996*.

mutation incertaine et l'imminence d'une éclosion toujours retardée. L'humain est, certes, pressenti, mais il reste en retrait, abstrait de cette univers froid, statique, figé dans un univers hors du temps.

L'évocation des thèmes de la machinerie, de la bureaucratie, la relation kafkaïenne au monde robotisé, programmé, policé, surveillé et dans lequel l'être humain est écrasé sous une mécanique qu'il a lui-même instaurée et qui entrave et ruine toute expérience humaine est une manière d'évacuer l'humain. Les instruments bénéficiant de la vidéo et de l'informatique ne sont-ils pas porteurs en eux-mêmes des signes de déshumanisation : caméra de surveillance, écran de contrôle, fichier informatisé, réseaux télématiques, etc?

Au surcroît de corporéité correspond dans l'installation vidéo une forme d'abstraction inédite. C'est ainsi que toute installation vidéo qui voudrait s'aligner sur le principe paradoxal de l'art abstrait, principe selon lequel les formes d'expression gagnent en présence et en existence ce qu'elles perdent en figuration (c'est la matière picturale qui, par exemple, reprend ses droits par rapport à une fonction servile de figuration) se trouve de fait perdante. Lorsqu'elle ramène l'attention sur sa propre matérialité, celle de son médium, l'installation vidéo exhibe en fait l'immatérialité du signal électronique.

Mais le signal vidéo et le son électronique en tant que "matière d'expression" permettent de situer l'évocation de l'humain sur une échelle presque musicale à partir de laquelle, tel un timbre tout à coup familier, s'impose tout à coup l'identification du semblable, fragile, ténue, prête à se dissoudre au moindre changement de degré, et à redevenir forme pure, abstraite. Il s'agit donc, pour l'installation, d'élaborer une configuration mélodique à partir des multiples points d'élection où, dans le médium électronique, le signal sonore ou visuel rencontre (ou abandonne) une forme d'humanité.

On reconnaîtra dans cette évocation les formes sonores et visuelles des œuvres de Bill Viola.

Tiny Death, notamment, est une installation qui se présente sous l'aspect d'une salle obscure, dans laquelle on pénètre par un sas. Sur les parois de la pièce apparaissent très lentement des images vidéo, comme par une sorte de montée en puissance du médium. Apparition de silhouettes, puis de personnes presque nettement perceptibles ; c'est alors que se produit une sorte d'éclatement cristallin : explosion d'un signal électronique auquel la corporéité humaine restait suspendue.

Le traitement vidéo (ou info) graphique confronte l'humain à son infranchissable médiation et le soumet à sa totale désincarnation, car il interdit la réalité de l'expérience, la médiatise systématiquement. Plus rien n'est pensé de l'homme, ni montré sur lui, il n'est plus que l'occasion d'un travail sur le médium. C'est par rapport à cette conception du message comme médium que l'installation, dialectisant les procédés électroniques, est en mesure de réagir. Car, non seulement comme dans les vidéos critiques de Wolf Vostell, dans les manipulations délibérément ludiques et ouvertement caustiques de Nam June Paik ou de Jean-Christophe Averty, l'être humain ne serait rien d'autre qu'une représentation, qu'une figure que l'artiste plie à toutes ses volontés, mais en outre, ce travail ne s'accomplirait que sous le miroir/conscience de tout ce que l'installation développe de sens et de contresens autour de la proposition vidéo. Stelarc intègre ses vidéos dans une performance. L'auteur acteur de performance se fait figure d'homme aux prises avec la figure de l'inhumain.

C'est pourquoi, si, comme l'écrit Gladys Fabre [12], le « *look techno* » de l'image vidéo contestataire (fragmentation, digitalisation, et *key blue* comme principe de l'incrustation), et « *son brouillage sans ligne de force, bref, le médium comme message, correspondait en tout point à ce que les artistes entendaient dénoncer d'inhumain et de coercitif* », il est probable que l'installation a les moyens artistiques de développer cette dénonciation .

Si le travail de la figure humaine dans l'installation vidéo prend une place un peu différente de celle qu'il a dans les arts figuratifs traditionnels, les problématiques ou thématiques liées à l'humain et ses représentations n'en sont pas moins présentes. L'humain, dans sa dimension tragique ou comique, s'y retrouve accompagné de son lot d'émotions et de sentiments : le rire, la peur, la colère, la souffrance, la misère et la déréliction. Les pantins de Tony Oursler, les têtes renversées, robotisées de Bruce Nauman, les corps en souffrance de Smith and Steewart, les corps en suspension entre la chute et l'élévation de Viola, celui soumis à la robotisation et reconstruit par un système de prothèses de Stelarc, les fantômes qui se dérangent à l'approche du visiteur de Gary Hill, les corps nus de *Lovers* etc… sont autant de figurations différentes participant à l'œuvre dans sa totalité.

Les installations vidéo font ainsi la preuve d'une aptitude à travailler la figuration d'une manière originale. Les "figures" de ces installations seraient ainsi à prendre au sens ou l'entend Gilles Deleuze lorsqu'il propose, afin de dépasser ce qui, dans la figuration est de l'ordre du narratif ou de l'illustratif, de produire la "forme" ou la "figure", c'est-à-dire la forme sensible rapportée à la sensation, étant donné que c'est « *le même corps* [...] *qui la donne et* [...] *qui la reçoit* » [13]. Les œuvres se montrent ainsi inductrices de processus émotionnels à travers l'évocation de l' "humain". Or cette évocation relève aussi de la dimension sonore, loin d'être oubliée par les artistes comme on a

[12] Cf. « Un plaidoyer pour un imaginaire du futur et un nouvel humanisme », in *catalogue de la 3° biennale d'arts contemporains de Lyon*, p. 39.
[13] Op. cit. p. 27.

pu le constater déjà à l'occasion de certaines œuvres citées ci-dessus. En témoignent ces commentaires de Nam June Paik :

> *Je pense que le son est quelque chose de très profond, de très émotionnel. Le son possède une qualité d'exclusivité. Lorsque vous êtes en présence d'un son vous ne pouvez en écouter un autre. Le visuel, par contre, laisse un espace de liberté et de raison. C'est pourquoi vous pouvez percevoir en même temps une centaine de tableaux, mais seulement une musique.* [...] *Même un son isolé est beaucoup plus fort qu'un son accompagné d'une image.* [14]

Il semble donc nécessaire, afin de compléter l'étude précédente, de s'intéresser plus spécialement aux formes sonores et à la manière dont elles participent aux processus émotionnels, afin de mesurer leur rôle, leur impact et leurs effets au cours de la relation suscitée globalement par l'œuvre. Certes, toutes les installations vidéo ne sont pas sonores ; cela ne signifient pas d'ailleurs nécessairement qu'elles se désintéressent totalement de la question du son : certaines seront "insonores", d'autres "silencieuses", d'autres muettes. Les installations de Bill Viola, en revanche sont toujours désignées par l'expression "*video sound*" ; elles possèdent généralement une dimension sonore très "viscérale" qui dote le phénomène visuel d'une profondeur à la fois intime et étrange, comme on l'a vu à propos de *He Weeps For You.*

Dans *Passage*, par exemple, les images et les sons correspondent, à l'origine, à l'enregistrement d'un banal goûter de jeunes enfants, filmés lors de l'anniversaire de la propre fille de l'artiste. Le fort ralenti imposé à sa bande vidéo transforme la joyeuse petite fête en images à peine figuratives, traces de couleurs acidulées, arabesques bleues, jaunes et roses, déploiement des visages épanouis des enfants, proximité plastique exacerbée en outre par le dispositif spatial, dont il fut question plus haut. Le caractère idyllique et merveilleux de ces petites fêtes se trouve du reste intensifié par le travail artistique du ralenti des images. En revanche, le ralenti sonore qui l'accompagne, compte tenu du phénomène particulier des dégradations d'octaves, infléchit la proposition visuelle en direction d'évocations telluriques, lointaines, graves et profondes. Le son vient d'un lieu fantasmatique : zones de la mort, de l'ancestral, de la caverne, qui introduit auprès de l'évocation paradisiaque de l'image un contrepoint glacial. L'utopie de suspension et de permanence dans l'état de joie, de sérénité et de "bonheur" que propose le phénomène visuel est fissurée et contredite par ce qui, de l'image, du contenu de l'image, s'exprime de menaçant et d'implacable. Point important pour la réception, il ne s'agit pas d'un son mixé, comme le cinéma le pratique dans les cas de mise en condition anxiogène, mais de la

[14] *Le Sonore et le visuel*, p.141.

révélation que le même "réel" d'origine puisse être perçu selon deux échos contradictoires.

Dans *The Arc of the Ascent* (projection, dans une petite salle noire et sur un très haut pan de mur, d'un plongeon filmé en 35 mm et projeté, son et image, au ralenti, selon le même principe que *Passage*), le son acquiert, du fait de son origine (corps plongeant dans l'eau d'une piscine) une tessiture encore plus étrange. Les contrastes entre les moments de silence, de ronronnements, de bruissements qui correspondent au glissement du corps dans le milieu aqueux, et les soudains fracassements issus de l'instant de la plongée elle-même créent un climat tout à fait envoûtant qui corrobore le dispositif de la loge obscure dans laquelle on pénètre par l'intermédiaire d'un sas. Les images presque achromes, très sombres, ne deviennent visibles qu'après un certains temps d'adaptation : des corps à la limite de la figure humaine tellement l'image vise la capture des ondes visuelles, des zones d'ombres et de lumières, des contrastes mouvants et ambigus, traces d'un rapport du corps physique et d'un milieu dont on ne sait plus s'il y plonge où s'il en émerge.

On ne peut prétendre ici que le son contredise l'image, mais il l'infère en incitant à recevoir la perception visuelle comme une trace originelle du temps du chaos, lorsque les matières et les fluides n'étaient que fusion et confusion. Ambivalence entre la banalité du plongeon dans la piscine, activité sociale sportive — à laquelle s'adjoint la technologie du cinéma et de la diffusion vidéo, au service de l'enregistrement de nos loisirs — et la rencontre d'un temps et d'un espace insondable où règnent les forces sauvages et primaires. Le film est inversé : retournement entre les deux pôles de la chute originelle et de l'ascension rédemptrice, séparatrice entre la forme et l'informe, le monde et l'immonde, expériences prénatale et *post-mortem* confondues.

Expression du corps, il arrive souvent que le son des installations vidéo soit d'origine vocale. En tant que "matière sonore", la voix, phénomène lié intimement à la présentation ou représentation du corps et de ses compulsions, serait dans une certaine mesure un équivalent de la figure visuelle du corps. La relation images et voix prend dans cette forme d'expression, même en son état le plus minimal, une valeur très différente de celle qu'elle connaît dans d'autres domaines audiovisuels. Valeur à la fois de présence, souvent chaleureuse et proche, elle n'en affirme pas moins sa nature artificielle. Ainsi, la voix (présumée) de Catherine Ikam dans *Portraits virtuels en forme de collection particulière*, se fera périodiquement entendre à travers la courte formule sonore : « *Bonjour, Pierre, c'est la voix de Catherine* », voix à l'écho métallique soumis au *morphing* sonore des enregistrements numérisés, parole transmise à l'endroit, puis à l'envers et ainsi de suite comme dans le « *Once upon a time, come on Petunia* » ou « *URA ARU » (The Backside exists)*, de Gary Hill. Certes, par de telles inversions peut s'exprimer un désordre du temps, mais la voix est, dès lors, dépourvue de sa vocation volitive, réduite à une pensée en quelque sorte "ravalée". Il est particulièrement troublant d'être témoin d'une telle mise en doute de la réalité de l'être vivant. En effet, l'aspect "galerie de cire robotisée", en soi déjà angoissant, à la manière d'un musée Grévin complètement aseptisé, conduit à placer dans cette voix de femme, dans cet embryon d'appel à la communication, une compensation de réconfort et d'humanité dont l'espoir est aussitôt ruiné par les indices de l'artifice.

Chantal Akerman assume, rappelons-le, par sa propre voix un propos de nature confidentielle dans la troisième salle de l'installation *D'Est, Au Bord de la Fiction*, dans lequel sont interrogées ses obsessions contenues par un ton toujours égal et monocorde (le même que celui de la lecture des lettres de sa mère dans *News From Home*). Ce n'est pas sans raison non plus que Catherine Beaugrand confie à Bulle Ogier le texte de *Tantôt Roi, Tantôt Reine* : cette voix à la fois profonde et fraîche a la faculté de faire coexister la sagesse et la candeur du monde exprimé des trois contes qui sous-tendent l'installation. La voix du conteur n'est-elle pas celle qui a pour tâche d'actualiser la tradition, de déposer dans le creux de l'oreille du témoin le souffle venu des temps immémoriaux? Quant à Bruce Naumann, il accompagne les têtes tournantes de son œuvre *Anthro-Socio* tantôt d'un hurlement de voix à la limite de la bestialité : « HELP ME - HURT ME / MEET ME - EAT ME - ANTHROPOLOGIE - SOCIOLOGIE » tantôt d'une voix douce et presque mélodique. La plainte ou le cri, la litanie, ou la rage. On ressent comme un paroxysme ce désespoir du corps abruti, à la manière dont le « Yes, Sir » de *Full Metal Jackett* de Stanley Kubrick, livre une dernière trace d'humanité.

Pierrick Sorin travaille dans *L'Artiste, le méchant et le conservateur*, à rendre sa propre voix gargouilleuse et totalement infantile. Voix qui, par les déformations électroniques, retourne à l'état d'origine des borborygmes du nouveau-né. Chez lui, par le bégaiement, l'hésitation, l'humilité, la voix est la marque d'une faille entre l'injonction très fin de siècle de se situer dans un "projet" dynamique et le refus du corps d'y adhérer. Le corps reste à la traîne, tel un énorme lapsus qui jette au monde sa déréliction, son sursaut de résistance. Voix, somme toute, très heideggerienne, qui exprimerait à sa manière ce que le corps individuel tente de sauver de lui-même et que souligne le morcellement systématique de sa narration et le montage spasmodique de ses vidéos.

Les voix des Nyst forment souvent un duo chuchotant et complice, comme pour *Le Retour de l'Homme invisible*, lorsqu'il semble que l'on entende deux personnages dissimulés derrière l'écran :

— *... Où l'as tu trouvé?*
– *Dans les Buissons sur le haut de la falaise...*
– *Je vois, oui...*

Leurs voix prêtent à ces paroles la poésie des complicités enfantines. Bien que l'on retrouve le rythme et le ton enchanteur qui caractérisent la plupart de leur vidéo, dans le cas de cette installation, leurs textes semblent encore davantage s'enraciner dans un point de l'espace (qui n'est pas nécessairement le lieu où se trouve le haut- parleur), ce qui a pour effet de rendre cet espace palpable, presque convivial, de l'animer.

Très différentes de timbre, mais jouant elles aussi sur l'imbrication des grands duos, les voix des chanteurs de cette austère installation d'Anna Torfs, *Il Combatimento di Tencreda e Clorinda*, font intervenir de façon inattendue la matière phonique constituée par les voix du *bel canto*. Triptyque composé des plans serrés de trois chanteurs lyriques, l'installation est sobre et structurée ; les chanteurs ne semblent pas en représentation ; ils sont filmés en costume de ville, cadrés en plan rapproché comme pour une télé-interview, mis à part leur position frontale ou de profil. A aucun moment, ils ne se déplacent, le cadre reste fixe. Chacun leur tour dans leur box individuel, ils chantent. A cet instant se produit un phénomène étonnant, de l'ordre de ce que l'on pourrait nommer le "syndrome Edith Piaf" : en effet, cette installation extrêmement sobre, modeste et ramassée sur elle-même se convertit en voix absolue, un peu à la manière dont le corps de femme dans *Le Cri* d'Edvard Munch se recroqueville, et presque disparaît, pour n'être plus que vibration sonore. L'image et le son s'incarne dans la matière vocale et la puissance vitale émanant tout à coup de l'image la plus plate, la plus statique et la plus banale qui soit prend une force prodigieuse.

Le dispositif de *Dans la Vision périphérique du témoin* de Marcel Odenbach, que nous avons examiné plus haut, est tout aussi troublant au niveau du son. Aux deux bandes vidéo (qu'il est donc impossible d'embrasser d'un seul regard) correspondent deux bandes son. Les images sont tantôt diffusées par l'un des moniteurs, tantôt par l'autre. Il arrive, par conséquent, que les séquences diffusées simultanément soient peu après interverties. A travers le croisement des diffusions se produisent dès lors des confrontations curieuses et incongrues : telles que celle engendrée par les voix des deux dandys (voix veloutées et policées par le devoir de bonnes manières, voix de conversation, retenues et ajustées, de bon ton, fleurant la lavande et la cire d'abeille) lorsqu'elles viennent côtoyer, dans le milieu tissé par les ondes sonores, le souffle rauque du sportif, empreint de cette atmosphère de sueur et de pollution des grandes cités. Le souffle est la part la plus corporelle de la voix, la plus sauvage. Il prend naissance au cœur de l'être empirique et ne devient voix que lorsque cet être se projette en être transcendantal. La voix est la forme civilisée du souffle, la maîtrise de ce bruit émis par hasard par une expiration d'air. Entre la voix et le souffle en situation d'interférence dans cette installation de Marcel Odenbach, se renouvelle et s'intensifie le chiasme du dispositif.

La voix tout en générant émotions et sentiments entre ainsi en correspondance avec certaines thématiques récurrentes dans l'expression artistique telles celles qui concernent la vie, la conscience du vivant, l'expression du sentiment d'un combat mené par le "vouloir vivre", car il s'accompagne toujours de son antithèse, le sentiment de l'éminence de la mort et ses aspects mortels ou mortifères. En tant qu'elle est le produit d'un besoin sauvage d'expulser et d'un désir socialisé de communiquer, donc en tant qu'ambivalence entre un "ça" et un "surmoi", (dichotomie du bestial et de l'humain), elle incline à s'intéresser au thème du double. Ou, plus exactement, le thème du double se construit naturellement sur la faculté d'ambivalence de la voix. Il donne lieu par exemple au motif du duo chanté, comme dans l'installation d' Anna Torfs, citée ci-dessus, ou parlé avec la précipitation du débit de *Good Boy Bad Boy* de Bruce Nauman, avec retenue et affectation dans *La Vision périphérique ...*, ou chuchoté avec les voix des Nyst.

Ann-Daisy imprime très fortement cette sensation, troublante, de l'interpellation. Ann et Daisy sont des sortes de pantins "ventriloques" disposés sur le sol dans l'angle des murs opposés de la loge, en position inversée ; ces poupées de chiffon ont dans la forme la plus sommaire qu'il existe de figure humaine (l'équivalent en volume du "bonhomme têtard" en dessin) et doivent leur "supplément d'âme" à la projection vidéo ajustée sur cette forme gonflée et ovoïde qui devient alors, comme on l'a vu plus haut, un visage animé, souriant pour l'une, grimaçant pour l'autre, et s'ancre en elle par l'émission des voix — transmises par des hauts-parleurs placés près des projecteurs des vidéo-visages. Même voix, même timbre et même tessiture, même visage, même corps de têtard : deux sœurs siamoises jetées le plus loin possible l'une de l'autre, momifiées dans leurs langes (ou camisoles), séductrices et laides, deux voix geignardes, dont l'une se fait expression d'un désir haineux alors que l'autre laisse couler sa plainte et son malaise en propos incohérents (*Spell me, I am so beautiful..., come here... dœs me... remember...*). Les paroles schizophréniques sont ponctuées de rictus, rires ou grognements. La voix, en tant que timbre et intonation, est le seul mode concret par lequel l'individu *Ann-Daisy* est "présent" dans l'installation. Le dispositif sectionne cette voix unique en deux entités distinctes : corps et décor (corps suggérés de manière mimétique ou événementielle dans un environnement différent).

Ann Hamilton (auteur d'*Aleph*, que l'on abordera un peu plus loin) interrogée quant à elle sur le sort qu'elle réserve à la parole, la bouche et la voix dans ses installations répond ainsi :

> *Lorsque nous parlons, nous apaisons le vortex interne de la pensée. Parceque le langage émane du corps, il devient une voix extérieure. Ici, la voix du ventriloque est une voix extérieure.* [15]

Si l'on en juge par ses propos, il semblerait que la présence (ou l'absence) de la voix dans l'installation vidéo permette de jouer à intervertir les principes d'intériorité et d'extériorité, au point d'en brouiller les limites. Aussi, bien que les voix d'Ann et Daisy relèvent quelque peu de la magie du ventriloque, elles sont toutefois ce qui transcende le chiffon en volonté et souffrance du vivre, de l'être vivant en quête de son individualité dans la violence de sa relation à l'autre et à lui-même. Ce qui évite l'effet, plaqué et purement ludique, de la ventriloquie exercée habituellement sur une poupée ou un pantin représentant avec force détails un personnage ou un animal, c'est qu'ici, au contraire, nul naturalisme de représentation n'est poursuivi. Sans la proximité de l'émission sonore de la voix, sans la projection vidéo d'une image de visage, le chiffon n'aurait rien d'un être humain ; il ne serait rien, pas même un écran de projection. C'est donc par le truchement du signal électronique que ce morceau d'étoffe acquiert une "figure" et un souffle. D'où l'effet d'ancrage dont il était question plus haut. On peut même les penser comme des voix intérieures, qui s'adressent, dans leur folie schizophrénique, aux fantômes d'un monde muré sur lui-même.

Ainsi les voix et les paroles d'*Ann-Daisy*, (d'Ann et de Daisy) s'adressent l'une à l'autre mutuellement, qui sont chacune, à la manière de la figure du double dans le thème fantastique, l'autre pôle diabolique de soi-même, condamné à la malédiction du clivage ; le délire les enferme à perpétuité dans l'adresse à l' "autre", inconnu de soi. L'écartement d'Ann et Daisy est le lieu maintenu sous tension par la disposition spatiale des éléments de l'installation, lieu de tension dans lequel pénètre le visiteur qui, ainsi, entre en contact avec le "vouloir dire", non pas celui des pantins, mais celui de l'œuvre.

Le propre de la thématique du double est d'exprimer l'inexprimable par la confrontation et la tension entre deux entités qui, parce qu'elles sont "animées" sont censées être porteuses d'une ***Bedeutung*** subjective. Elles ne sont en fait, en tant que sujet scindé, que les symptômes, ou indices d'un "vouloir-dire" qui ne parvient pas à s'élaborer dans le sujet ; qui n'advient que par le truchement d'un tiers. Ainsi les motifs du double, ses déclinaisons (duel, double-vue, duo, dos/face, dos à dos, face à face, ombre, sosie, ici et

15 *Art press n°* 208, A propos de *Capacity of absorption* interview de l'artiste par Joan Simon, p.24.

là...) qui reprennent souvent les grandes scissions philosophiques (corps/esprit, nature /culture etc...) renvoient à une sorte de paradigme de l'œuvre d'art qui insufflerait dans ses diverses parties un "vouloir-dire" en quête d'adhérence (parce qu'il ne se suffit pas à lui-même), alors que, pour sa part, la véritable *Bedeutung* se fonde sur la mise en relation de ces multiples voix, par lesquelles s'élabore le travail de création, la transformation de l'expression en "diction". Car, pour reprendre le propos de Roland Barthes : « *Tant qu'elle est seule, la voix ne travaille pas, ne transforme rien, elle exprime.* »[16]

Aleph du reste est sans voix : installation vidéo "silencieuse" : « *Le bruit que l'on entend est celui de pas sur un sol en acier ; des pierres frappant les pierres et des pierres frappant les dents.* » [17] Il ne s'agit pas en effet d'un exemple d'installation privée de son, mais d'une bouche assignée au silence, où plus exactement condamnée à l'interdiction du souffle, puisqu'il reste possible à ce lieu de la voix d'émettre du son par les dents et la pierre. Quel est ici le statut du son : bruit, **parasite**, extériorité? La pierre, solide, externe, visible, froide, est obstruction ; elle est au souffle son contraire, comme la pierre est l'antithèse du souffle vital ; car elle introduit la mort dans la chair vive. Ce qui est "empêché" n'est pas l'expulsion de l'air, mais c'est le souffle dans sa faculté à se conjuguer avec la bouche et les dents, cette lisière du corps, pour devenir voix et parole. C'est donc une parole, prisonnière, interdite, retenue, le temps que roulent les pierres. Le mutisme, rendu éloquent par sa mise en représentation, suspend la venue de la voix. Mais les pierres suggèrent aussi le mouvement de rotation de la langue dans le palais, donc de la parole articulée : *Aleph*, « *terme évoqué dans* ABC: l'alphabétisation de l'esprit populaire [...] *parle de la forme prise par la bouche lorsqu'elle passe du silence à la parole* » confie encore Ann Hamilton à propos du sens du titre. La parole est, perpétuellement, "sur le point" de se former. Le principe, mimétique, de la mise en boucle vidéo participe ici au maintien d'une permanence d'un tel état. La tension se perpétue entre l'imminence d'une parole, la probabilité d'un vouloir dire, le fantasme de la profondeur de la conscience d'un "sujet pensant" sur le point de devenir "sujet parlant" (et réciproquement peut-être) et l'obstruction des pierres, la rumination bovine des mâchoires, la platitude de l'image.

Mais entre parole, voix et souffle, s'entend la plainte. La plainte laisse s'écouler, plus encore qu'elle n'exprime, le désaccord intime de l'âme et du corps. La plainte n'a pas de valeur sociale, elle n'a pas de *Bedeutung*, elle n'est signe qu'involontairement. Néanmoins, l'individu s'y fait entendre, car la plainte est voix, elle possède tous les paramètres qui jouent dans l'identification la plus absolue de l'être individuel, car, par nature, c'est-à-dire

[16] *S/Z*, p.166.
[17] *Art press n°* 208, p.24

quand elle n'est pas jouée, simulée, elle est la couleur sonore du souffle de chaque individualité singulière. C'est en cela qu'elle est l'expression de l'essence de l'humain et, simultanément, sa négation, celle de ses aspirations spécifiques à la communication de sa pensée, à l'extériorisation de sa vie intérieure.

Corpus in Fabula de Giuliana Cuneas est un grand corps muet de poupée-déesse plaintive. Enrubannée comme une mariée ou une première communiante, couverte de frous frous blancs, trônant dans le chœur d'un temple aux colonnes de papier mâché, elle ne laisse apparaître d'entre ses voiles que la zone du visage représenté par la diffusion vidéo d'une tête de mannequin à la pureté idéale, immobile (bien que l'image vidéo scintille), et trois autres zones correspondant topologiquement à des ouvertures au niveau de la poitrine, de l'abdomen et du pubis où sont visibles, mais à peine identifiables, des organes palpitants et une main gantée de caoutchouc opérant dans la chair. Une plainte s'échappe, mais d'où? c'est à ce niveau que se situe l'un des points de tension propres à cette installation. Le visage, sur lequel on tentera, comme au cinéma, de projeter les sonorités humaines entendues, reste fermé, glacé, immobile, impassible. Les seules sources sonores probables, orifices béants, sont les entrailles vidéographiques. Ce serait donc directement des entrailles que les plaintes de la femme parviendraient à sourdre. Mais le corps en plainte n'a aucune chance d'organiser sa plainte en parole (*« en complainte»* dirait Gilles Deleuze, comme mutation de la "pure expression" — ce qui s'exprime malgré soi — en un objet intentionnel et communicable) et n'a donc aucune chance de parvenir à l'entendement. La plainte de la femme n'aurait rien d'une complainte héroïque. Expression sans écho d'un être refoulé, bafoué jusque dans sa nature de mammifère, elle n'est plus dès lors qu'excrétion, et tristesse.

Selon Roman Jakobson, *« la représentation de la forme phonétique des mots elliptiquement présents dans la parole intérieure subsiste dans la pensée.»* [18] D'où une éventuelle affinité entre les phénomènes du langage et ceux de la pensée. La particularité de la voix est qu'elle se situe tout à la fois dans la nature sauvage du sentiment qui s'exprime et dans la volonté de l'esprit — le "vouloir dire" de la parole. La voix est toujours à la fois l'indice d'une présence humaine et l'accès qui conduit directement à l'intimité de l' "âme" de l'individu. C'est alors que l'on en viendra à projeter sur l'œuvre cette sorte de fantasme d'existence dû au sentiment d'être, à travers la forme phonétique, "dans" une pensée individuelle structurée, ou conceptualisation indissociable de l'esprit dans lequel elle s'incarne ; d'en avoir bel et bien accompli la pénétration, et de parvenir finalement à l' "habiter".

[18] *La Charpente phonique du langage*, p.100.

La pensée prend alors forme dans la matière phonique, et selon Philippe Parreno pour qui « *des liens insécables unissent la forme phonétique à sa contrepartie sémantique* », elle produit une « *figure conceptuelle* » [19]. Le recours à la voix, son aspect concret, chargé d'affects, de volonté permettrait ainsi à l'installation vidéo d'introduire dans ses parcours des "sites de pensées". Le son, dans les installations vidéo est donc porteur d'un double potentiel : celui de la spatialité et celui de la qualité, selon des modulations rendues ainsi perceptibles. En sa qualité de son tellurique, profond, de souffle plaintif, il en appelle à l'origine, à la nature, à la corporéité. Mais lorsqu'il se fait voix, il devient aussitôt expression et langage selon les deux moments qui les animent : pour l'expression, l'extériorisation d'un indicible et sa communication comme tel, involontaire ; pour le langage, la structuration du "vouloir dire" selon une perspective de communication intentionnelle. On peut dès lors considérer que, dans l'installation vidéo, le son, quel qu'il soit, phonique ou non, est toujours une voix qui participe au processus sémantique expressif et langagier de l'œuvre.

Ainsi le son, mode de localisation, intervenant en ce sens dans les effets de structuration ou de déstructuration de l'espace, par ailleurs facteur de trouble, d'ambiguïté, de flou dans les identités, est aussi producteur d'effet de tension entre ces deux pôles d'expression.

En conséquence, malgré la difficulté qui subsiste au niveau de la saisie des installations vidéo en tant qu'objets esthétiques, et en tant qu'œuvres d'art, il faut néanmoins admettre que cette forme d'expression offre à l'expérience directe davantage qu'un simple gadget, dans la mesure où, sur le plan phénoménologique, elle se montre apte à induire, au-delà des simples stimuli sensoriels qu'elles génèrent, de véritables émotions.

19 *Art press* n° 208, p. 43.

TROISIEME PARTIE

Quelques questions sur les conditions du "sentiment esthétique"

Mais qu'y a-t-il d'esthétique dans pareil point de vue d'où l'œil papillote au lieu de se fixer?

Dominique Chateau

7. “ Beauté ”

Il est important de se rappeler que l'esthétique s'est développée à partir des théories du Beau.
Timothy Binkley

Par leurs vertus sonores et visuelles, les installations vidéo en appellent donc bien aux émotions et aux sentiments ; mais ceux-ci, pour satisfaire aux attentes esthétiques face à l'œuvre d'art, demeurent toujours plus ou moins en quête d'un meilleur niveau d'appréciation. En effet, pour beaucoup d'entre nous (à tord ou à raison — mais cette question dépasserait pour l'instant les limites de notre propos), une simple expérience sensible ne convainc pas vraiment de la valeur d' “œuvres d'art” des productions artistiques qui l'ont inspirée : encore faudrait-il peut-être qu'elles se montrent « *dignes de ce nom* », comme l'exige Rainer Rochlitz [1]. Autrement dit, s'il est probable que toute production artistique, dès lors qu'elle aura prouvé son aptitude à éveiller curiosités et intérêts d'ordre esthétique, mérite de comparaître comme œuvre d'art, elle ne semblerait pleinement reconnue comme telle que si l'intérêt qu'elle suscite se mue peu ou prou en un sentiment propre à combler les aspirations légitimes en ce domaine, et qui s'accordent en général avec ce que l'on nomme tout simplement le sentiment de beauté — et dont témoigne apparemment cette réaction de Jean-Paul Fargier devant les œuvres Jean-Louis Boissier (*Flora Petrinsularis*) ou de Christa Sommerer et Laurent Mignonneau (*Intro-Act, Interactive Plant Groving*...) saluant au passage : « *Des artistes ayant réussi une vraie œuvre, à la beauté évidente...* » [2]. Or, et c'est bien là le trait le plus flagrant des installations vidéo, leur beauté saute si rarement au yeux qu'on ne peut s'empêcher de se demander si elles se sentent bien concernées par un quelconque devoir de beauté! Car il semble même qu'en dépit de leur diversité, toutes ces œuvres dérapent délibérément sur ce terrain et manquent par conséquent en toute connaissance de cause le grand rendez-vous de la reconnaissance esthétique. Certes, soulever encore aujourd'hui la question du beau pourrait sembler une attitude rétrograde, et s'y référer, conservatrice ; mais elle n'est pourtant pas, dans le cas présent, dépourvue d'un très probable esprit de provocation. Car, en effet, le fait même d'user de ce concept à l'occasion d'une forme artistique aussi contemporaine prend rapidement des allures de croisades dirigées contre un

[1] Op. cit. p. 142.
[2] Jean-Paul Fargier, *Le Monde*, publication spéciale, Décembre 1995, p.13.

certain nombre de mouvements artistiques ou de courants esthétiques, et témoigne à l'occasion d'une volonté de rendre à l'art et à ses productions un droit et des devoirs — encore que le principe de beauté ne les résume pas nécessairement tous. Mais si la beauté, par delà le tabou du langage, n'a pas prise sur les installations vidéo, c'est peut-être tout simplement parce qu'il est difficile d'apprécier des objets en l'absence des repères du genre esthétique et de la catégorie artistique. C'est pourquoi le fait de les confronter sans plus d'égard pour leur situation particulière à l'idée de beauté — qui n'est apparemment pas dans ce cas un principe pertinent — et d'instaurer cette dernière comme critère d'évaluation et de sélection des œuvres risque de virer au contre-sens. Si la beauté n'est pas un facteur totalement indissociable de la relation aux objets d'art, elle ne peut en revanche, au sein d'une forme d'expression, demeurer l'apanage des chefs-d'œuvres sans induire une double conséquence : se placer elle-même en situation de crise, et mettre également en péril le statut esthétique des œuvres issues de cette forme d'expression. C'est pourquoi, avant de renoncer à la pertinence de toute attente esthétique de cette sorte à l'égard des installations vidéo, il convient d'examiner de plus près les manières dont elles pourraient se trouver confrontées à l'idée de beauté, compte tenue des complexités que cette idée recèle.

Le fait que les installations vidéo ne sont jamais (ou à de très rares exceptions près) dites "belles" – que ce soit à travers les textes d'accompagnement ou les commentaires entendus sur le vif – soulève en fait trois questions à travers lesquelles il semble que le principe de beauté ait encore un peu d'actualité. Première question, les œuvres réalisées selon les modalités de l'installation vidéo sont-elles, de fait, dépourvues de beauté? Deuxième question, ne sont-elles pas plutôt victimes de l'abolition contestataire de toute notion de beauté dans le monde de l'art, notion censée véhiculer les « *nostalgies consolatrices de la tradition* », selon les termes de Christian Descamp [3]? Enfin, troisième question, ne peut-on voir tout simplement dans cette situation la difficulté à reconnaître une forme de beauté naissante, des configurations inconnues qui demandent qu'on les apprivoisent. Reste que ces trois manières de situer le problème ne sont pas forcément exclusives les unes des autres, mais au contraire se conjuguent constamment, surtout si l'on s'accorde à penser à la suite de Kant que « la beauté n'est rien en soi. »[4]. S'il demeure donc probable que toutes les œuvres relevant de l'installation vidéo ne sont pas des réussites sur le plan de la beauté, il reste tout à fait possible qu'un certain nombre d'entre elles offre un réel potentiel en ce sens, mais encore faudrait-il s'en saisir, afin d'en constater l'existence — ou l'absence.

[3] *Le Beau aujourd'hui*, p.11.

[4] Cf. Troisième critique, § 9, p. 61.

En effet, si l'on en croit Wittgenstein, le sentiment de beauté procéderait d'un simple déclic : « *Voilà, vous y êtes!* » [5] qui semble apporter confirmation à la nature émotionnelle, directe et spontanée de la réaction esthétique. Or, parmi les installations vidéo, certaines œuvres telles que *Arc of Ascent*, ou *Un peu de temps, Sustain, Rats and Bats, Ann-Daisy*... nous sollicitent plus fortement que d'autres sur le plan émotionnel, ne serait-ce que par la nature de ce qu'elles exposent au regard, ou par l'atmosphère qui s'en dégage. Mais comment le sentiment beauté supporterait-il tant de violences, de haines et de souffrance, naître de pulsions suintantes de pathos et de libido? Un événement n'a pas besoin d'être artistique pour provoquer des émotions de cet ordre. Quant à l'émotion, si elle participe à la création artistique et à la relation esthétique, elle n'en est cependant pas garante. Ces œuvres n'auraient donc pas de vocation plus assurée que d'autres à inspirer de sentiment véritablement esthétique.

Vue sous cet angle en effet, toute conduite, tout comportement esthétique impliqueraient d'autres paramètres que la seule intensité des sensations, des émotions ou des sentiments. A cet égard, il faut bien l'admettre, seul le sentiment de beauté garantit la qualité de la relation : il en préserve tout à la fois la complexité et le caractère synthétique, car, tout en rendant justice à l'émotion et la subjectivité, il n'est jamais réductible à de simples affects. Cette émotion "purement" esthétique en direction de laquelle l'œuvre d'art serait assujettie, semble procéder, en effet, d'un mouvement de l'être, d'un sentiment d'adhésion spontanée et totale qui requiert, de la part de toutes propositions artistiques cette sorte de plénitude et d'unité dont les installations vidéo semblent incapables. En effet, le sentiment de beauté s'épuise toujours plus ou moins au cours des démarches d'explorations progressives imposées par les dispositifs.

Qu'advient-il en effet sur ce point lors de l'expérience de *Trans-Plant* ou d'*Intro-Act*? un paysage de ramification que l'on compose au moyen de ses propres déplacements. Selon l'audace, le poids ou la taille du visiteur, les formes diffèrent ; de maigrelettes, linéaires, elles peuvent devenir envahissantes. Du strict point de vue de l'harmonie plastique, il arrive que le corps, par les couleurs des vêtements, l'allure de la silhouette composent avec les productions virtuelles une configuration cohérente, ou totalement disgracieuse. Une infinité de possibilités formelles trouvera son chemin jusqu'à la visibilité, une autre infinité ne le trouvera jamais. La forme la plus belle ne sera peut-être jamais révélée. L'œuvre est-elle belle seulement d'un éclat fortuit dont il arrive que l'on fasse parfois l'expérience. Si l'on attend, comme expérience esthétique de l'objet d'art celle de la beauté, on ne peut la suspendre à des circonstances aussi aléatoires. On ne peut décemment juger d'une œuvre à l'éclat alléatoire de quelques unes de ses parties. A force de

[5] *Leçons et conversations*, p.47.

rechercher la beauté, ne risque-t-on pas, là encore, de focaliser sur des points de beauté qui ne sont pas la réalité de l'œuvre, comme lorsque Jean-Paul Fargier dissocie, au nom de la beauté, telle installation de Marie-Josée Burki :

> *A quoi ça sert de dessiner un immense éléphant contre le mur avec les fils qui relient le magnétoscope au moniteur unique posé à même le sol de la galerie? A rien. C'est joli. Seulement joli. Alors que la bande diffusée, elle, est réellement belle...* [6]

Ainsi, le fait que les installations vidéo joue sur trois principes : la durée de l'expérience, la virtualité des apparences et la division des médiums, elles introduisent inévitablement des obstacles au processus de beauté qui pour sa part semblait requérir, tout du moins dans le domaine des arts plastiques, immédiateté, visibilité et unité.

La laideur n'est du reste pas, dans le domaine des arts, l'antithèse de la beauté. Lors de la relation esthétique aux objets des "beaux arts", le sentiment de beauté s'il requiert, comme tout sentiment, un état d'immédiateté, n'est en revanche pas nécessairement contemporain de l'expérience. L'art a su introduire dans l'idée de beauté celle, paradoxale d'une transcendante de la laideur en beauté "véritable". Le sentiment d'"évidence" qu'inspire cette "nouvelle beauté" procède d'un deuxième degré. Le "déclic" fonctionne en ce cas comme un double ressort.

On pourrait espérer en ce cas que l'installation vidéo, qui n'induit qu'à de très rares exceptions près le sentiment du beau dans l'intuition immédiate, se montre particulièrement douée pour induire cette sorte de transcendance en jouant sur le sentiment duel d'attrait et de rejet. Subsiste néanmoins un autre facteur de résistance : certes, toute laideur peut advenir à la beauté. Mais la réciproque est moins certaine. On y ressent la trahison et la déchéance. Cette appréhension déceptive ne rend-elle pas compte, d'une certaine manière, d'un bon nombre d'installations vidéo : déchéance des matériaux, de images électroniquement déformées, pièges vides de sens?

Certes, la frontière entre ces nuances de vraies ou fausses laideurs et beautés manque de précision, et l'on conviendra avec Catherine Millot que bien souvent « *Le beau est au bord de l'horrible* » [7]. Dans l'art, horreur, laideur et monstruosité riment souvent avec volupté, qu'il s'agisse de bacchanales ou de vanités où se conjuguent la sauvagerie, l'archaïsme et l'érotisme des puissances de l'orgiaque et du dionysiaque. Compte tenu de la récurrence des présentations et représentation du corps dans l'installation vidéo, il serait séduisant d'y reconnaître toutes ces marques de jouissances volontiers accréditées par la tradition artistique. Ainsi, les masques sexués de Vito Acconci *Virtual Pleasure Mask* (réalisé en 1992), que les enfants

6 Jean-Paul Fargier in *Cahiers du cinéma* n° 390 « Le poids spécifique » p. IX.

7 « *La nature fétichiste du beau* », in *Le Beau aujourd'hui*, p. 85.

essaient sous le regard ravi, gêné ou horrifié des parents, pourraient relever de ces catégories. Mais en fait de "dionysiaque", c'est plutôt à l'impossibilité de son avènement, au maigre banquet du corps réprimé et à la virtualité des plaisirs étriqués et sans cesse refoulés, que nous convie Vito Acconci — comme le suggère une installation telle que *Remote Control* où les corps sont ficelés, coincés dans leur boîte, et les êtres, privés de la sensualité du contact physique, condamnés à de piètres échanges verbaux. Dans l'installation vidéo, le dionysiaque semble bien exsangue, et le plaisir peu voluptueux?

Ce serait davantage à l'iconographie médiévale (ses monstres, ses d'horreurs apocalyptiques, ses scènes de supplice) que ferait penser *L'Artiste, le méchant et le commissaire*, par les réductions infligées aux personnages, tour à tour tortionnaire et victime. Néanmoins, l'œuvre de Sorin insiste sur le côté bon-enfant de la chose. Les personnages appartiennent à la tradition du divertissement, celle de la commedia dell'arte ; tradition du guignol ou du burlesque avec ses "coups de bâton" et ses "tartes à la crème". Illustration d'une posture critique, le tourment dont souffre le "conservateur" n'a rien de mystique ni d'existentiel. Quant aux hésitations du jeune artiste, elles expriment un sens bien dérisoire de la conscience de soi. L'objet lui-même, loin d'être horrible, s'apparente au dispositif des théâtres de rue. L'horreur, loin d'être une épreuve rédemptrice à dépasser, n'est plus conjurée que sur le mode d'un humour corrosif dont l'artiste se fait lui-même volontiers la cible. Cette œuvre, malgré un "programme esthétique" cheminant entre émotions, sensations et interprétation, inspire davantage l'humour et la drôlerie que la sublimation de l'horreur. Certes, l'humour y conjure peut-être la douleur, mais ne suscite pas vraiment le sentiment du beau : en creusant une distance critique, il met en crise les conditions "auratiques" du sentiment de beauté.

Traversées par les angoisses démoniaques de l'esthétique romantique, les installations vidéo en véhiculent, certes, quelques figures (antre infernale, feu démoniaque : les alvéoles où luit le bleu électronique). Mais on a vu dans l'œuvre de Sorin combien la terrible flamme infernale se réduit à une petite flammèche narquoise. *White Devil* de Paul Garrin semblerait pour sa part se conformer tout à fait au programme infernal du titre (Cerbère, aux portes de l'enfer), mais la figure infernale devient, dans cette installation, un vulgaire pickbull hurlant, bavant, devant les grilles du portail d'une propriété privée, cependant qu'en arrière-plan une scène ordinaire de violence de rue inscrit l'événement dans la tradition du "polar". Le dispositif lui-même finit de désamorcer l'émotion par son interactivité ludique [8]. Il est vrai que l'œuvre surprend et présente des caractères inquiétants (tels que le "vilain" chien de

[8] Cette installation comporte au sol un parterre de douze écrans dans lesquel circule l'image morcelée d'un chien de garde ; c'est par un système de palpeurs invisibles que les spectateurs déclenchent le mouvement et l'attaque agressive.

garde), mais elle finit tout de même par amuser, l'animation du chien devenant l'élément dominant et troublant d'effets d'illusion (si bien qu'il n'est pas rare d'entendre les visiteurs l'appeler, l'exciter, et de les voir quitter à regret ce bon vieux toutou, finalement très attachant).

Il semblerait donc qu'en permanence dans l'installation vidéo la fonction "auratique" cède la place à d'autres enjeux. Comme pour *L'Hiver...*, de Thierry Kuntzel, où la représentation de la mort induit, il est vrai, un premier mouvement d'effroi... mais où le dispositif intrigue décidément surtout par sa manière d'en disposer. Les œuvres imposeraient donc un double mouvement au cours duquel l'émotion est aussitôt mise à distance. Les véritables émotions (*violences, arrachements*) "foudroyantes" et sublimes, ont donc peu de chance de survivre à la dimension interactive et ludique des installations qui, dès lors, ne semblent pas avoir vocation de les provoquer. L'horreur, via le grand-guignol, vire au gadget de foire. Si la dimension démoniaque de la technologie reste perceptible, elle est toutefois nettement désactivée par le souci de réalisme de la mise en scène, par la familiarité du monde social représenté, monde des alarmes électroniques et des chiens de garde, figure du capitalisme et de la misère sociale. Alourdie d'un contenu narratif, ou discursif, d'un message social et politique qui se manifeste davantage par la démonstration que par un cri, la mise en représentation des forces démoniaques n'a-t-elle d'autre solution dans l'installation vidéo que de virer à la parodie ou à l'amusement?

Quoi qu'il en soit, l'histoire de la création artistique montre combien les sentiments du laid et de l'horreur sont liés à l'existence des œuvres d'art, et surtout à celle de "l'œuvre de l'art" : Car si le facteur de transcendance procède de l'art, il n'est pas censé opérer dans un objet qui ne serait pas "œuvre d'art". La valeur de beauté de l'œuvre proviendrait assurément dans ce cas de la démarche artistique. C'est par la supposée activation de ce processus que prendrait alors naissance le sentiment de la beauté. Vu par ce filtre, toute chose – corps hideux, visage ravagé, mais aussi image trop clinquante ou son déplaisant – intégrée dans l'œuvre comme inductrice de sentiment de rejet, subit un retournement par lequel elle trouve place au sein d'une manifestation de la beauté? Seul un déplacement, une mise à distance des parties, un virage du regard autorise le changement de point vue, de lumière. La laideur ne se transfigure pas en beauté sans un mouvement de l'esprit : transfert d'un plan de la désignation à celui du discours : cette chose laide "dit", par l'œuvre de l'art, la beauté. La dimension d'art est un crédit de beauté, que l'œuvre, selon sa qualité ou sa médiocrité, confirme ou infirme. Il n'empêche que sans ce crédit, la métamorphose n'aura pas lieu. C'est pourquoi le doute catégoriel qui pèse sur les installations vidéo porterait donc gravement atteinte à leur capital de beauté. Du point de vue esthétique, le sentiment de rejet que éprouvé devant les morsures et les succions de *Sustain*, pour se métamorphoser en sentiment de beauté, devrait bénéficier d'une hypothèse de beauté, créditée par la reconnaissance en *Sustain* d'une œuvre d'art, afin quelle soit considérée dans sa totalité artistique.

La laideur, l'horreur, et l'abject ne prendraient ainsi tout leur sens dans la relation esthétique que s'ils font écho à la possibilité de beauté octroyée à toute chose par l'acte artistique... et le regard esthétique que cet acte est supposé inspirer. Dépourvu d'une telle hypothèse, il semble que l'abject reste bel et bien abject.

S'ajoutent à toutes ces raisons la spécificité des médiums présents dans les installations vidéo. Ainsi, reprenons l'exemple de l'installation d'Orlan, qui inspire également, comme on l'a vu, malaise et rejet par les opérations monstrueuses qu'elle inflige à son propre corps. Alors que la vision du corps de l'artiste, charcuté par les bistouris, et mutilé par les opérations successives, suscite inévitablement des sentiments d'horreur, il n'empêche que la violence des images vidéo — du fait sans doute de leur réalisme (en fait, de ce facteur indiciel qu'on leur attribue) — se trouve derechef contredite par la qualité même de l'image à laquelle s'accorde l'aspect ouvert du dispositif et ses couleurs de vert et de rose, presque vulgaires. L'horreur hélas n'est pas présentée selon les règles des leçons d'anatomie de Rembrandt ou du Christ de Grünewald. La beauté du tableau, de la peinture, le liant de la couleur, confèrent de fait à l'horreur de la scène une certaine grandeur, cependant que l'installation vidéo n'offre que l'étal de son dispositif à cette chair exhibée. L'horrible en resterait ainsi un présent de l'exhibition, plutôt que de s'intégrer au processus de représentation. On se détourne d'une charogne, sans jouir, au niveau poétique, de ce que cette charogne devient en tant qu'objet du poème. Le médium vidéo est-il trop transparent, ou trop lexicalisé qu'il ne puisse être lié par les processus d'attraction, qui jouent dès lors davantage comme processus de répulsion? La vidéo "domestique" (l'image télévisuelle) neutralise l'horreur en la banalisant. Les installations vidéo ne sont-elles pas contaminées par cette forme euphémisante de l'horreur et de la laideur, ultime handicap lié directement au médium dont elles relèvent? De même que la photographie (surtout couleur) semble être plus sensible à l'obscénité et à la pornographie que la peinture, de même l'installation vidéo pourrait être menacée par l'abjection à travers son médium. Kant instaure du reste une gradation de cette sorte entre la peinture, apte à « *donner une belle description des choses, qui dans la nature seraient laides et déplaisantes* » [9] et la sculpture « *puisque, dans ses productions l'art est presque confondu avec la nature* ». D'une façon plus générale, le dégoût apparaît selon la théorie kantienne lorsque « *la représentation artistique de l'objet n'est plus en notre sensation distincte de la nature même de l'objet* ». Le facteur de réalisme d'un objet de fiction, que ce soit du point de vue indiciel ou mimétique, est bien entendu visé, comme pour l'image

[9] Op. cit., p. 142.

photographique. Toutefois, il n'est pas seul en cause. En effet, Kant, à l'époque où toute représentation mimétique appartenait au domaine de l'art, peut s'en tenir au simple couple "beau naturel" *versus* "beau artistique", alors qu'aujourd'hui les images sont assignées à des fonctions multiples. Imaginons qu'une pièce comme *Sustain* soit placée dans un institut de dermatologie, les images mimétiques de la vidéo prendraient alors une fonction de représentation scientifique et informative qu'elles n'ont pas en milieu muséal. L'œuvre perdrait sans doute une partie de son caractère répulsif, mais elle n'en serait pas nécessairement belle pour autant : le beau n'est-il pas sans fonction, sans destination?

Dépourvu dès lors de fonction sans être totalement émancipé des objets à images fonctionnelles, l'objet voit s'ouvrir l'issue, ou l'impasse, de la seule fonction non-fonctionnelle : l'objet décoratif. *Sustain* pourrait être alors éventuellement considérée en tant qu'objet de décoration d'intérieur. Mais alors il est évident que l'association signal vidéo et figure humaine, telle qu'elle apparaît dans cette œuvre, provoquerait des répugnances encore plus violentes, accentuées par ton rosé de la peau, doré de la lumière vive. Il ne fait aucun doute que, vu sous un angle décoratif, le spectacle grand-guignolesque d'un aquarium où flottent gentiment des tronçons de corps humains apparaîtrait plus horrible encore. L'œuvre n'aurait donc même pas de vocation décorative.

Les beaux arts n'ont pas craint de se livrer à toutes sorte de *mimesis* du pourrissement, de la vermine, de la putréfaction, comme autant d'échelons progressifs d'une esthétique de la décadence et du déclin de ce que l'instinct de vie refoule et rejette. C'est cette forme identifiable parce que mimétique que les produits du design calfatent, que le social et sa gestion refoulent, mais qui « *reparaissent chiffrés* », pour reprendre l'expression d'Adorno, dans notre environnement rationnel. Les signes de la déchéance sont en effet précisément codés et pas seulement par le génie médical, car les campagnes publicitaires véhiculent largement ces codes. Se pourrait-il que l'installation tente, simplement de les "déchiffrer"?

La fréquence de la représentation du corps dans les installation vidéo participe d'une fascination pour l'intimité de la relation au corps. Alors que le camescope en favorise l'enregistrement, l'installation a les moyen d'interroger cette fascination. Le corps filmé est ensuite étiré, morcelé, tronçonné, débité comme dans les installations de Gary Hill — *Suspension of Disbelief (for Marine)* — et de Bruce Nauman, les organes palpitants sont insérés dans d'autres corps comme dans le tulle des poupées de Giuliana Cunéaz — *Corpus in Fabula*. Il semble ainsi que se produise à l'occasion de ces images un phénomène que l'on pourrait nommer la "vacuité du sens" de l'acte même de représentation. Ces images vidéo, que l'œuvre nous présentent, n'auraient pas de raison d'être ; sans destination, sans fonction, sans statut, elles resteraient simplement, terriblement, abjectes.

Il est vrai que le sentiment d'abjection semble correspondre au degré le plus insoutenable de la relation à l'œuvre d'art, celui où le corps, de lui-même, se dérobe : le rejet se fait sans appel. Malaise suprême, l'abjection reste étrangère à toute notion de plaisir — quel que soit le degré de perversion que celui-ci puisse atteindre. Si l'on peut encore parler, à l'égard du sublime, de "plaisir négatif"[10], le « *dégoûtant* » serait pour sa part « *non-transcendantalisable* ». Mais le sentiment inspiré n'est pas l'œuvre, ni son caractère. Le sentiment du dégoût procure en ce cas l'assurance d'un état indépassable, qui permettrait de concevoir des limites au champ de la beauté.

Il agirait davantage comme cadre, «*parergon*» lui-même davantage postulé que réel. La réalité, c'est-à-dire dans ce cas l'association éprouvée ou attestée entre un objet quelconque et une qualité ("dégoûtant" ou "abject") serait constamment menacée par le déplacement artistique ; autrement dit, les limites de l'abject, parce qu'elles relèvent d'une mise en perspective plus que d'une réalité monolithique, seraient susceptibles d'être sans cesse repoussées.

Le sentiment de l'horreur, que ce soit à travers le thème de la mort ou du corps, du sexe, des puissances démoniaques, chemine à travers un parcours de motifs et de figures (l'antre infernal, le corps mutilé, le sexe exhibé...) mais les figures n'y sont pas déterminantes. C'est bien dans la manière artistique dont ces figures sont constituées, en tant qu'elles apparaissent sur le plan phénoménologique, que l'horreur prend place. Le sentiment, certes, a vocation esthétique, mais dans le cas d'œuvre comme *Sustain*, il reste, semble-t-il, en attente d'un ultime déplacement.

Encore une fois, il apparaît que le déplacement d'ordre critique offre peu de chance au sentiment de beauté. Les relations étroites que l'installation vidéo entretient avec les formes héritées du Body Art des années soixante-dix (Journiac, Manzoni, Gina Pane...) préparent, il est vrai, à une forme morbide de l'art, mais parce qu'elles montrent le plus souvent un corps misérable parce qu'exténué et vidé, un corps entravé parce que tout bonnement socialisé (voir à ce propos les vidéo performances — installées ou non — de Marina Abramovic et ULAY). Lorsque l'horreur prend sens dans une perspective dénonciatrice, lorsqu'elle a vocation politique, sociale... qu'en est-il de la beauté? Le "cri" de Francis Bacon avait la beauté d'une émotion dont l'expression aurait su trouver son chemin jusqu'à l'être profond. La relation esthétique procéderait de la suspension d'un sens trop explicite. Comme l'écrit Gilles Deleuze à propos de Francis Bacon : « *dès qu'il y a horreur, une histoire se réintroduit* » [11]. Le psychologique et la conscience sociale prennent le dessus par rapport à tout sentiment de beauté. Il y a perte, alors, de l'émotion esthétique.

[10] Cf. Jacques Derrida « Economimesis » in *Mimesis des articulations*, p.89.
[11] Op. cit. p.29.

Ainsi en est-il de cet univers de la technologie et de la technocratie qui, quotidiennement, distille au jour le jour les effets pervers de la terreur d'un univers kafkaïen de la technocratie, mais se dilue aussitôt à travers les petites machineries, les gadgets technologiques et les petits soucis du quotidien. Dara Birnbaum a pour a part consacré une installation au mythe de Faust : *Damnation of Faust/Will-O'-The Wisp,* dans laquelle le mythe est réinterprété selon un axe nouveau, qui situe le sentiment romantique du drame faustien au niveau du langage dont les principes sont infiltrés par Eros et par la relation duelle masculin/féminin. Le héros est remplacé par l'héroïne ; *Faust* revisité par Marguerite.« Dara Birnbaum dissout la forme et l'image, elle remet en question la beauté pour rechercher une vérité première. Cependant, il ne suffit pas d'enlever des masques et de détruire des images établies. » [12], peut-on lire à propos de cette œuvre. La beauté, condition reconnue de la relation esthétique, est ici un concept interrogé par l'installation vidéo. Valeur dépassée, désuète, voire aliénante que la modernité se charge de dépoussiérer, ou bien non-valeur, mais signe qu'il s'agit de comprendre?

Ainsi il apparaîtrait à travers ces quelques exemples que les installations vidéo, bien qu'elles s'autorisent des incursions dans les marges négatives de la beauté, désamorcent en réalité une à une toute chance de transfiguration. En effet, comme on a pu à différentes occasions le constater à leur sujet, le dionysiaque manque de volupté, la terreur se rétrécit dans l'humour et la parodie, l'horreur se dissout dans la laideur du quotidien et l'obscénité d'une image banalisée par le médium télévisuel, échappe à toute possibilité de sublimation. Chaque représentation est piégée par le flottement d'une *mimesis* sans fonction, d'une soudaine vacuité de l'acte représentationnel. Alors qu'aujourd'hui, tout semble être devenu à la fois fonctionnel et jetable, le démoniaque ne peut demeurer que sous une forme gadgétisée. Et si la beauté est parfois convoquée, c'est uniquement, semble-t-il, pour être interrogée.

Au tout début du siècle, Robert Musil faisait un constat :

> *Ainsi donc, le sport et l'objectivité ont pu évincer à bon droit des idées démodées qu'on se faisait jusqu'à eux du génie et de la grandeur humaine* . [13]

L'installation vidéo impose de pousser plus loin son propos : l'idée qu'on se faisait de l'art comme force de transgression et de transfiguration

[12] *« Dara Birnbaum löst die Form auf und zerstört das Bild, sie stellt Schönheit in Frage, um nach eine Grungwahrheit zu suchen. Doch Masken abzunehmen und Erscheinunsbilder zu zerstören reicht nicht aus »*

[13] Robert Musil, L'épisode du « *Cheval de course...* » , in *L'Homme sans qualité*, §13 pp. 52 et suivantes.

serait-elle à ce point démodée au profit d'un art désabusé qui laisse s'épandre le rire et l'insignifiance, afin de piéger tout risque de récupération? Certes, plus d'une œuvre semblent aller dans ce sens ; mais avant de conclure, il reste à approfondir la question de cette éventuelle physionomie inédite que pourrait trouver la beauté dans cette nouvelle expression artistique.

Une œuvre telle que *Sustain*, nous invite peut-être à une forme de jouissance esthétique qui serait étrangère au plaisir au point d'affoler les conditions de son appréhension, exemplifiant cette distinction radicale opérée par Roland Barthes :

> *Ceci est mon plaisir, mais non ma jouissance..., d'un côté un aplatissement de masse..., hors jouissance, mais non pas forcément hors plaisir –, et de l'autre un emportement (marginal) vers le Nouveau...* [14]

L'art ne peut sans s'étioler cultiver indéfiniment les valeurs anciennes. Son devoir de vérité ne passe-t-il pas par celui de nouveauté ? d'où la condamnation de la beauté, comme reconduction d'un regard émoussé, et capable du piètre plaisir de la "reconnaissance"... d'où l'horreur de toute beauté comme ennemi « *d'un véritable regard* ». Le sentiment de beauté s'éfface devant la singularité d'une proposition foncièrement nouvelle. A défaut de sentiment de beauté, l'esthétique pourrait donc bien, en ce cas, se rabattre sur celui de nouveauté. Beauté *versus* Nouveauté. La notion de nouveauté est décidément à l'art ce que la beauté est à l'esthétique : une évidence et un destin, une nécessité et une impasse.

Le critère de nouveauté est néanmoins ambivalent. Car s'adjoint à la qualité de nouveauté d'un objet (objet "inusité" ou "surprenant") la faculté d'une œuvre à rendre compte des mutations sociales, des avancées scientifiques et technologiques, des modalités d'être, de vivre, de penser, de percevoir en rupture par rapport à un état antérieur, et pour le dire à la manière de Marcel Duchamp : « ***Le résultat n'est pas neuf ; mais il est nouveau dans la mesure où il procède d'une démarche originale.*** » [15]. La nouveauté est viol et transgression. L'œuvre est alors pétrie d'une violence que seule l'intuition est apte à saisir. Mais à quel sentiment se reconnaît-elle? Il est en effet, paradoxalement, plus délicat d'évaluer la teneur de nouveauté d'une œuvre décalée dans le passé que d'une œuvre réellement récente. Le "véritable regard" n'est pas seulement un regard surpris.

Une œuvre, comme celle de Bill Viola par exemple, peut-elle être aujourd'hui qualifiée par la seule nouveauté? Si tel est le cas, sur quelle base se fera ce jugement? Pour les uns, elle l'est parce qu'elle intègre des nouveautés technologiques ; mais, compte tenu de l'évolution rapide en ce domaine, l'effet de ralenti obtenu par les opérations électroniques sur le son

[14] Cf. Roland Barthes *Le Plaisir du texte*, pp.65 et suivantes.
[15] « Propos », in *Duchamp du Signe*, p. 169.

ne se situerait déjà plus à la pointe du progrès. Auquel cas la valeur de *Passage*, *Stations* ou *Tiny Death* sera de courte durée. Au reste, le fait que la thématique de la mort imprègne l'ensemble de cette œuvre ne risque-t-il pas de lui conférer un aspect plutôt traditionnel?

Cependant *He weeps for you* qui, depuis déjà vingt ans laisse s'écouler goutte à goutte ses larmes dévorantes semble n'avoir rien perdu de sa force vive. L'œuvre resterait mystérieuse, irréductible, vivante, alors que son secret résiderait dans une valeur traditionnelle : celle de la représentation de la mort et de la vie : « *Elle dure le temps d'une chute d'eau. Elle dure le temps de la vie* ». Sa teneur de vérité puise en effet dans l'émotion, le sentiment immédiat, tandis que le jugement esthétique, lui, relève de valeurs traditionnelles. Qu'a-t-il à voir avec la nouveauté? Le paradoxe de la "belle laideur" devrait-il céder la place à celui de la "nouveauté traditionnelle"? Il ne s'agirait pas plus de combler la sensibilité esthétique, de constituer des objets aptes à la convaincre par leur beauté, de confondre le regard dans l'acte de contemplation, de gagner son adhésion pleine et définitive, que de la scandaliser par l'inédit, l'inouï et le "jamais vu", mais d'éveiller cette sensibilité à des champs esthétiques insoupçonnés portée cependant en elle-même au sein d'une psyché du quotidien. Qualités esthétiques, dans la mesure peut-être où l'émotion, le mouvement de l'esprit sont sensibilisés, réactivés par la connexion du "nouveau" avec le "toujours déjà là".

S'il y a une part de magie dans l'installation vidéo, par laquelle se voient parfois évoqués la mort, l'au-delà et le démoniaque, elle conjugue le plus souvent, comme on a pu l'observer, deux niveaux de disposition d'esprit : celui de la légèreté, à laquelle engagent la manipulation, les trucages, la mise en scène, l'humour ou les parodies, et celui de la gravité, à laquelle assigne le propos. Ce qui laisse supposer qu'elle ne situe pas le sens dans un au-delà, mais dans la relation entre l'intimité des émotions et les conditions de la sensation. Les faits sont là, à la fois à portée de la main, du corps, de l'oreille et du regard, mais aussi à portée de l' "expérience spirituelle" entre un environnement médiatisé, réifié et déréalisé à la fois, et un être dont la psyché se trouble et l'esprit se disperse. Ainsi, l'installation de Thierry Kuntzel, *Tu ou Les photos du petit Garçon*, exposée au château de Rochechouart puis à Clermont-Ferrand dans la sombre et glaciale chapelle de l'Oratoire, et dont le dispositif provoque le passage impromptu de l'image convenue de l'enfance angélique à celle, presque démoniaque, qu'une ultime manipulation technologique parvient à dégager d'autres couches d'opérations antérieures, induit un vacillement de l'esprit et suggère combien l'image flotte entre la virtualité de son être et celle de nos affects. L'installation vidéo n'est plus animée par la dialectique de l'ange et du démon, mais par celle, apparemment plus prosaïque, de l'élévation et de la chute : ce sont les corps en apesanteur ou en apnée, ou suspendus entre le visible et sa disparition, que Bill Viola "dés-installe", ou bien les tentatives dérisoires de s'élever des personnages d'Orlan, Sorin, Birnbaum, et leurs échecs indéfiniment répétés... Il y a, dans l'éternel recommencement d'une histoire en boucle, avortons narratifs, "*Trames fermées*" selon l'expression de Jean-Paul Fargier, qui se dissolvent en eux-mêmes, quelque chose d'absurde, qui tiendrait du mythe de Sisyphe. Un absurde qui relèverait donc moins du manque de sens de l'œuvre, comme aurait pu le faire penser *Good Boy Bad Boy* ou *Trois Suites pour piano*, mais qui renverrait peut-être à la condition tragique de l'esprit humain, dont le besoin vital de sens serait condamné au perpétuel non-sens.

Il semble bien, du reste, que les constats d'échecs et d'entropie soit un des thèmes récurrents des installations vidéo. Les scènes de désastre, de destruction, de post-cataclysme trouvent une sorte de lieu de prédilection dans les matériaux dont elles disposent. Ainsi Vostell s'est progressivement tourné vers les formes endogènes, comme en témoigne entre autres son installation *Auto-TV-Hochzeit*. Bien que, dans cette œuvre où l'on peut voir sans peine un symbole de catastrophe dans la figure du véhicule accidenté, il semble que la référence thématique soit assez évidente, on ne perçoit pourtant pas toujours le sens et l'intérêt de la vidéo qui s'y trouve. Et l'on ne comprend pas davantage pour quelles raisons avoir encastré tant de petits moniteurs dans la tôle de l'automobile écrasée. Quel peut être le sens ici du moniteur, objet banal et insignifiant, objet familier et même rassurant de la vie quotidienne, qui, du reste, tout en informant, fait barrage, protège et apparaît finalement comme le principal instrument du *cocooning*. Or, n'est-ce pas précisément le statut ambivalent de cet objet qui se verrait ici révélé? le poste de télévision, rempart protecteur contre les assauts du hors-champ, se trouve brutalement, dans cette œuvre, exposé en plein champ. Les écrans de protection seraient victimes du renversement des rapports entre dehors et dedans.

Les œuvres d'artistes tels que Gary Hill, dont la plupart des vidéos et des installations confrontent le corps et le regard à l'expérience de la catastrophe, ou tels que Chris Marker dont les films et les installations témoignent d'une conscience historique rongée par le traumatisme des camps d'extermination, suggèrent qu'il pourrait exister un lien naturel entre les *media* électroniques et la logique de l'entropie. Il est aussi à noter qu'Anne et Patrick Poirier, qui travaillent depuis longtemps sur le thème de la ruine et de sa reconstitution, ont eu recours à l'installation vidéo pour leur œuvre *Ex Voto*. Rappelons également l'évocation d'une archéologie des temps futurs : pierres et moniteurs, telle qu'elle et mise en scène dans *Materia Prima* de Fabrizio Plessi. Mêmes les figures de l'enfer, proches en cela de l'esthétique romantico-existentielle de Kierkegaard, elles prennent rapidement des allures de catastrophe ; déréliction de « *l'être jeté là* » heideggerien, et de l'ange exterminateur...

Qui regarde vers le passé et, là où nous voyons une suite d'événements, ne voit qu'une et unique catastrophe qui ne cesse d'amonceler ruines sur ruines, et les jette à ses pieds. [16]

Certes, chaque pointe de douleur, de souffrance, de blessure et de laideur stigmatise l'horreur ultime et insoutenable, "indépassable", irréductible du *Zerfall* adornien. Mais est-elle trop grande, trop lourde et surtout trop insensée pour notre société actuelle, qu'elle renonce à toute chance de transfiguration? A moins qu'il n'y manque la disposition d'esprit pour l'affronter, ou celle qui suggère plutôt de s'en arranger tant bien que mal. Le mal est fait... le monde ne peut qu'aller de mal en pis.

En ouverture de la *3° biennale*, les commissaires affirmaient un choix, celui d'un art « *qui s'approprie autant les permanences et les traditions qu'il veut viser les ruptures* » [17]. Par ailleurs, en 1992, Jean Hoët, commissaire de la Documenta 9, justifiait ainsi sa propre sélection : « *Notre corps est menacé? Les artistes que nous avons choisis ont tous conscience de l'urgence qu'il y a à réinvestir notre corps.* » [18]. Ce ne serait donc pas plus pour leur "nouveauté" que pour leur "beauté" que se ferait le choix des objets acceptés. Ce qui laisse supposer que si le critère de beauté n'est pas vraiment pertinent dans le cas des installations vidéo, celui de nouveauté ne le serait pas davantage. Comment dès lors juger des œuvres sur un plan esthétique? Si l'on s'en réfère aux théories de Jean-Marie Schaeffer, l'activité judicatoire dans ce domaine de l'esthétique procède d'un stimulant : la satisfaction. Lorsque, généralement, le jugement critique décide de la valeur positive ou négative d'une œuvre, il témoigne d'un niveau de cette satisfaction, provoquée tant sur le plan des émotions que sur celui de l'intellection et cela tout autant lorsqu'il s'agit de conclure à l' "évidente beauté" des œuvres qu'à celle de leur valeur d'œuvre d'art véritable. S'il reste soupçonné de subjectivité, il ne manque toutefois pas de se justifier par des critères "objectifs" : l'œuvre attire, interroge. Quelle est la part de la subjectivité, et de l'objectivité dans une telle décision où l'intuition, l'émotion, et la réflexion sont tour à tour convoquées? En effet, l'évaluation esthétique, si l'on s'en réfère à Kant, doit se maintenir entre détermination et indétermination. D'où cet équilibre difficile à maintenir et que Jean-Marie Schaeffer rappelle prudemment par ces mots :

Aucune norme régulatrice ne doit déterminer notre plaisir et notre jugement, mais [...] *en même temps, il est évident que nous ne saurions nous passer des catégories constituantes qui déterminent les propriétés pertinentes.* [19]

[16] Adorno, *Poésie et révolution*, cité par Jimenez, op. cit., p.172.
[17] *Arts Info* « Grandes lignes », pp. 3 et 4.
[18] *Art press*, n° 170, p. 11.
[19] Jean-Marie Schaeffer, *l'Art de L'Age Moderne*, p. 383.

En conséquence, lorsqu'il s'agit d'apprécier une œuvre, les émotions et les sentiments — de même que les critères d'évaluation — ne sont que les instruments de l'appréciation. C'est pourquoi, quelle que soit la mauvaise qualité des émotions et des sentiments éprouvés, quelle que soit l'inadéquation des normes régulatrices face à la nouveauté de l'œuvre, il convient de tenter d'en faire encore usage, ne serait-ce que pour les réajuster à ces nouveaux objets. On a vu combien il était inutile de prétendre juger de l'installation vidéo sur la base de son aspect formel, comme on l'eût fait d'une peinture où d'une sculpture. Néanmoins, l'aspect formel étant l'un des atouts de la réalité phénoménologique de l'œuvre il ne peut être non plus déconsidéré, ni les émotions qu'il serait en mesure de susciter. La complexité du jugement de valeur tient à la manière d'entrelacer des impressions immédiates, certes nimbées de préjugés, mais réellement ressenties, à des confrontations raisonnées, mais dont les fondements vacillent, tout en faisant glisser d'un plan à un autre, par des tours de passe-passe métaphoriques, les critères qui relèvent de plans distincts. Les jugements sur les qualités artistiques débordent le plan des sensations et des sentiments de la réception : les critères de cohérence, d'unité, de force, de richesse, de simplicité auxquels a souvent recours le jugement traditionnel, pourraient aussi bien s'exercer sur l'aspect formel que sur l'ensemble du dispositif ou sur les enjeux concernés par l'œuvre. Ils concerneront tout autant des constats "objectifs" exercés sur l'objet que le sentiment éprouvé devant son aspect, ou suite à l'expérimentation. Il n'est pas inutile en effet de s'interroger, compte tenu de la complexité des installations vidéo, sur l'importance, lors de l'évaluation, des différents moments de la rencontre et de l'expérimentation.

Au reste, l'aspect, le dispositif, les principes interactifs et l'ensemble des sensations et sentiments qu'ils suscitent ne pourraient-ils pas être eux-mêmes évalués à l'aune des problématiques abordées et mises en jeu par l'œuvre? Auquel cas le "sens" serait une donnée de l'œuvre elle-même, selon le principe — toujours en vigueur en matière d'esthétique — de légalité interne. Unité, cohérence, justesse, équilibre, harmonie seront donc déduites d'une régulation interne à l'œuvre, échappant ainsi à toute normalité plaquée de l'extérieure et libérant, *de facto*, la création de tout principe externe à elle-même. L'œuvre seule donnerait sens à ce qu'elle est. Une approche quasiment littérale pourrait ainsi se nourrir de sentiments esthétiques inspirés directement par l'œuvre, en tant que donnée numérique, matérielle et physique. Néanmoins des critères esthétiques tels que profondeur, authenticité, voire justesse et cohérence ne convoquent-ils pas inévitablement des considérations extérieures à l'œuvre proprement dite, prenant en compte un contexte, des conditions d'émergence et des "intentions d'auteurs"...? sans compter que la vertu de "cohérence", quelquefois bien difficile à appliquer aux installations vidéo demeure elle-même quelque peu contestable, et surtout contestée.

Si certains critères qui répondent à des attentes purement esthétiques (critères de beauté et d'harmonie, par exemple), échappent à la plupart des installations vidéo, les critères plus spécifiquement poïétiques, en revanche, supposent pourtant en amont une appréciation sensible qui procède de l'esthétique, et qui, en aval, demeure en quête de reconnaissance publique. Mais alors, pour en identifier la trace au moment de l'appréhension des œuvres, ne faut-il pas en saisir le sens, afin d'en percevoir la légitimité sur le plan poïétique? Les installations n'échappent donc pas à la quête du sens, car pour chacune de ces œuvres, les qualités apparentes (l'unité, la simplicité et même peut-être la beauté) devront ainsi probablement être déduites de qualités de contenu (l'authenticité, la justesse ou la vérité).

> *Quand la vidéo est installée,* nous dit Rosanna Albertini, *elle devient partie d'une opération formelle sur le plein ou le vide de l'ambiance... Dans celle-ci joue une nouvelle idée de la beauté, très semblable à celle que les mathématiciens attribuent au théorème : si la démonstration est bien faite, essentielle, la pensée théorique devient élégante, le résultat est "beau".* [20]

Si l'idée contenue par exemple dans *He Weeps for You* est belle, peu importerait, dès lors, que l'image, ou le dispositif n'ait aucun attrait physique, car il suffirait donc qu'il présente la "beauté du théorème".

Mais si le terme de beauté est ici employé à la place d'un autre, qui fait défaut pour signifier quelque chose par lequel l'objet, comme chose, phénomène et idée, force l'adhésion totale, ne peut-on pas tout de même espérer qu'une nouvelle qualité esthétique soit effectivement révélée, bien que le langage manque encore à la nommer? Pour inaugurer une nouvelle qualité — au sens peircien du terme — il importe que celle-ci soit identifiée sur ou dans un objet, et sous la forme d'un caractère dont il n'aurait pas du reste le monopole. Ce caractère, tout en échappant à l'entité de cet objet, devient pourtant ce qui permettra dorénavant de lui conférer une identité et de la distinguer d'une autre. La qualité, « *signe descriptif immédiat* », comme idéalité, participe à l'élaboration de la reconnaissance de l'entité singulière, sur la base, certes d'une illusion : elle révèle la chose, mais, dans le même mouvement lui échappe. Et l'on peut dès lors se demander si c'est bien la qualité qui fait l'œuvre, ou l'œuvre la qualité.

On comprend mieux pourquoi l'appréciation et l'évaluation des qualités esthétiques d'une installation vidéo apparaissent prématurées, vaines, voire absurdes, tant que les qualités esthétiques de l'expression artistique "installation vidéo" ne sont pas elles-mêmes définies. Il est pourtant provisoirement nécessaire d'en passer par là, car, en effet, les qualités esthétiques d'une forme d'expression nouvelle ne sauraient se reconnaître qu'à partir de leur identification dans des objets singuliers et en vertu des émotions

20 « Evénements d'espace étranger », in *Vidéoformes 1991*, p. 8.

et des sentiments que ces objets suscitent, et dont la pertinence dépend de la relation qu'ils entretiennent avec le sens, la nécessité intérieure, de chaque œuvre singulière. Il faudrait donc interpréter les œuvres afin de donner sens à des qualités esthétiques inédites propres à une forme d'expression innovante. Du reste, comme on l'a vu, ce qui "s'innove" dans l'installation vidéo tient moins à la nouveauté des matériaux qu'elle exploite ou à celle des thèmes qu'elle aborde, qu'à ses différentes manières de rompre avec les traditions esthétiques en interrogeant l'usuel à l'endroit de son insignifiance. Ainsi, par exemple, en ce qui concerne le rapport à la technologie : bien que les incursions technologiques produisent des aspects nouveaux, ce n'est pas par ces présences dans l'œuvre que les objets de la technologie de pointe confèrent à l'installation des qualités inédites, c'est par l'attitude que les œuvres provoquent, à travers le recours au ludique, à l'interactif par lequel le domaine technologique est exploré aux fins, pour l'imaginaire, de recouvrer ses droits, ses marques, face à un univers qui le subjugue.

C'est en quoi l'installation réinstaure dans le sensible l'instant inaugural par lequel le geste usuel, traditionnel, devrait faire place à d'autres conduites. Le quotidien de la technologie est aujourd'hui à la fois familier et mythifié. Il induit insidieusement des angoisses obscures que seule une rupture consentie permettrait de conjurer. Bien que banales, les manifestations de la technologie, telles qu'elles sont mythifiées et fétichisées, semblent, dans l'installation vidéo, se retrouver réactivées librement par l'imagination. C'est pourquoi il semble utile d'approfondir la question du sens à donner aux œuvres, en tant peut-être justement que manifestation d'une incertitude absolue : quête de nouvelles vérités, regain d'authenticité dans ce qui n'a plus qu'un sens convenu ou qui ne serait plus qu'une vérité universelle en perdition ? A moins que l'on y rencontre une manière de semer le trouble au sein des mythologies insoupçonnées du quotidien, de les traquer systématiquement? Formes d'expression qui, si l'on en croit Philippe Grand entendraient « *redéfinir le rapport du regardeur à l'œuvre* ». [21]

L'installation vidéo, plutôt que d'offrir le spectacle d'un objet esthétique à contempler, pour sa surprenante beauté ou sa sublime laideur, ne proposerait-elle un champ d'interactions à reconsidérer, à réinterpréter?

[21] Catalogue de la 3° Biennale p. 214.

8. “ Cohérence ”

Celui qui analyse la logique du sens sait immanquablement que la vérité est là où se dresse la résistance
Julia Kristeva

Devant la difficulté d'apprécier les installations vidéo selon des critères de beauté, quelle qu'en soit la forme — classique, inédite ou paradoxale —, il semble qu'il n'y ait d'autres ressources qu'à se laisser convaincre par les qualités de leur esprit et l'intelligence de leurs propos. Mais étant donné la manière dont elles renâclent à livrer leur sens, brouillent les pistes et s'enferment dans un mutisme (parfois bruyant, comme ce fut noté précédemment), elles mettent nécessairement en demeure d'adopter à leur égard une conduite interprétative ; ce qui risque bien de contrarier des intentions d'appréhension qui se voulaient à l'origine purement littérales. Ainsi, s'il convient de rester attaché à la singularité de chacun de ces objet, et de ne pas cesser de leur prêter ce “véritable regard” qu'en tant qu'œuvres d'art elles persistent à solliciter, il faut pourtant admettre qu'on ne regarde “bien” que ce qui fait sens. Il importe donc de saisir le sens sans trahir pour autant l'expérience esthétique par excès d'interprétation ; car en effet, si *«l'esthétique doit se résoudre à l'herméneutique,* pour reprendre les paroles de Hans G. Gadamer, *l'herméneutique doit être définie de façon telle qu'elle puisse rendre justice de l'expérience de l'art.* » [1]

D'autant que les installations vidéo intriguent par la diversité de leurs traits. Elles sont constituées pour la plupart d'entre elles d'un matériau riche en fragments plus ou moins identifiables, profusion “rhizomique” de sources, de références et de pistes sémantiques. C'est ainsi, par exemple, que Bruce Nauman, dans *Rats and Bats,* avec une cage, des rats, l'image d'un homme en train de frapper et un labyrinthe d'alvéoles, évoque toute sortes de significations possibles ayant trait aux thèmes de l'enfermement, de la violence et de l'oppression. L'œuvre éveille une curiosité sur des événements qui appartiennent à une sorte de hors-champ social, politique ou culturel auquel il est parfois difficile de se soustraire. Dans la mesure où les sens donnés à l'œuvre au cours de son appréhension participent pleinement de l'émotion esthétique, il n'est pas non plus souhaitable d'ignorer ce qui émane de ces fragments. Dans quelle mesure la prise en compte de tout ce qui représente un potentiel sémantique participe-t-elle à la relation esthétique?

[1] Cf. *Vérités et Méthodes*, p. 95.

Autrement dit, si je m'intéresse tout à coup au discours de Ginsberg pour lui-même, tel qu'il est diffusé fragmentairement dans *La Sentinelle* de Dara Birnbaum, suis-je encore sensible à la portée critique de l'œuvre telle que l'installation l'exprime?

C'est ainsi qu'un champ important des conduites interprétatives appliquées aux œuvres d'art ne s'est guère soucié du facteur esthétique dont celles-ci seraient porteuses. Ainsi, la méthode inaugurée par Erwin Panofsky dans *L'Œuvre d'art et son interprétation*, et qui fait souvent force de loi en matière d'interprétation, pourrait bien substituer au regard esthétique un regard "clinique". Lorsque l'auteur distingue en effet trois niveaux de significations, le troisième de ces niveaux, s'il se situe bien au cœur de l'œuvre même, ne s'y loge qu'en tant qu'elle se révèle porteuse des symptômes d'un contenu de significations "supérieures" [2]. Il semble qu'en ce cas, l'expérience esthétique proprement dite, pour autant qu'elle prenne part au processus d'interprétation, ne serve que de prélude à des inquisitions cognitives peu préoccupées en fait de l'énergie esthétique inhérente à l'œuvre en question.

Certes, des modalités interprétatives de cet ordre ne trahissent pas forcément l'œuvre en tant qu'elle est un produit d'une volonté tout à la fois individuelle et collective. Elles en font luire les facettes grâce au miroitement des éléments dont, précisément l'œuvre se compose. Simplement, les frontières de ce qui relève de l'esthétique et de ce qui s'en distingue sont parfois difficiles à tracer, même dans le cas d'objets incontestablement "esthétiques". La situation devient encore plus obscure lorsque le statut de l'objet reste imprécis. En effet, on peut admettre que le plaisir pris, par exemple, à l'écoute du fragment de discours de Ginsberg n'est, en lui-même, qu'un facteur d'interprétation. Inversement, l'activité judicatrice serait, selon Jean-Marie Schæffer [3], facteur du plaisir esthétique. Elle participerait et accompagnerait le processus de la relation esthétique, en travaillant à partir des significations émanant, dans l'œuvre, d'interprétants internes (ou associés), ou extérieurs. La question de la participation de la dimension cognitive lors de la relation esthétique aux objets d'art, dimension qui, tout à la fois, siège dans l'œuvre et l'embrasse, reste donc toujours plus ou moins en suspens, même lorsque ces objets ne manifestent *a priori*, aucune vocation cognitive. Elle devient d'autant plus préoccupante lorsque ceux-ci contiennent visiblement une dimension de cet ordre. C'est pourquoi les installations vidéo, qui proposent un fourmillement de fragments, certes disparates, mais

2 On se rappelle que, pour Panofsky, le troisième niveau, la signification intrinsèque, immanente, serait le seul vrai contenu, parce que cette signification relève de l'*essence*. Pourtant, ce contenu ne serait perceptible qu'en tant qu'il se dégage de symptômes : « *Tous ces facteurs* [...] *n'en sont pas moins présents au titre de symptômes* ». Erwin Panofsky, *L'Œuvre d'art et son interprétation*, p. 12.
Il s'agit d'ailleurs de la part d'Erwin Panofsky, d'une position qui se situe dans une perspective propre à l'histoire de l'art.

3 Op. cit.

qui chacun sont plus ou moins porteurs de bribes d'informations et de significations, activent fortement la question de cette dimension ; d'où le désir de saisir les clefs par lesquelles les grands axes interprétatifs pourront émerger.

Pour accéder au sens d'une œuvre exposée dans un lieu réservé à l'art, le réflexe est souvent de s'en référer au cartel, afin de prendre au moins connaissance du titre de l'œuvre. On sait combien les artistes jouent à cache-cache avec cet indice, et le titre comme « *microcosme de l'œuvre* » selon Adorno [4] laisse beaucoup d'espoirs déçus. Néanmoins, il livre parfois des informations telles que le "sujet" : un nom, un énoncé, un prédicat permettront de resserrer les filets de la représentation. Ainsi, même avant d'avoir pris connaissance de l'œuvre proprement dite, il sera possible d'interpréter le "texte" du titre de l'installation de Jon Kessler *Marcello 9000*, soit selon un renvoi au "référent" — *Marcello 9000* — soit selon une visée du "signifié" — *Marcello 9000*. Le sens paraît alors livré "clefs en main", et il ne resterait plus qu'à le faire fonctionner par rapport à l'œuvre, selon le processus par lequel s'enchaînent les identifications et les vérifications : Marcello, en tant que nom propre, permet d'identifier l'un des deux robots qui se déplacent sur des rails (identification logique) ; les rails évoquent le travelling par le complément référentiel des voix connues du cinéma (identification culturelle) ; "Marcello", parole culte d'un film de Fellini , mais aussi prénom d'un personnage du film, induit le processus de vérification de la cohérence entre le son et les objets. "9000", formule sibylline, évoquerait l'idée des temps futurs par laquelle se vérifie la cohérence de la représentation du robot avec l'imagerie populaire de la science-fiction. Ce qui aboutit globalement à l'identification des personnages de la *Dolce Vita*, transposés dans une vision de science-fiction. Les indices, facteurs d'interprétation, sont donc distribués à travers l'ensemble de la configuration de l'œuvre.

Dans la vision périphérique du témoin, exposée par Marcel Odenbach au cours de l'hiver 1987 au Centre Pompidou, présente, comme nous en faisions la remarque antérieurement, un dispositif visuel contraignant. Celui-ci provoque – du fait de l'agencement du fauteuil double et des deux moniteurs de diffusion (impossibilité de voir la totalité du film réparti derrière et devant), des bandeaux qui coupent l'image, et des ruptures spatiales et temporelles – une indisposition, un malaise et un mécontentement devant l'incohérence d'une proposition de spectacle qui se saborde elle-même au niveau de sa vision. Pour reprendre l'expression de Jean-Paul Fargier : « ***Au premier abord, on est choqué, ou décontenancé ou alors séduit mais alors trop***

[4] *Œuvres Complètes*, Tome 11, Noten III « Titel, paraphrasen zu Lessing », p. 8.

fort » [5]. En outre, l'aspect fragmenté, l'abondance des insertions d'éléments de nature divergente sans qu'une quelconque unité de temps et d'espace soit respectée n'est pas pour favoriser l'approche de cette œuvre qui ne semble être qu'incohérence, quel que soit l'angle sous lequel on tente de l'appréhender. Or, le principe de cohérence suppose une unité, un objet qui trouverait naturellement sa cohérence du fait qu'il donne accès à l'unité constituée de la « vision du monde » de l'artiste. La relation des éléments entre eux, sédimentée par une conscience logique d' "être sensé", ne peut qu'être de nature "nécessaire". les parties seraient en cohérence avec le tout, et inversement. Notion qui, rejoignant ce que Marc Jimenez nomme le « *cercle herméneutique* », implique de construire le sens à partir de la vérification tautologique des hypothèses.

Le sentiment duel, propre à l'appréhension de l'installation vidéo, où se mêlent le désir de comprendre et le malaise physique qui accompagne la posture attentive, en appelle effectivement au sens, mais non pas seulement à celui des images, des objets et du dispositif, mais également à celui que l'on doit attribuer à la gêne provoquée par le dispositif lui-même. Or, le sens de cette expérience de vision inconfortable, perturbée, perce à travers les indices fournis dès la consultation du titre, en lui-même énigmatique : *Dans la vision périphérique du témoin*. Non seulement il est question, dans l'œuvre, de cette vision, mais en outre, le dispositif vous contraint à en faire l'expérience. Le sens se construit dès lors que l'on se sent tenu, impliqué, à travers une sensation douce-amère aux sources de laquelle viendront s'alimenter les diverses situations mises en jeu dans l'installation. Comme par exemple cet échange de propos entre les deux personnages qui déambulent en conversant dans les jardins versaillais.

– Vous savez, je retrouve souvent cet endroit.

– Espérez-vous vivre quelque chose d'extraordinaire dans cette allée?

– J'ai parfois cette sensation, ou plutôt cette intuition qui surgit toujours dans mon champ de vision, alors, je prends cette direction, et voilà.

– N'avez-vous pas peur qu'il vous arrive quelque chose? d'être arrêté en route? De ne plus pouvoir quitter ce champ de vision, en quelque sorte.

– En fait, j'ai toujours préféré rester le témoin, ne pas être pris par les événements pour en apprendre davantage...

La vision périphérique du témoin devient un problème de posture sociale, intellectuelle, un choix de vie. Prennent sens alors toutes les allusions plus ou moins explicites au film de Peter Greenaway, *The Draughtsman's Contract*, dans lequel Mr. Nelville, le dessinateur, meurt assassiné (les yeux "crevés"), puni, à ce qu'il semble, de n'avoir pas respecté les termes d'un contrat... qui lui assignait précisément de "rester à sa place" ; c'est-à-dire de rester en dehors, hors jeu, de n'être que vision.

5 *Cahiers du cinéma* n° 391 p.X « *Le beau coït* ».

On comprend aussi la référence à Musil et l'intérêt pour la posture d'Ulrich : rester "l'homme sans qualité", pour demeurer perpétuellement en dehors ; la sympathie pour le cinéma du Wenders d'*Alice dans la ville*, de Volker Schlöndorff qui via Musil (*Der Junge Törless*), reprend la même thématique et l'allusion probable à la course de Bruno Ganz – le photographe/observateur du *Faussaire* – au centre d'une avenue de Beyrouth en guerre, comme ce personnage visible tout au long de la bande vidéo de l'installation, Marcel Odenbach lui-même, accomplissant dans un ralenti d'images, un footing interminable tout au long de la ligne médiane des Champs-Elysées. Demeurer sur la ligne, se maintenir dans la vision périphérique, rester le voyeur, non-interventionniste, ne pas s'engager pour ne rien perdre d'une vision qui néanmoins se perd en elle-même : perte systématique du point de fuite provoquée par le système des bandeaux verticaux qui évide le centre des images, et par le corps opaque et têtu du coureur, comme l'a montré l'analyse de Jean-Paul Fargier : « *L'opération presque chirurgicale pratiquée par le montage d'Odenbach, consiste à retirer d'une image sa structuration perspectiviste.* » [6]

S'élabore ainsi une sorte d'interprétation horizontale pour laquelle l'ensemble de l'objet est constamment supervisé, soit au niveau phénoménologique, pour lequel les éléments perçus sont en concordance les uns avec les autres, soit au niveau structurel, en tant que structure significative. Ainsi l'objet physique adhère à sa signification. L'énoncé du propos s'accorde avec la forme de l'énonciation et le sens de son contenu. La sensation éprouvée, le déplaisir, participe à la cohérence de l'œuvre. Et l'on commence alors à ressentir une certaine satisfaction, un embryon de plaisir "esthétique" peut-être... tout du moins, le sentiment de comprendre et la satisfaction d'établir des liens, de voir courir des ligaments qui, de plus en plus alertes, soudent entre eux les éléments dispersés selon les règles dictées par la cohérence du propos.

Le principe de cohérence, notamment entre la forme et le propos, ou le contenu de signification, trouverait un écho dès la thèse idéaliste de Hegel :

> *L'idée, comme beau artistique, a pour destination d'être une réalité individuelle, de même qu'une manifestation individuelle de la réalité a pour destination de faire apparaître l'idée. C'est dire qu'il est indispensable que l'idée et sa forme soient pleinement adaptées l'une à l'autre* . [7]

Ce qui suppose que la "manifestation individuelle" offre une sorte de moulage dont la forme exprime nécessairement (mécaniquement) l'idée qui l'informe. Le principe de cohérence évoquant ainsi l'idée d'une manifestation "évidente", il n'est pas étonnant dans le cas des installations vidéo, que leur

[6] Op. cit., p.X.
[7] *Esthétique* « L'Idéal par rapport à l'idée », p. 215.

aspect visuel et sonore — tel qu'il est le plus souvent constitué d'un bric-à-brac d'objets et de bruits prélevés sur les déchets du monde réel — confondu avec la manifestation de l'idée, apparaisse comme le signe "évident" d'un incontestable ratage artistique. Mais cet aspect correspond-il bien à la réalité dans laquelle l'idée viendrait à prendre forme? En vertu d'un principe de cohérence, particulièrement tenace, au point même de gagner d'après Marc Jimenez le structuralisme génétique — qui, tout en reconnaissant la polysémie des œuvres, n'aurait jamais « *renoncé à l'indissolubilité des rapports entre structure significative, cohérence, totalité et sens* » [8] — la forme visée ici par ce principe pourrait être le dispositif instauré par l'artiste.

La beauté de l'œuvre serait ainsi liée à la cohérence du dispositif, c'est-à-dire, selon la conception hégélienne, du côté du système instauré, plutôt que des objets et des sons exposés. Il conviendrait donc de ne pas confondre la "forme" avec les éléments physiques impliqués par l'œuvre, et de bien saisir les véritables facteurs de la cohérence artistique. Face aux bizarreries des installations vidéo, le principe de cohérence est effectivement le seul qui autorise des confrontations positives, des confirmations internes. Il offre ainsi un double confort moral : celui d'offrir une base stable, une régulation fiable pour les allées-et-venues sémantiques et une motivation positive, celle de la révélation de la vérité contenue dans l'œuvre.

En effet, la pénétration interprétative du sens de l'œuvre, lorsqu'elle se fonde sur le principe de cohérence, postule une structure, sous-jacente aux simples apparences, qui, au-delà du jeu d'associations, se situe inévitablement dans une quête de vérité. Autrement dit, comme le rappelle Pierre Bourdieu,

> *la "science" de l'interprétation structurale des œuvres d'art engage toute la vérité acquise dans chaque vérité à conquérir parce que toute la vérité est dans la vérité du tout.* [9]

Il apparaît dès lors assez clairement que toute recherche de significations s'inscrit sous l'égide de l'idée d'une vérité supérieure, d'un ordre du monde, celle d'une unité profonde reliant la partie au tout, le tout à la partie, la forme à son contenu d'expression. Quête dont l'aboutissement s'accomplirait sous l'aspect d'une vérité épiphanique superbement révélée, spectaculaire, éclatante dans sa forme même, exposée au regard : semblable au postulat de l' "évidente beauté" et complice de celui-ci.

Néanmoins le principe de cohérence est-il l'instrument d'une méthode d'analyse ou un trait caractéristique imposé à l'œuvre d'art? La dimension idéologique d'une telle attitude laisse craindre en effet que la recherche artistique se trouve soumise à un *Diktat* instigué par l'institution de l'art elle-même, et qui imposerait le principe de cohérence en tant que « condition *sine*

[8] Op. cit p. 245.
[9] Pierre Bourdieu, in *Panofsky*, 1967, propos rapportés par Louis Marin dans « L'œuvre d'art et les sciences sociales », *Encyclopédia Universalis*, Supp A —> H, p. 201, 3° alinéa.

qua non de l'art — *celle au nom de laquelle il nous arrive certaines prétentions de la sphère artistique* », comme semble le craindre Rainer Rochlitz.[10]

La vérité qu'exprime l'œuvre est-elle nécessairement "cohérente"? Après tout, pourquoi la "non-cohérence" ne pourrait-elle pas s'exprimer dans le beau artistique, et s'apprécier du reste aussi bien d'un point de vue esthétique? Ce serait semble-t-il l'une des questions soulevées, selon Marc Jimenez, par la *Théorie esthétique* de Theodor Adorno, notamment à travers un recours critique au dispositif paratactique, qui permettrait la « *convergence entre contenu de vérité (Wahrheitsgehalt) et puissance de l'esthétique (Æsthetische) – son contenu négatif* ». [11]

Pour en revenir à l'installation de Marcel Odenbach, la vision du monde *a priori* exprimée par cette œuvre — et qui serait fondée sur une éthique qui se résumerait de façon cohérente dans la posture non-interventionniste, réserviste, exposée — serait-elle à retenir comme son contenu de vérité? La piste semble assez séduisante, mais quelque chose résiste cependant à cette belle interprétation un peu trop "cohérente" : derrière les images, les belles paroles, la langue châtiée de la conversation, il y a ce souffle rauque et lancinant qui couvre la bande son; « *souffle présent du début à la fin de la vision. A la périphérie de la vision : les nerfs de l'ouïe. Avec deux points sur le I* » poursuit Jean-Paul Fargier [12] qui n'a pas manqué d'en être intrigué. Sans doute fait-il allusion aux plans finaux de la bande vidéo, lorsqu'entre deux bandeaux, une image en noir et blanc — fondue au gris — laisse entr'apercevoir les images d'un coït qui progressivement s'efface, tandis qu'expire le souffle et que le film s'achève. La "vision périphérique" à laquelle dès lors on tente d'adhérer témoignerait-elle de « *l'écho de la scène primitive* »? Bien étrange vision, assurément. Le découpage en bandeaux, sa structure et la musicalité qu'il produit au niveau des bruissements d'une image dans l'autre, après avoir été une figure du bunker [13], deviendrait, *in fine*, une métaphore du coït, selon l'alternance rythmique de la construction et de la déconstruction du sens.

L'exercice de l'interprétation consiste parfois, partant du fragment, à remonter le cours de la chaîne des significations. L'interprétation de l'œuvre comme représentation de la vision périphérique doit céder la place à celle d'une figure d'un autre ordre. Ainsi procède l'exégèse : tout ou partie sont saisis tour à tour selon la valeur du signe ou la valeur du cache.

[10] Cf. *Subvention, Subversion*, p. 164.

[11] Cf. *Adorno et la modernité*, p.227. On pourra, sur ce point, se reporter à l'ensemble du chapitre V « La cohérence » et aux chapitres « Modernité et négativité » p.334 et « Anatreptique » p. 341.

[12] Op. cit. p. XI.

[13] *Cahiers du cinéma*, numéro spécial *Où va la vidéo?* p.30, interview de Marcel Odenbach par Paul Virilio, propos recueillis par Jean-Paul Fargier.

Une position de ce type donne à l'art un privilège qui consiste à valoir d'écrin pour les vérités ultimes ; ou à leur servir de sarcophage. Elle peut paraître en effet privilégier le contenu en tant que terme de la quête, aux dépens de la singularité de l'œuvre, de sa matérialité, de son existence phénoménologique. Cependant la vérité dernière pourrait n'être qu'un *MacGuffin* qui n'aurait d'autre raison d'être que d'orienter le travail de déchiffrage. A moins que la fonction de voile, et l'éminence du dévoilement, dominent tellement celle du dévoilé que le principe de l'insondable se substituant à celui de "révélation", nulle vérité ne soit en fait accessible par l'œuvre d'art ; seul, éventuellement, un rêve de vérité.

Cependant, outre un regain d'intérêt, qui ne peut manquer de se produire, sur l'appréciation de l'*inventio* propre à l'œuvre, elle acquiert, par sa structure stratifiée, une sorte de parenté avec toute structure sédimentée, telle que l'histoire vécue comme tradition. L'objet renvoie à (ou fait signe vers...) la manière qu'a la mémoire de s'obscurcir, ou les souvenirs de se rigidifier et de s'encrasser d'un surcroît de significations. L'objet devient à son tour, au niveau de sa nature phénoménologique d'œuvre d'art, l'interprétant de l'expérience de l'opacité du monde, et l'on pense à la théorie artistique chère à Vassily Kandinsky du « *voilé/dévoilé* ».

En ce cas, c'est encore à la vérité, celle de l'instant de la connaissance à l'état brut et originel, que rêve le contenu de vérité de l'œuvre. Le flou entretient le rêve, et les titres des œuvres sont bien souvent complices de ce "brouillage de pistes" : certes, comme on l'a vu à propos d'*Aleph* ou de *Marcello 9000*, ils ouvrent des voies à l'interprétation ; mais, l'analyse de *Dans la vision périphérique* l'a finalement bien montré, ils en sont souvent les premiers perturbateurs.

Ainsi, dans l'installation de Gary Hill, *Disturbance, Among the Jars*, le titre pourrait se traduire selon les deux acceptions anglaises du mot "jar" (désaccord ou jarre) : "agitation dans les jarres" (ce qui conduirait à une assimilation éventuelle entre la jarre et le moniteur vidéo, bocal comme dans le *Video Fish* de Paik) ou "Trouble au milieu de la discorde", qui induit une focalisation sur les fragments de culture religieuse inclus dans l'iconographie de la bande vidéo (pomme, serpent, Eve tentatrice) et des textes du Talmud lus par Jacques Derrida.

D'autre part, si le titre est un interprétant de l'œuvre, celle-ci deviendrait en retour, comme c'est le cas des installations vidéo de Gary Hill, un interprétant du titre. On a vu en effet comment le type d'interactivité offert par *Sensing Place* (ou *Corner Of The World*), en parodiant d'un genre artistique en formation, avec ses règles et ses rigidités déjà naissantes, confère au titre une note humoristique. C'est ainsi que l'installation de Marie-José Burki gagne également en polysémie par d'infimes variations de titres et de configurations : lors de la Documenta 9, *Animaux* (un moniteur, une vidéo), était accompagnée d'une troisième pièce, *A.NI.MAUX* (deux moniteurs face à face, deux vidéos) située à l'entrée du Musée d'histoire naturelle de Kassel — clin d'œil probable aux divers oiseaux empaillés, aux papillons épinglés et aux squelettes d'ornithorynques que l'on peut y rencontrer.

Les titres "*Trois suites pour piano*", "*Intro Act*" et "*L'Eté, double vue*" renvoient chacun à l'originalité de leur dispositif. On peut supposer toutefois que *Trois suites pour piano* évoque plus un champ artistique que la seule référence aux concerts de la pianiste ; la logique esthétique de la "suite" trouve en effet son écho dans la forme littéraire qui se joue en trois volets dans l'installation. *Intro Act* manifeste, par l'idée suggérée de la pénétration dans un monde magique, davantage qu'un acte de participation. Quant à *L'Eté double vue*, il met l'accent sur la dualité même du désir (passif/actif) de "voir" et d' "être" — de voir "être", et d' "être vu".

Anthro-Socio, Rats and Bats et *Good Boy Bad Boy* (titres de trois œuvres de Bruce Nauman) sont des phrases rythmiques dont on retrouve la dynamique dans le tempo sonore et visuel des installations : les dédoublements (deux moniteurs, deux personnages, deux discours) et la dialectique de *Good Boy Bad Boy* ; les rythmes des coups de battes, le bruit assourdi sur les sacs, la répétition insatiable de la cruauté, comme évocation des couples ancestraux : homme-bête, culture-nature.

He Weeps For You est un titre qui travaille sur la métaphore poétique des larmes et de la goutte d'eau. Toutefois, dans la mesure où il ajoute une instance affective et morale à l'existence phénoménologique de l'œuvre, sans pour autant combler totalement la distance entre l'une et l'autre des deux instances, il en enrichit la dimension poétique.

D'Est, au bord de la fiction de Chantal Akerman et *Le retour de l'homme invisible*, des Nyst, font l'un et l'autre référence à la fiction. Ce dernier par le clin d'oeil lancé du côté des conventions du feuilleton, voire de l'épopée, arrière plan mi-puéril mi-nostalgique au chuchotement des deux voix. De son côté, dans le premier cas, Chantal Akerman complète le titre de son film, *D'Est*, d'une précision : *au bord de la fiction*, posant au seuil de son œuvre une problématique en forme d'incertitude : où sont les limites de la réalité? comment, à partir du moindre fragment de vision, jaillissent des possibles? à quoi tient l'histoire? mais aussi au bord de quel inconnu s'arrête le devenir? Quel est cet éternel recommencement qui se glace et s'inverse dans le traumatisme du départ vers les camps d'extermination?

Materia Prima, qui unit dans une même matière la pierre traditionnelle de Rome et la télévision, induit deux directions sémantiques, celle d'un discours éventuellement critique sur le monde des *media*, matière première, fondement, pavage social, et celle d'un rêve évocateur d'un paysage des origines auquel les inflexions italiennes ne sont pas étrangères. Thème de la matière en formation, du monde issu du chaos, mythe fondateur. Le titre qui oriente l'esprit en direction d'une thématique permet une approche de l'œuvre par des voies sinon familières du moins défrichées par la continuité culturelle. Ainsi les titres "*Passage*" ou "Passant" (*The Passing*), de Bill Viola évoque les thèmes du passage de la vie à la mort, de l'agonie et de la naissance, de la suspension entre deux états, *Sustain*, de l'assistance et de la survie. Le thème du corps sacrifié est perceptible dans *Opération des lèvres à travers la croix*; celui de la mémoire dans *Remémoration, Répétition* de Victor Burgin, ou de la mort pour *L'Hiver (la Mort de Robert Walser)* de Thierry Kuntzel, celui de la dégénérescence et de la fin du monde, dans *Wake up, Dead World* d' Evelyne Renault :

> *Une installation miniature tournant autour du jouet philosophique* [...] *à l'intérieur du globe terrestre, une petite caméra accrochée à la voûte céleste par un ressort ombilical est branchée à un petit moniteur* [...] *images pauvres, images lunaires, enfantines, les dernières d'un monde fatigué qui continue à rétrécir vers le big-bang final.* [14]

Mais dans quelle mesure peut-on s'octroyer la polysémie du titre sans outrepasser les limites de l'œuvre. Le titre, évocateur d'un thème, ne participe-t-il pas à la fois du texte de l'œuvre (puisqu'il en fait légalement partie) et de son hors-texte (compte tenu de la part de culture et de préoccupations, extérieures à l'œuvre, qu'il agite autour d'elle et qui risque d'attirer l'attention hors d'elle). Certes, les installations vidéo sont plus ou moins "parlantes", "évocatrices", "verbalisatrices" par elles-mêmes et sur elles-mêmes en tant que réservoir sémantique, et cela sans avoir forcément recours à d'autres médiations. Mais, néanmoins, ne sont-elles pas parfois la simple occasion de bavardages injustifiés, de méditations vaines, de souvenirs étrangers liés à la connaissance d'un mythe ou d'un fait évoqué dans l'œuvre?

Il importe donc que l'œuvre demeure le lieu d'immanence où le thème évoqué par le titre trouve ancrage. Le titre n'est pas la clef qui fait sortir de l'œuvre, mais celle qui permet d'y entrer. C'est ainsi que le titre *Auto. T.V. Hochzeit I* (*Les Noces de l'automobile et de la télévision*) de l'installation de Wolf Vostel, tout en évoquant le thème du mariage et ce qui s'y réfère, trouve son sens original et ironique dans l'œuvre, en tant que phénomène singulier : l'automobile telle qu'elle apparaît (carcasse de Mercédès) sertie de minuscules moniteurs pellucides semblables aux joyaux tristement banals d'une tiare en décomposition.

Ce que le titre évoque appartiendrait à l'œuvre, semble-t-il, à la condition que ce qu'il convoque de savoir thématique (mythe, événements, sujets divers) soit, en partie, dénié par l'œuvre elle-même, et cela, en dehors de toute ironie. C'est la condition par laquelle le hors-champ serait retenu dans l'objet, la condition de sa propre singularité. *Sustain* engage l'interprétation selon le thème du soutien, de la solidarité, mais surtout s'en

[14] Cf. Vidéoformes 91 p. 26.

dégage par l'expression de la pulsion de dévoration. Le thème du passage chez Viola exprime tout autant le passage en tant qu'événement que le désir de retenir ce qui passe. Quant à *Crux*, de Gary Hill, proprement intraduisible, compte tenu de la récurrence des jeux de langage dans les œuvres de cet artiste (le mot *crux* en anglais signifiant non pas croix, mais "point crucial" et "nœud de difficultés"), il ne sera pas exagéré de le considérer comme une mise en correspondance de l'expérience singulière de la performance avec la figure chrétienne que la sonorité du terme *crux* ne manque pas de suggérer (en corrélation avec la disposition cruciforme évoquée plus haut).

C'est ainsi que l'objet est traversé par des faisceaux de sens et de significations, que ça fait signe en lui, l'œuvre veut dire quelque chose par elle-même, elle produit sa propre *Bedeutung*, et cela par l'avènement de petits faits inattendus par lesquels l'œuvre se démarque d'un savoir universel et d'une conception générale.

Ken Feingold figure, certes, le passage du temps dans *Childhood/Hot & Cold Wars (the Appearence of Nature)*, par son dispositif et ses objets, mais il croise aussi les thèmes de la guerre et de l'enfance, et les confronte violemment au flux des images des *news* américains. Pierrick Sorin, dans L'Artiste, le méchant et le conservateur accumule de nombreux indices en direction du monde de l'art (par son titre et par la présence des débris de châssis et de toiles au fond de sa caverne infernale), mais il trouble le sens par moult petites présences invraisemblables (bidon, tuyau, lance-flammes etc...). Le thème de l'enfermement abordé dans *Rats and Bats* se retrouve chez Simon Robert Schaw dans *Génération to Génération*, mais alors il est traversé par celui de l'eugénisme ; enfin, l'univers concentrationnaire, exprimé dans *The File Room* d'Antoni Muntadas par la configuration des parois couvertes de casiers sombres et menaçants, interfère dans celui, thématisé, de la censure.

Le thème de la pérennité de la nature et de la finitude humaine est, certes, assez constant chez Vostell ; celui de la guerre des sexes chez Marie-Jo Lafontaine, et celui des rapports de haine et d'amour, de dépendance, chez Marina Abramovic et Ulay. Les artistes, parfois fidèles à quelques thématiques, les approfondissent toutefois selon des directions toutes personnelles.

Certains thèmes reviennent même de façon récurrente, au point que l'on peut se demander s'il ne s'agit pas d'obsessions partagées par les artistes vidéastes : ainsi le corps n'est pas seulement un domaine qu'il est actuellement "urgent de réinvestir", mais un sujet qui se prête à l'ex-ploration du médium (on a vu, antérieurement, le rôle joué par les caméscopes), par l'œil électronique et le scanner. Le médium vidéo offre à la représentation le moyen d'exprimer les manifestations sous-cutanées, la palpitation des organes, que la peinture et la sculpture ont tant souhaité représenter [15]. Si l'érotisme est constitutif de l'art (selon l'esthétique de Breton) le corps vivant, pourrait aussi bien l'être de l'art vidéo : le souffle, la chair, les orifices, les plis, les mouvements, les déplacements ne cessent d'être exprimés, comme si le corps avait enfin trouvé la voix qui rende compte aussi bien de son intimité que de sa vitalité, de son unité que de ses clivages ; comme si, à partir de l'interprétation du médium, l'installation vidéo "disposait" d'une forme inédite d'érotisme, et s'en arrangeait selon des parcours fragmentés.

En effet s'il semble bien que certains champs de préoccupation, tels que celui du corps, mais aussi celui du regard, l'image de soi et celle d'une certaine forme d'ubiquité, sont des thèmes dont le support vidéo s'est emparé, il se pourrait que l'installation, pour sa part, en réinvestisse les figures. Le médium est donc, à sa manière, un interprétant : "dans" l'œuvre, interprétant de la conscience de soi à travers celle de son corps, mais aussi "de" l'œuvre, car il devient une piste possible pour pénétrer ses problématiques. C'est donc en tant qu'il joue ce rôle que la technologie, présente au sein de l'œuvre qui se l'approprie, devient à son tour un objet d'interprétation.

15 Cf. La notion « d'hystérisation de la surface peinte », chez Georges Didi-Huberman, *La Peinture incarnée*, collection « Critique », Editions de Minuit, 1985, p.30.

9. Connaissance et culture

Pour moi, l'homme mythique n'est pas un homme libre au sens où l'entendent les sciences exactes.... Il faudrait que le mythique, une fois transformé, s'intègre dans ce que l'on dit, dans ce que l'on fait et dans ce que l'on crée aujourd'hui.

Joseph Beuys

Comme on l'a vu, le regard esthétique procède "des" sens dès lors que ceux-ci sont éveillés par la quête "du" sens.

Et réciproquement, car si le sens, du point de vue du processus d'interprétation, naît souvent de l'identification d'un thème, celui-ci pourrait devenir facilement une manière de fuir l'œuvre et sa littéralité, et dans ce cas, un risque de sortir de la conduite esthétique, si l'identification du thème ne suscitait pas un retour sur l'œuvre même.

C'est pourquoi il importe de se demander ce que signifie pour l'œuvre elle-même la relation thématique. S'agit-il de traiter la question, de donner figure à l'une des facettes, d'en proposer une analyse? Ou seulement de situer un propos singulier sur toile de fond, ou, moyen terme, d'utiliser la "thématique" déjà constituée comme horizon de référence? Ainsi, l'évocation fréquente du corps, de la thématique du corps, dans les installations vidéo — selon le contexte social ou bien selon sa mise en représentation traditionnelle — pourrait apparaître comme une sorte d'horizon de référence, cependant que se dessinerait, en arrière-plan, archaïque et menaçant, le mythe du corps déchu des religions judéo-chrétiennes. Les couches sémantiques, translucides, dessineraient, dès lors en se superposant, des configurations étonnantes. Rappelons à ce propos la manière dont Orlan élabore une critique des mythologies contemporaines du corps féminin, telle que les œuvres déjà citées ont pu le faire apparaître.

Si, donc, les œuvres évoquent assez souvent les grands mythes fondateurs, rares sont les références directes ; Sans doute peut-on déceler dans cette réserve un accord avec un esprit encore dadaïste sensible dans les propos de Joseph Beuys : « *L'homme mythique n'est pas un homme libre... Il est prisonnier des conditions morales...* » [1]. Les mythes ainsi considérés comme des facteurs de régression sociale, dans la mesure où ils maintiennent la conscience dans un état d'aliénation aux croyances ancestrales, se glisseraient furtivement dans l'inconscient collectif sous la formes pernicieuses de mythologies contemporaines [2]. Néanmoins, les aborder à travers les

1 *L'Art vivant n° 48*, « Conversation avec Beuys », p. 18.

2 Cf. Roland Barthes, *Mythologies*.

préoccupations actuelles pourrait être non seulement une manière de les interpréter, mais aussi de les placer dans l'œuvre comme levier d'interprétation. Car ces mythes, tout à la fois, « *nous hantent* » — même s'ils reposent sur des fondements artificiels d'une foi païenne — et nous tiennent dans le carcan de ce que René Passeron nomme le « *scénario archétype* » [3]. Reste donc à savoir comment les convoquer sans toutefois s'y laisser piéger.

Ainsi, Jean-Paul Fargier, s'interrogeant sur la relation de la lumière vidéo et de celle du vitrail déclarait : « *Peut-on composer un vitrail post-fidéiste, qui ne renonce pas au mythe, mais ne s'y abîme pas?* » [4]. Cet artiste accorde en effet au mythe une place particulière : il travaille, dans sa série des *Mystères joyeux*, sur les mythes fondateurs de la religion catholique, le passage de l'ancien au nouveau testament : *Mystère de la (vraie) Croix – La Visitation, L'Annonciation, La Nativité, La présentation de Jésus au Temple* (en collaboration avec son ami Jean Kirili), *Jésus perdu et retrouvé*, six installations ou sculptures vidéo créées par Jean-Paul Fargier entre 1988 et 1993, (outre *Les Mariannes*, qui évoqueraient une autre sorte de mythes). Les mythes anciens seraient-ils remis au goût du jour? Si, comme le rappelle Walter Benjamin dans *Mythes et Violence*, le mythe est ce qui confère un fondement à l'œuvre, une unité, par « *la cohésion du mythe propre* », il resterait superstition "rudimentaire" lorsqu'il n'est pas soumis à l'épreuve critique de la "revisitation". Reste à savoir en quoi consiste cette opération, et quelle tournure elle est susceptible de prendre dans les installations vidéo. Quels intérêts artistiques parviendraient elles à puiser encore dans le substrat mythique?

En effet, d'après Ernst Cassirer,

> *La pensée mythique dans les formes fondamentales les plus anciennes que nous puissions connaître... est quasiment ensorcelée et prisonnière du contenu [de l'intuition], tel qu'il est im-médiatement présent devant elle.* [5]

Le "mythique" n'aurait ainsi, de nos jours, guère plus de de force qu'une simple évocation culturelle. Ainsi, bien qu'émoussé, réduit à l'état de simple liant, toile de fond, facteur de cohésion et de cohérence, il n'en persisterait pas moins à véhiculer ou produire un fondement aliénant, dans la mesure où il renverrait à une pensée pré-conceptuelle. En outre, les mythes déconnectés de tout contexte religieux, de toute inscription liturgique, perdent la valeur de signes que leur confèrent, en principe, les pratiques sociales? Ne doit-on pas, en ce cas, s'émanciper définitivement des vieux mythes, plutôt que de se contenter de les revisiter? A moins que cette opération participe d'une forme d'émancipation. En effet, traités par l'humour, la dérision et la

[3] Cf. « La Naissance d'Icare », p. 162.
[4] Cf. *Vidéo Art Plastique*, 7èmes Rencontres, Hérouville Saint-Clair, 1993, p.54.
[5] Ernst Cassirer, *Langage et mythe*, p.49.

tendre sympathie éprouvée pour de vieilles racines encore vivantes, mais inoffensives, les mythes, réserves inépuisables d'une mémoire ancestrale, sont en effet sans cesse agités, bousculés, exaspérés par les installations jusqu'à faire remonter du fond des temps quelques fragments actifs susceptibles de ranimer le matériau artistique : tel est le paradoxe de ces œuvres, inscrites dès leur origine dans une dynamique critique et subversive, mais pourtant avides de matériau solide, par le temps, les traditions et la culture lentement sédimentés. Il est probable que la plupart des installations vidéo suivent cette double optique. Et « le mythe...? oui, mais... », pourrait-être leur devise?

> *Mais pourquoi ai-je tenu à répéter ces gestes sacrés?* s'interroge en effet Jean-Paul Fargier, *pour affronter [...] les vices dominants de notre époque, en confondant ses deux terrains d'action privilégiés : la religion et la télévision.*[6]

L'affrontement ne prend pas toujours la forme d'une fuite et n'emprunte pas davantage nécessairement les voies de la dérision. Ainsi, le mythe de Caïn se profile incontestablement derrière les œuvres de Yook (*Eye For Field* de la Documenta 9 de Kassel, *The Sound of Landscape...*, de la *3° biennale d'art contemporain* de Lyon), et dans celle de Bill Spinhoven (*Eye*, *3° biennale*), représenté dans l'un et l'autre cas par un dispositif d'œil vidéo, filmé en gros plan. *Eye For Field*, qui, lors de l'exposition de 1992, était incrusté au sommet d'un tumulus couvert de pelouse, et faisait front au musée, fut intégré à Lyon dans un montage d'images d'archives et disposé dans l'énorme cylindre métallique dont nous avons donné préalablement une description. L'*Œil* de Spinhoven est, quant à lui, disposé à deux endroits différents de l'exposition et, selon les déplacements des spectateurs qui, au passage, déclenchent, par système infrarouge, le programme informatisé, il s'oriente de telle manière que la pupille semble les suivre tout au long de leurs visites. Cette œuvre, assez proche du *Big Brother* de *1984* d'Orwell, se rapportera éventuellement aussi au mythe de Caïn, mais par un système de références en tiroirs, ou par la contamination de celle de Yook — surtout quand elles se trouvent situées à quelques mètres l'une de l'autre dans la même exposition. Cependant, dans aucun des deux cas la référence au mythe n'est explicitée ni énoncée. C'est donc plutôt par le thème abordé, celui de la culpabilité, du soupçon, de la toute puissance d'une divinité omnisciente (juste ou tyrannique), que le mythe fondateur d'une conscience humaine vient à l'esprit.

Les gestes en direction de l'événement ou de la figure mythique ne manquent cependant pas : mythes infernaux, donc, avec *White Devil* (figure de Cerbère) mythes arcadiens, dans *Trans Plant*, ou *Intro-Act* ; mythe du

[6] *Vidéo Arts Plastiques*, 1993 p.23.

double, de l'androgyne, dans *Ann Daisy.* Celui de la tour de Babel chez Nam June Paik ; ou encore, avec les *Time Machines* (I et II) de Piotr Kowalski, le mythe de la machine à remonter le temps — « *Deux œuvres qui répondent au projet utopique de renverser le temps* » [7]. Pierrick Sorin confie avoir été « *marqué par* Le Mythe de Sisyphe » [8], d'Albert Camus, ce dont personne ne s'étonnera étant donné la récurrence de son évocation dans plusieurs de ses œuvres, telles que *"Le Mur", De Belles Sculptures contemporaines* et *L'Incident du bol renversé.*

On peut voir dans la série des *Temps morts* d'Emmanuel Carlier, au cœur de la problématique du temps. Chez Tony Brown, le mythe des origines perdues (*Lucy and Franck*), de même que dans *Materia Prima,* de Fabrizio Plessi. On reconnaîtra celui de la connaissance dans la figure du puits dans les œuvres des Defraoui, notamment *Fontaine du désir,* ou bien dans celle de l'arbre, omniprésent dans l'exposition "*une Forêt*" du vidéoforme de 93 à Clermont-Ferrand : *Eden,* de Giuliana Cunéaz, *L'Ame du bois,* de Ko Nakajima, *La Steppe*, de Jean-Michel Gautreau, « *forêt inversée dont les cimes des arbres poussent vers l'intérieur de la terre* » (Guédnady Zdanovitch) [9], *le Totem sans Tabou* de Michel Jaffrenou.

Compte tenu de la distance, voire de l'irrespect, par lesquels les mythes évoqués sont traités, il peut sembler que le mythe entre dans un jeu de références plutôt qu'il ne participe profondément d'une réflexion ou d'une méditation sur les origines de notre civilisation ou sur les grandes souffrances de l'âme humaine. D'où l'impression parfois que le mythe est plaqué artificiellement sur l'œuvre, qu'il ne se situe pas vraiment au cœur de celle-ci. Cependant, par son enracinement et son pouvoir grégaire, il trouve sa place dans une forme d'expression à vocation populaire ; signe d'un acquis culturel, d'un certain "niveau social", il appartient également au vocabulaire et au langage de « l'homme du commun ». Il deviendrait, dès lors, une sorte d'interprétant atemporel et universel des procédures contemporaines.

Du moins, comme on l'a noté à propos de *White Devil,* c'est ce qui semble arriver aux différents mythes que nous avons relevés précédemment. L'œil de Dieu sur Caïn devient une conscience contemporaine, celle de la mémoire des archives de l'I.N.A.; le mythe de la caverne entre selon le même principe dans la syntaxe de *The File Room* Muntadas. C'est ainsi que la société occidentale se verrait confrontée aux mythes bouddhistes [10], ou que les mythes archaïques seraient en relation d'éclairage réciproque avec les

[7] *Catalogue de la 3° biennale d'art contemporain* de Lyon, p.130.
[8] Cf.Elisabeth Milon, *Pierrick Sorin, Petite nostalgie du burlesque*, p.33.
[9] *Vidéoformes* "Une Forêt", 1993, p.10.
[10] Cf. *L'Ame du bois*, de Ko Nakajima, *Vidéoformes* 93.

mythologies actuelles (*Tantôt Roi, Tantôt Reine* de Catherine Beaugrand), comme ce fut abordé plus haut à propos du travail de Dara Birnbaum.

L'œuvre serait dès lors un objet sémiotique. Toute sa dimension phénoménologie n'est qu'enchevêtrement d'indices, tout fait signe en elle. Mais cela fait signe aussi à travers elle et au-delà d'elle, par des manifestations produites en dehors de toute intention sociale ou artistique. On peut trouver ou chercher du sens aux installations vidéo selon une visée historique (continuité dadaïste ou art technologique "fin de siècle") ou selon une visée sociologique, par laquelle l'être social chercherait à renouer avec son propre corps : les installations vidéo développeraient-elles une forme d'expression symptomatique du malaise actuel?

Mais signe, donc, sans *Bedeutung*, le symptôme, on l'a vu, n'a pas nécessairement vocation esthétique. Dans quelle mesure du reste relève-t-il de l'œuvre d'art, en tant que telle? Il est en fait le signe d'une transcendance de l'œuvre par une idée qui se fait jour en elle. Ce que dénonce Adorno dans le principe de la « *théorie du reflet* » (selon son expression), c'est que l'on en vienne à « *prendre une situation sociale et historique donnée afin d'en déduire les valeurs d'une œuvre individuelle* » [11]. Autrement dit, le discours sur l'œuvre limiterait le champ de signification de celle-ci et en court-circuiterait la perception. L'interprétant de l'œuvre lui serait en ce cas complètement extérieur. Mais le regard n'est pas seul en cause, car l'œuvre induit partiellement cette attitude dans la mesure où elle présente une part du déni du savoir : le "vouloir dire" singulier de l'œuvre, exemplarité rebelle aux thèses des chercheurs. Ce serait donc par ses qualités propres que l'œuvre se poserait parfois comme reflet.

Il y a lieu, à ce titre, d'interroger le concept de « *contenu de vérité* » de Theodor Adorno, qui semble destiné à déceler, dans l'objet, la contradiction sociale de son contexte d'émergence. Sa conception, voisine de celle de Walter Benjamin, témoigne en effet du désir que l'œuvre révèle, hors intention, une vérité qui excède la faculté de pensée « *à laquelle la philosophie n'a pas accès,* [...] *vérité métaphysique* [...] *dont l'œuvre fournirait une présentation* » [12]. Si l'œuvre témoigne, par les incohérences dont elle se fait le lieu, du déni d'une conciliation factice, elle prête à une interprétation ; elle se rend ainsi exemplaire d'une incohérence qui, certes, la dépasse, mais qu'elle a toutefois capturée dans son propos artistique en refusant de gommer le malaise, en choisissant de l'exprimer.

[11] Adorno, *Introduction Première,* Paris Klincksieck, 1976, traduction. M. Jimenez et E. Kaufholz, pp. 135, 136. Voir aussi Marc Jimenez, *Adorno et la Modernité*, p.50.
[12] Rochlitz, op. cit p. 88.

Dire qu'un objet d'art est pris dans un réseau de significations, c'est aussi en constater le rayonnement. Sans doute, par rayonnement, est-il souvent entendu révélation. Il participe en cela à la finalité de vérité de l'art : le contexte est modifié par la présence d'un fait d'art (objet au sens large). Il introduit donc un mouvement de sens.

Les non-sens, propos absurdes, insignifiants, rencontrés dans les installations vidéo font, certes, craindre son manque de signification. Souhaite-t-on pourtant qu'un objet de cette sorte délivre un message clair, soit porteur d'une signification précise? Cet objet sécrète en fait un champ de signifiance,[13] qui serait du reste, pour Michael Riffaterre, « *Le vrai sujet* » de l'œuvre ; un ensemble donc, sinon totalement cohérent, du moins structuré, selon le sens précisé par Julia Kristeva :

> *Nous désignerons par signifiance ce travail de différenciation, stratification et confrontation qui se pratique dans la langue, et dépose sur la ligne du sujet parlant une chaîne signifiante communicative et grammaticalement structurée.* [14]

Surplus à la seule logique de communication, le "vouloir dire" est une substance signifiante dans laquelle se lovent les œuvres d'art et dont se délectent leurs amateurs. Et comme le rappelle en effet Roland: « *Ce n'est pas l'extension (logique) qui captive, mais le feuilleté de la signifiance.* » [15]. Il serait donc absurde que la relation esthétique, toute "sensitive" ou "sensuelle" qu'elle soit, ne prenne pas en compte les virtualités de signification de l'œuvre. L'attitude relevant de l'extrême sensibilité ne peut pas ne pas les entendre. Les activités interprétatives ne relèvent-elles pas elles-mêmes parfois du plaisir esthétique? Ne sont-elles pas génératrices d'émotions, plaisantes ou déplaisantes? Ainsi, la répugnance éprouvée, selon Saül Ostrow, par Clement Greenberg à l'égard de toute interprétation ne serait-elle pas davantage à interpréter comme une réaction affective porteuse en elle-même d'une dimension interprétative, plutôt que de la considérer comme un refus délibéré d'interpréter.[16]

Des deux termes de la relation esthétique, le sujet récepteur n'est pas le seul à faire émerger les nappes de signification : en sa qualité d'objet d'art, d'œuvre singulière, quelque chose se montre à lui, en tant que "chose", et en tant que "signe". En tant que chose, par les données phénoménologiques, se signale une présence physique et matérielle. Mais comment les contenus de

[13] « *Implications latentes et subtiles de quelque chose par opposition à son sens explicite* » *Sémiotique de la poésie*, p.211, note 3.

[14] Op. cit. p.11.

[15] Roland Barthes, *Plaisir du Texte* p. 23.

[16] « *La répugnance* [...] *à interpréter la signification d'une œuvre d'art, à commenter les intentions supposées de l'artiste, ou à expliciter ses propres positions au-delà d'un certain point, constitue peut-être une défense contre sa propre métaphysique*», *art press*, hors série numéro spécial 16, 1995, p.34.

significations signalent-ils, quant à eux, leur présence? Qu'est-ce qui, dans le matériau de l'œuvre, invite à l'interprétation, favorise le rayonnement? Probablement un jeu de cache-cache entre évidence et opacité, à travers la transhumance des signes qualitatifs (les « *Qualisignes* ») parmi les choses qu'ils qualifient et à propos desquelles ils inviteraient à une « *interprétation d'essence* ». [17]

Le principe selon lequel l'interprétation ne participe à la relation esthétique que dans la mesure où elle se déduit de l'œuvre, de sa légalité interne semble prononcer la séparation définitive entre la relation cultuelle et la relation esthétique. S'il semble parfois que certains contenus de l'installation vidéo (les reprises des figures de la chrétienté, et tout autant, sinon plus, les mythes contemporains, les objets de la technologie électronique, le sexe, le corps, les modes de communication, l'informatique, le médium vidéo, l'installation vidéo elle-même, etc...) présentent une vocation, sinon une valeur, de nature cultuelle, ils n'échappent pas pour autant au principe interprétatif actif propre à l'œuvre. Le mythe est, pourrait-on dire dans ce cas, "incrusté" dans l'œuvre, comme l'image du père juif, œil du cyclope, sur le front d'Allen Ginsberg. [18]

Pour en revenir à Ernst Cassirer, il semblerait, que si l'expression artistique présente un facteur de régénération pour l'esprit, non plus « *mythiquement aliéné* », mais « *libéré* », ce n'est pas parce que celui-ci...

> *... se débarrasse du mot et de l'image [mythiques], mais parce qu'il les utilise tous deux comme des organes et qu'ainsi, il reconnaît que leur raison profonde est d'être des révélations de lui-même .* [19]

Dans l'installation vidéo, toute référence aux mythes, toute prétention aux valeurs de culte (toute apparence de ces valeurs) demanderait, en effet, à être reconsidérée selon l'interprétation que la configuration singulière de l'œuvre impose, à la lumière, donc, des interprétants qui lui sont inhérents. Chacun de ces éléments à "teneur cultuelle" est à la fois l'objet et le sujet d'une interrogation, d'un doute concernant son identité : à la fois signe et fiction.

Si l'objet installation vidéo reste flou en tant que détermination de classe, il s'avère néanmoins que les œuvres qui voient le jour sous couvert de cette forme d'expression prennent du sens au cours d'un processus esthétique pendant lequel sont étroitement liées les phases de perceptions, d'émotions et d'interprétations. Ces différentes phases s'apparentent en partie à des modes d'appréhension traditionnels alors que d'autres sont spécifiques à l'installation

[17] Conférer à ce propos la théorie de Charles Peirce , op. cit. (2.254, p.180).
[18] Cf. J. P. Fargier à propos de *Allan'n Allen's Complaint* de Nam June Paik, Cahiers du cinéma, n° 341, pp. 29-28.
[19] Op. cit. p.122.

vidéo (tels que l'interprétant médiumnique par exemple, ou celui de la sensation kinesthésique). Il en résulte donc une forme d'expression qui n'a pas de cadre esthétique propice à favoriser son appréhension.

Doit-on voir dans cet état de fait la cause de la position de porte-à-faux que l'installation vidéo occupe par rapport aux présupposés esthétiques drainés eux-même par le concept d'œuvre d'art? Peut-être, mais il se peut tout aussi bien que l'installation vidéo, comme ce fut le cas pour le readymade, marque l'expression d'une rupture d'un "contrat esthétique" qui véhiculerait de tels présupposés. C'est pourquoi, tant que l'installation vidéo ne sera pas plus précisément définie en tant que catégorie esthétique, ou « *support communicationnel* » au sens ou l'entendrait Timothy Binkley [20], subsistera une incertitude : ces objets sont-ils transgressifs par rapport aux « *diktats de l'esthétique* » [21] ou manquent-ils encore de "structures de conventions" par lesquels ils mériteraient d'être appréhendés, selon leurs traits esthétiquement pertinents?

L'un des facteurs de la relation esthétique, qui se cherche du côté des approches traditionnelles, et qui fait cependant défaut au cours de l'appréhension des œuvres (dans la mesure où il relève en partie de problèmes catégoriels) reste donc celui de la sorte d'existence à laquelle pourraient se prêter, d'une façon générale, les objets nommés "installations vidéo". Sans l'appui de cet horizon de référence, de cet ultime interprétant, il est impossible de juger esthétiquement et d'apprécier pleinement un objet de cet ordre.

20 Op. cit., p.48
21 *Ibid.* p.53.

D'Est, au bord de la fiction,
1994
Chantal AKERMAN
Installation vidéo
Photo : Ben Blackwell
Sfotoma : Jeu de Paume

Flying Lady, 1991
Catherine BEAUGRAND
Installation vidéo
Musée d'art contemporain
de Lyon
Photographie : J.B. Rodde

Intro Act, 1995
Christa SOMMERER
& Laurent MIGNONNEAU.
Installation réalité virtuelle.
Supported by the CNAP,
Commande de l'État Français,
Ministère de la Culture
Musée d'art contemporain de Lyon
Photographie : Blaise Adilon

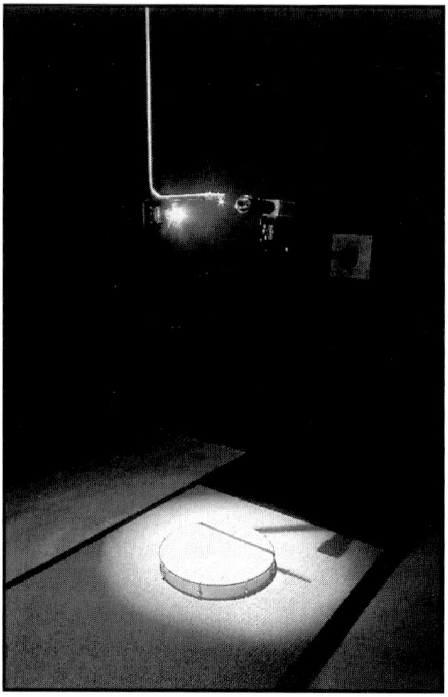

He Weeps for You, 1976
Bill VIOLA
Video/sound installation
3,7 × 7,9 × 11 m
1re édition : Staatliche Museum zu Berlin-Preussischer Kulturbesitz, Nationalgalerie.
2e édition : Collection of Pamela and Richard Kramlich
Photographies : Blaise Adilon

Bill VIOLA
Tiny Deaths, 1993
Video/sound installation
4,3 × 6,7 × 8,3
1re édition : Musée d'art contemporain de Lyon
Premier moment
Photographie : Blaise Adilon

Tiny Deaths
deuxième moment – Photographie : Blaise Adilon

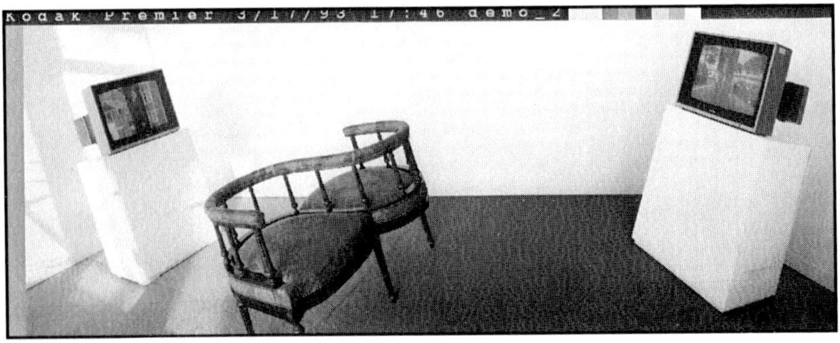

Marcel ODENBACH
Dans la vision périphérique du témoin
Bande vidéo et installation
Centre Georges-Pompidou

Bande vidéo
et installation,
n° 1

Bande vidéo
et installation,
n° 2

Lyon Video Wall, 1995 (vue de face)
Nam June PAIK
Installation vidéo, avec 100 moniteurs, 7 vidéodisques et des documentaires
Collection de l'artiste
Photographie : Blaise Adilon

Lyon Video Wall, (vue de 3/4)
Photographie : Blaise Adilon

Animaux, (animaux), 1991
Marie-Josée BURKY
Installation vidéo
4 vidéos, 4 moniteurs. Musée d'art contemporain de Lyon
Photographies : J.B. Rodde

Animaux,
(animaux),
(détail, n° 1)

Animaux,
(animaux),
(détail, n° 2)

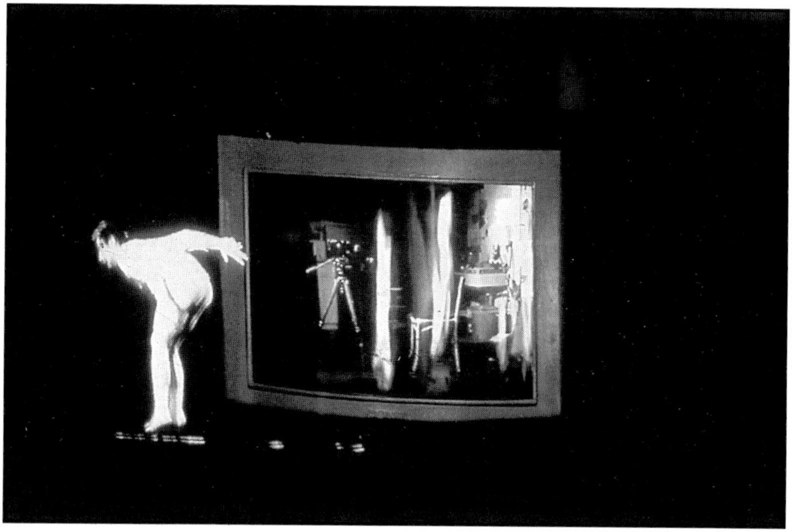

L'artiste, le méchant et le conservateur, 1995 (détail)
Pierrick SORIN
Caisse de dépôts et consignations
Courtesy : Galerie Rabouan Moussian, Paris

L'artiste, le méchant et le conservateur, 1995 (détail)

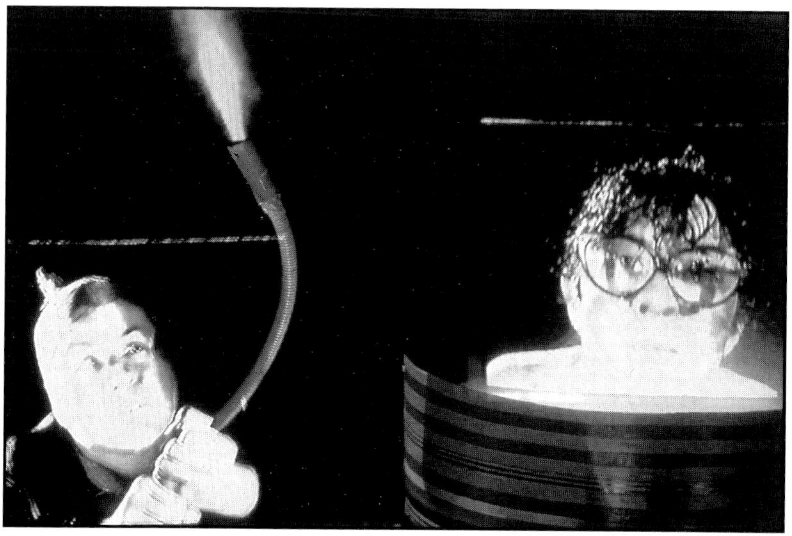

Ann-Daisy, 1995
Tony OURSLER
Installation vidéo avec 2 poupées, 4 magnétoscopes, 4 vidéoprojecteurs
Musée d'art contemporain de Lyon
Photographies : Blaise Adilon

Ann-Daisy, détail

D'Est, au bord de la fiction, 1994
Chantal AKERMAN
Installation vidéo
Photo : Ben Blackwell
Sfotoma : Jeu de Paume

Flying Lady, 1991
Catherine BEAUGRAND
Installation vidéo
Musée d'art contemporain de Lyon
Photographie : J.B. Rodde

Intro Act, 1995
Christa SOMMERER
& Laurent MIGNONNEAU.
Installation réalité virtuelle.
Supported by the CNAP,
Commande de l'État Français,
Ministère de la Culture
Musée d'art contemporain de Lyon
Photographie : Blaise Adilon

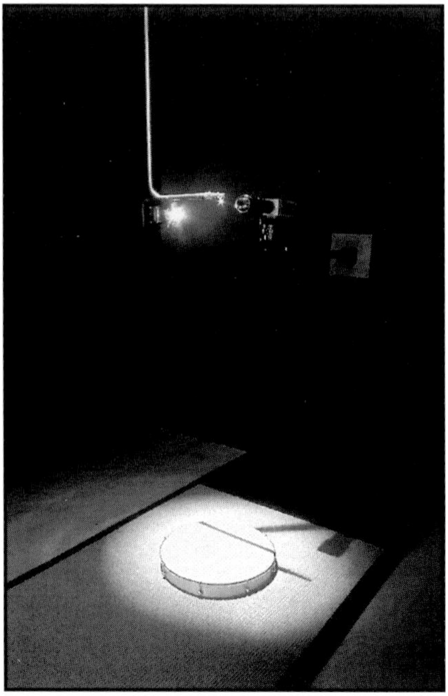

He Weeps for You, 1976
Bill VIOLA
Video/sound installation
3,7 × 7,9 × 11 m
1re édition : Staatliche Museum zu Berlin-Preussischer Kulturbesitz, Nationalgalerie.
2e édition : Collection of Pamela and Richard Kramlich
Photographies : Blaise Adilon

Bill VIOLA
Tiny Deaths, 1993
Video/sound installation
4,3 × 6,7 × 8,3
1re édition : Musée d'art contemporain de Lyon
Premier moment
Photographie : Blaise Adilon

Tiny Deaths
deuxième moment – Photographie : Blaise Adilon

Marcel ODENBACH
Dans la vision périphérique du témoin
Bande vidéo et installation
Centre Georges-Pompidou

Bande vidéo
et installation,
n° 1

Bande vidéo
et installation,
n° 2

Lyon Video Wall, 1995 (vue de face)
Nam June PAIK
Installation vidéo, avec 100 moniteurs, 7 vidéodisques et des documentaires
Collection de l'artiste
Photographie : Blaise Adilon

Lyon Video Wall, (vue de 3/4)
Photographie : Blaise Adilon

Animaux, (animaux), 1991
Marie-Josée BURKY
Installation vidéo
4 vidéos, 4 moniteurs. Musée d'art contemporain de Lyon
Photographies : J.B. Rodde

Animaux,
(animaux),
(détail, n° 1)

Animaux,
(animaux),
(détail, n° 2)

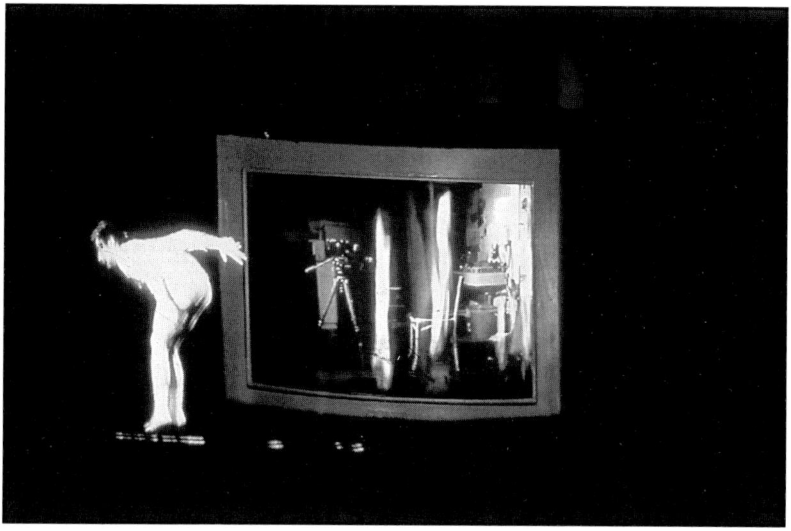

L'artiste, le méchant et le conservateur, 1995 (détail)
Pierrick SORIN
Caisse de dépôts et consignations
Courtesy : Galerie Rabouan Moussian, Paris

L'artiste, le méchant et le conservateur, 1995 (détail)

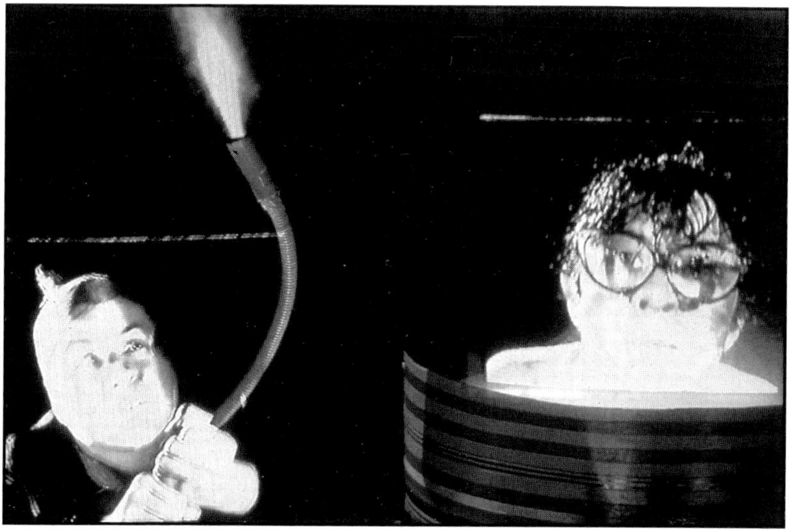

Ann-Daisy, 1995
Tony OURSLER
Installation vidéo avec 2 poupées, 4 magnétoscopes, 4 vidéoprojecteurs
Musée d'art contemporain de Lyon
Photographies : Blaise Adilon

Ann-Daisy, détail

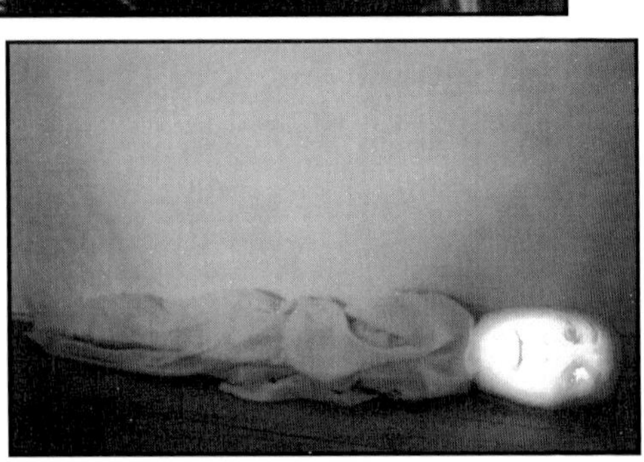

QUATRIÈME PARTIE

Approche d'une esthétique de l'installation vidéo

Ce territoire mental et physique que pénètre le spectateur se structure le plus souvent selon deux figures essentielles de l'écart et de la reprise.

Anne-Marie Duguet

9. Délimitation du champ esthétique

Toute chose est ce qu'elle est et rien d'autre
Ludwig Wittgenstein

Le ***regard*** *ne peut pas* ***demeurer****, la chose se dérobe toujours*
Jacques Derrida

Comme on a pu le constater au cours des chapitres précédents, alors que les installations vidéo semblent aptes à générer des sentiments esthétiques, elles n'en persistent pas moins à susciter des réticences à cet égard, et pour au moins deux raisons semblent-il : la première, parce qu'elles font preuve d'un certain flottement catégoriel, la seconde, parce qu'elles se composent d'éléments au statut indéterminé ; sont-ils de simples objets à viser pour eux-mêmes, ou bien des agents actifs du processus d'interprétation ?

Afin de dépasser ce sentiment d'indétermination, qui touche, dans l'installation vidéo, tout ce qui est montré, exposé, offert à l'expérimentation, il conviendrait de définir les délimitations du site propre de l'installation vidéo en tant que "champ esthétique", de tracer le périmètre à l'intérieur duquel s'exercera pleinement la relation esthétique. Limites qui, on s'en doute, n'ont rien de géométriques, mais s'applique à un espace immatériel, tissé entre un regard d'une qualité particulière et l'objet à la fois singulier et catégoriel qui le fonde comme tel. De même que l'on ne délimiterait pas de la même manière l'espace activé par des tableaux que par des sculptures, de même l'on ne délimitera pas de la même manière l'espace activé par des sculptures ou des installations vidéo. Mais tout aussi bien sera circonscrit d'une certaine façon l'espace du regard esthétique porté sur des tableaux, afin que ces objets fonctionnent au mieux et d'une autre façon l'espace concerné par le regard économique ou scientifique sur ces mêmes tableaux, dans le même esprit d'efficacité du reste. Si le temps, pour les œuvres de peinture ou de sculpture, a balisé cet espace, on sait qu'il est toujours à réinventer, même pour des formes d'expression dites "traditionnelles" ; preuve donc que, dans une certaine mesure, les objets construisent tout autant l'espace du regard que le regard construit celui de l'objet. Etant donné que dans le cas des installations vidéo, cet espace demeure très incertain — l'objet se dérobe et le regard tâtonne — ce sera donc par l'analyse de la constitution de cet espace, de ses pôles de tensions et des orientations des parcours accomplis entre regards et objets que nous tenterons de mieux saisir comment fonctionnent les installations vidéo sur le plan esthétique.

Sur le plan physique et matériel, les installations sont des objets qui s'imposent et cette "aplomb" leur confère un aspect d'existence absolue d'être individuel ; mais elles occupent le terrain avec tout autant d'ampleur sur le plan culturel et économique. Or il n'est pas toujours facile de discerner ce qui distingue leur être "profond", leur existence "ontologique" — celle pour lequel le regard esthétique se montre curieux et volontiers gourmand — des formes adoptées sous la pression des conditionnements imposés par l'instance culturelle et économique : ainsi, l'espace d'exposition détermine parfois plus qu'on l'imagine leurs dimensions, et agit au niveau de ce que l'on nommera le "site spatio-temporel" qui caractérise, en les réifiant, les installations vidéo en tant qu'objet physique et numérique.

Néanmoins cette reconnaissance, toute pragmatique, des existences réique et physique des installations vidéo ne les concerne au niveau de leur entité esthétique — ou de leur entité d'œuvre d'art, dans la mesure où l'on admet que cette expression recèle cette dimension — qu'à la condition qu'elles rencontrent un site d'accueil sensoriel et émotionnel: un regard esthétique. L'installation vidéo, en ce cas, se situe-t-elle dans la chose ou dans le regard? Il est incontestable que le "regard" — ou plus exactement, compte tenu de l'élargissement de ce terme induit par la complexité du phénomène "installation vidéo", l' "attention perceptuelle, émotionnelle et intellectuelle" — joue un rôle important dans l'existence de l'œuvre. L'implication du sujet témoin est essentielle, car c'est au niveau du sens qu'il confère à l'objet que celui-ci commence à "exister" et pleinement rayonner.

Le dispositif que l'image corrobore prend sens en tant qu'il est relié à la "question du regard". L'objet acquiert une dimension esthétique originale à partir d'orientations conférées à l'œuvre par l'intermédiaire de cette question.

L'objet est le lieu et l'occasion de la rencontre entre une proposition formant un réseau sémantiquement dynamique et une attention (tout autant dynamique) interprétative d'une nature particulière : pensée intuitive non dénuée de logique au cours de laquelle l'esprit tente, par une succession d'opérations abductives, de découvrir dans son champ d'appréhension, et/ou de vision, un certain nombre de configurations enregistrées au cours d'expériences antérieures. Ainsi, lorsque le regard se porte de l'image gigantesque de la goutte d'eau à cette minuscule perle qui scintille en bout de tuyau, il ne se satisfait pas de la seule identification concernant l'origine de l'image, ni des déductions subséquentes portant sur le principe du dispositif, mais il projette hypothétiquement l'une sur l'autre les deux formes que son regard associe ; ou, plus exactement, il "informe" l'une de la figure de l'autre.

Etrange voyage de l'esprit qui transporte, en effet, l'attention (et le désir), dans *He Weeps for You*, de l'image vaste et trouble d'une forme ovoïde à cette petite chose tremblante, brillante et nerveuse située dans une zone complètement opposée? Greffe du désir de formes, d'allures, de structures qui s'intensifie semble-t-il au cours de la relation esthétique lorsque l'attention se concentre sur les événements internes de l'œuvre d'art ; et cela par une succession de tentatives visant à déposer une trace, ou une empreinte, présente et persistante à l'esprit, au point de s'arracher à ses origines pour se déposer sur un autre objet, réel ou imaginaire. Libérée de ses premières adhérences, la forme "papillonne", dans le cas des installations, dans un site spatio-temporel aux multiples régimes de manifestations, et à la grande diversité des matériaux. Elle rencontre en effet un espace étonnamment propice à toutes sortes de configurations : abduction d'image à image lors des déclinaisons des panneaux de l'installation de Gary Hill, *HanDHearD*, ou se répète la structure binaire du " visage-face-à-main", abduction d'image de corps à corps d'objets, comme dans *D'Est, au bord de la fiction*, où les moniteurs eux-mêmes répètent la forme de la foule et des corps lourds et passifs, dans la salle d'attente ; ou d'image à chose et de chose à soi, comme le voyage mental auquel *He Weeps for You* convie par le transit de la goutte d'eau ; ou encore, abduction d'une forme sonore sur une forme visuelle semblable comme dans l'œuvre de Dominique Angel, *Nature Morte*, composée d'une vidéo montrant les déplacements d'un personnage plâtreux, mi-humain, mi-sculpture vivante, à travers les pièces d'un appartement ; le moniteur est placé au fond d'une sorte de "bazar" encombré d'objets recouverts eux-mêmes de plâtre et modelés au pouce, ensemble de formes molles, gluantes, bosselées, piquetées dont on retrouve une troisième fois la texture dans la bande sonore, bruitage lui-même très "plastique" au point que l'on ressente à chaque bruit comme une pression de modelage.

Si l'abduction, selon la conception de Charles Peirce, «*Suppose quelque chose d'un genre différent de ce que nous avons observé, et fréquemment quelque chose qui nous sera impossible d'observer directement* [...] » [1], dans le cas de *He weeps for You*, ce "quelque chose" pourrait bien être l'idée saugrenue de son propre corps, contenu et renversé dans cette goutte d'eau qui s'allonge au point de se rompre, là-bas, à l'extrémité de la canalisation. L'euphorie ludique provoquée par l'installation vidéo pourrait être ainsi l'indice d'un plaisir qui prendrait naissance dans l'association d'une complicité intellectuelle et d'une délectation spirituelle. Selon le principe de la « structure qui relie », les liens, eux-mêmes éphémères ou providentiels, lancés de loin en loin par le regard esthétique, permettraient d'établir des contact sur la seule conviction de la valeur iconique, (selon l'acception de Charles Peirce), dans la mesure où celle-ci invite, semble-t-il, à postuler que la ressemblance de nature procède d'une similitude de structure : potentiellement perceptible, mais génétiquement inscrite, elle lie dans l'être ce qu'il a de plus superficiel — la physionomie — à ce qu'il a de plus profond — la structure génétique. La physionomie des choses serait elle-même l'émanation perceptible d'une structure, en tant que configuration

[1] Op cit p. 18§ [2.270].

motivée ou présumée telle. Cette sorte de pensée abductive aurait donc la faculté de donner du sens aux coexistences apparemment déliées que proposent les installations vidéo, permettant à tous les éléments "installés" d'entrer dans un processus réciproque d'attraction. De façon plus générale, c'est ce qui rendrait attrayant la confrontation mutuelle de corps étrangers. Toutefois, cette forme de pensée se contenterait prudemment (prudence vitale) de considérer l'identité formelle comme le simple signe d'une possibilité d'identité organique ou fonctionnelle.

L'installation vidéo propose ainsi de nombreuses pistes probables, mais à partir desquelles aucune interprétation "parfaite" n'est jamais possible, car le sens y est davantage distribué que clôturé. Toutefois, ce sont précisément ces "à peu près" de l'interprétation qui correspondent à la situation de l'écart entre l'image spéculée et la réalité perçue, écart qui induit un changement, un mouvement, une vibration, une résistance ou une rupture. Il semble donc que ce soit dans le principe de la "différence" que le regard esthétique trouve toute son énergie. Il ne serait néanmoins saisi en terme de différence qu'à la condition que l'écart respecte un double seuil, ou bien que l'on dispose d'un agent supplémentaire d'interprétation : le seuil de sensibilité et le seuil de tolérance. En deçà du premier, l'œuvre est trop évidente et l'interprétation se limite à de simples identifications ; seul le contexte, c'est-à-dire une disposition différente dans l'espace ou dans le temps, une "délocalisation", pourrait réintroduire un écart dynamique : c'est le cas de l'image télévisuelle et des dispositifs de spectacle dès lors, simplement, qu'ils sont "installés". Au delà du seuil de tolérance, elle ne dit rien, ou paraît absurde, la différence n'est plus perçue comme telle, à moins qu'une forme transitoire soit finalement accessible, ou procède d'une "explication", c'est-à-dire d'un interprétant extérieur.

A proximité de ces seuils se produisent les processus autonomes qui engendrent des effets de déstabilisation : doutes, malaises, surprise de l'identification ou de la distinction différées et, parfois, jouissance... La pensée se coule dans un rythme vital, une respiration. Une lecture dynamique s'instaure à partir de différents modes, selon la nature du paramètre sur lequel se porte, essentiellement, la différence : scansion, (*HanDHearD*, *D'Est,...*), rythme (*Good Boy Bad Boy*), gradation (*Intro-Act*, *Inasmuch As it Is Allways Allready tacking Place*), ou bien croissance, amplification, extension (ou leurs contraires), comme dans le lien lancé mentalement dans *He Weeps for You* entre la goutte d'eau minuscule et celle, gigantesque, de la projection (d'où le renforcement du sentiment de respiration cosmique) et qui participe à l'instauration et la reconnaissance d'une écriture originale.

L'installation vidéo donne lieu à des phénomènes à la fois complexes et nouveaux. Elle induit donc un véritable affolement des interprétations. Si, parmi les témoins du même objet, chacun voit la même chose, chacun peut en tirer des possibilités de transcendance toutes personnelles. Cependant, dans la mesure où l'installation vidéo est non seulement un phénomène en faveur de la perception, mais aussi un propos à l'adresse d'une intellection, elle doit disposer, et inscrire en elle-même comme on l'a vu précédemment, les interprétants qui permettront au témoin de produire du sens à partir du phénomène perçu, donc de transcender le phénomène. Le témoin est ainsi fondé à construire son interprétation, celle à l'origine de toute transcendance, sur la lecture du texte qu'il rencontre à travers l'objet de son attention, à moins qu'il passe outre les données inscrites dans l'œuvre, ou qu'il soit victime de méprise et d'erreur d'interprétation — de "surinterprétation", selon l'expression d'Umberto Eco. [2]

Si la conscience de l'expérience directe de l'œuvre peut être considérée comme le site d'une existence à laquelle participent les effets de sens et le champ des idées suggérées lors de cette expérience, il devient plus problématique de situer une telle existence dans l'expérience de la mémoire individuelle, comme survivance effective de l'œuvre. En effet, la capacité à conserver en mémoire la réalité d'un tel objet ne risque-t-elle pas d'aller en s'amenuisant, de s'étioler, de trahir la cause (l'œuvre) de l'expérience initiale? La mémoire pourrait ainsi transformer un événement vivant en un système rigide de signification. Le principe de la réduction de l'expérience de l'œuvre à celle du seul souvenir de cette expérience entraîne, c'est incontestable, une perte de sa valeur d'existence. Cependant, lorsque l'objet n'a pas totalement satisfait le désir esthétique, cette perte serait compensée en partie par la réflexion qu'elle favorise (plus grande disponibilité de l'esprit, par la mise à distance des sollicitations trop fortes et par la relativisation des facteurs parasites), donc par un gain en potentiel réflexif. Si la trace mnémonique de l'œuvre ne peut être considérée comme un site de l'existence de celle-ci, elle joue un rôle non négligeable dans l'avènement du sens des installations vidéo, en particulier à travers les sélections opérées par la mémoire grâce auxquelles quelques aspects saillants de l'œuvre ou bien quelques points de résistances se voient révélés.

Du reste, étant donné que l'installation vidéo se laisse difficilement figée dans une image, ou dans un système explicite de significations, la mémoire de l'expérience reste souvent vive, active, stimulante pour l'esprit, favorisant la méditation (ou la rumination) ultérieure. C'est après-coup que se construiront les hypothèses les plus audacieuses, celles qui mettent en péril certains acquis, protégés frileusement parfois lorsque la rencontre immédiate s'avère déstabilisante. En outre, la trace imprimée dans la mémoire participera à la saisie de traits stylistiques des artistes, des persistances et des ruptures. Ainsi, sans être à proprement parler un site d'existence, la mémoire des œuvres devient, dans le cas présent, un précieux relais pour celles-ci, un transit essentiel à leur prospérité sémantique.

2 « La surinterprétation des textes ».in *Interprétation et surinterprétation*, PUF, p. 41.

Lieu de transit néanmoins totalement subjectif, la mémoire risque pour cette raison d'être, petit à petit, désertée par l'œuvre. Il manque la confrontation d'un réel, d'une réalité de l'œuvre, qui ne peut être totalement ouverte au pillage pratiqué par l'esprit sur le souvenir qu'il s'est octroyé. L'œuvre d'art ne se "situerait" donc pas à proprement parler dans la mémoire, bien que celle-ci contribue de façon spécifique à la faire exister, lui procurant, de manière différée, l'évidence d'une force qui s'impose, à distance, à l'esprit. Voir et revoir à nouveau l'œuvre qui aura intrigué, qui obsède encore et dont la mémoire ne vient pas à bout, montre bien que l'on doute d'être un lieu de l'existence de l'œuvre, mais, parallèlement, cela témoigne d'une véritable foi dans la permanence de l'être de celle-ci selon un double site : celui de son existence permanente en tant que chose, et en tant que phénomène.

Dans la mesure où l'existence, au plan du phénomène, est indissociable de l'appréhension qui en est faite, elle sera d'autant plus fragilisée (et d'autant plus avide d'idéalité) que les conditions de la rencontre s'avèrent concrètement perturbées. Les perturbations plus ou moins réelles seraient mesurées à l'échelle de cet idéal d'existence, auquel s'associerait un idéal de conditions relationnelles. Notons, à propos de cet idéal, dont la vitalité va de pair avec le fait que la plupart des œuvres sont aujourd'hui connues par médium interposé, la remarque de Gérard Genette selon qui « *"J'y étais presque" est le mode le plus fréquent de la relation esthétique* » [3]. L'existence "ontologique" qui se chercherait du côté de l'expérience du phénomène devra donc admettre la part d'idéalité qu'elle requiert.

Site du regard, site de l'objet réel, l'un et l'autre vacillent, surtout lorsque l'on est en proie au doute à propos de la fiabilité de l'existence de l'œuvre telle qu'elle est perçue pendant l'expérience directe et telle qu'elle subsiste hors de l'expérience. On résiste mal en ce cas au secours d'un troisième site, celui qui relève des intentions et en appelle à la paternité de l'œuvre. On est ainsi amené à se demander dans quelle mesure l'objet intentionnel n'assurerait pas à l'œuvre d'art son meilleur site'existence ; et cela, en dépit des différentes remises en cause structuralistes ou dadaïstes de la valeur de celui-ci, attitudes critiques dont héritent les installations vidéo, d'autant plus qu'elles s'apparentent souvent au principe du *readymade*. Néanmoins la force de l'autorité de l'auteur, qu'il soit "Auteur Empirique", "Auteur Modèle" ou "Auteur Liminal" [4] (voire auteur institutionnel), reste tenace, tout particuliè-rement dans le cas d'objets en prise avec les domaines des arts plastiques et de la communication ; l'auteur y demeure à la fois l' "artiste-créateur" et l'"émetteur" du message. Lui seul sait vraiment quelle est

[3] Op. cit. p. 78, où il reprend à son compte le questionnement de Nelson Goodman sur la notion de « *simple regard* » , Nelson Goodman, 1968, pp.136 et suivantes : « *si l'on admet les lunettes, pourquoi pas la loupe, ou le microscope? Si la lumière électrique, pourquoi pas la lumière rasante, les rayons X, le scanner?* ».

[4] Cf. Umberto Eco, *Lector in Fabula* et *Interprétation et Surinterprétation*, P.U.F, 1996, p. 63.

la "bonne" facette de l'œuvre, celle qui mérite d'être orientée en direction du regardeur. On se souvient comment, lors du transport malchanceux de *La Mariée mise à nu...*, Marcel Duchamp-Artiste décida de conserver en l'état le *Grand Verre* brisé ; cette autorité, déployée sur des caractères inhérents et contingents inhabituels pour une œuvre d'art, révéla à cette occasion la force du présupposé philosophique associé au concept d'auteur. Si une qualité contingente devient valeur artistique par la seule volonté de l'artiste, et cela bien après qu'il ait rendu l'œuvre publique, cela témoigne d'une existence esthétique de l'objet potentiellement (virtuellement) contenue dans cette volonté dont elle dépend, et, par laquelle elle se trouve, d'une certaine manière, aliénée.

Ainsi, les œuvres d'art, livrées à elles-mêmes, semblent parfois s'exprimer dans un dialecte singulier, dont l'artiste paraît le seul être fondé à livrer au public l'exacte traduction. Or, cette conception, somme toute assez tenace, qui situe l'existence de l'œuvre d'art en priorité dans le concept — l'idée conçue par l'imagination créatrice — réduit l'objet physique au statut utilitaire de "forme-porteuse", plus ou moins adéquate (selon l'époque, le lieu, le contexte) à exprimer l'idée souveraine de l'artiste concepteur. De nature provisoire et incertaine, la relation idée-objet déplace l'existence de l'œuvre d'art du site de l'objet matériel à celui de l'objet intentionnel.

Certes, objet d'intentions, l'œuvre ne naît pourtant pas seulement d'une idée, mais prend corps progressivement dans une confrontation riche d'inattendus pour l'artiste, entre un imaginaire, une volonté, et un matériau dont il s'agit de vaincre les résistances, d'apprivoiser les ressources en chahutant les conventions tout en respectant, en exacerbant même ses caractères et sa nature. L'idée artistique, loin d'être plaquée sur le matériau, existe en lui. Sans doute en est-il de même pour les installations vidéo qui naissent probablement (et perdurent) au cœur de la substance dont elles sont faites.

En général, une fois achevée, l'œuvre d'art se détache de son auteur, s'émancipe ; mais est-elle pour autant autonome? Dans le cas de l'installation vidéo, elle ne l'est apparemment pas, et cela pour au moins deux raisons, la première parce qu'une "installation", *stricto sensu*, est un événement toujours renouvelé (en acte), la seconde, parce que certaines des composantes de l'installation vidéo, telles que la part du technologique, ou celle du performatif, maintiennent béante la clôture de l'œuvre, brèche dont le colmatage dépend de l'artiste-auteur, seule compétence reconnue en la matière. L'installation vidéo est un vaisseau embarqué dans l'océan des propositions artistiques, et l'auteur semble devoir toujours en maintenir le cap.

Ainsi, l'existence de l'objet d'immanence de l'installation vidéo ne semble pas être totalement dissociable du vouloir de son auteur ; mais encore faut-il que ce vouloir puisse continuer de s'exercer. Qu'advient-il de l'installation vidéo lorsque l'artiste disparaît, comme Teiji Furuhashi, décédé en 1995? Quelque chose dans l'œuvre, alors, ne vient-il pas à se figer… ou plus exactement à se stabiliser? L'œuvre perd, certes, en vitalité (elle passe sous la tutelle des instances institutionnelles ou marchandes), mais acquiert un statut de référence culturelle "stabilisée", à condition toutefois que son mode de fonctionnement le permette.

On s'aperçoit, dans ce cas, que la technologie informatique, tout en favorisant la dynamique et la mobilité de l'œuvre — interaction, développement cyclique et mouvement au sein du dispositif — stabilise en revanche, par le principe du programme, la volonté artistique, stoppe l'évolution opérale et, par conséquent, joue un rôle au niveau du processus d'émancipation de l'œuvre par rapport à son auteur. Elle serait donc, en quelque sorte, pour l'installation vidéo l'équivalent de ce que furent tout à la fois le tableau (châssis et toile de lin) pour la peinture — émancipation par rapport au site d'accueil, donc dissociation du rôle de l'artiste par rapport à celui du site — et la partition pour la musique — transmission programmée, donc délégation de l'œuvre aux instances chargées d'en produire la manifestation.

Ainsi *Lovers* « *qui exploite les plus récents progrès des technologies interactives* [et] *dispense de recourir à des comédiens* » [5], se distingue des œuvres des années quatre-vingt que Teiji Furuhashi créa en collaboration avec les membres de son groupe d'artistes Dump Type, et pour lesquelles la dimension "performance *in situ*" impliquait de réactualiser les objets à chaque présentation. *Lovers* ne nécessite plus qu'une assistance technique, et se suffit des possibilités d'interactions entre les "données" — du reste, définitivement données — de l'œuvre et les initiatives du public.

On pourra en ce cas se demander si une telle évolution de l'autonomie des œuvres correspond pour les installations vidéo à un processus naturel et historique, ou bien s'il s'agit d'une tendance ou d'un genre artistique adopté par certaines œuvres. Cette question, qui montre la nécessité d'une analyse plus approfondie des principes structuraux de l'installation vidéo et des traits stylistiques des œuvres, porte directement sur les caractéristiques empiriques de l'objet d'immanence. On pouvait, en effet, attendre que le "geste" consistant à "installer" soit reconduit à chaque présentation de l'œuvre. Auquel cas, l'un des traits caractéristiques de l'installation vidéo comme forme d'expression pourrait porter sur cette sorte de relation d'interdépendance entre l'installé et l'"installant" et ses implications, l'exposition de l'œuvre représentant des sortes de stases, d'arrêts sur "volume", au cours d'un processus d'installation déployé le long d'une ligne temporelle, correspondant à la durée de l'espérance de vie de l'œuvre… ou de son auteur. Ce principe conduirait à situer principalement l'existence de l'œuvre au moment de l'acte d'installation, c'est-à-dire aux points de contact objet/auteur, site donc

[5] Cf. Catalogue de la *3° biennale d'art contemporain*, p.428.

analogue, étant donné la réitération de cet acte, à la structure d'une corde à nœuds ou d'une ligne sinusoïdale. Si, en revanche, l'installation se caractérise par une décision ponctuelle au cœur de laquelle une latitude reste offerte à des adaptations, à des réajustements ou à des variations programmables, les installations vidéo se présenteront davantage, en tant qu'objets d'immanence, selon un état, assumé par leur créateur, qui intègre une dimension plus ou moins grande d'aléatoire — et au sein duquel l' "Auteur Empirique", dont les interventions sont prévues, sinon programmées, occupe éventuellement une place de choix — au même titre ni plus ni moins que le programmateur ou le plan d'exécution.

Ainsi, bien que l' "Auteur Modèle" joue un rôle dans l'attention accordée à l'œuvre, comme site fictionnel des intentions, ancrage d'une *Bedeutung*, il ne peut pour autant être admis que l'objet se situe davantage dans l'actualisation de l' "Auteur Empirique" que dans la mémoire du sujet-témoin.

La figure de l'artiste reste néanmoins un point fort des installations vidéo, que l'invention de l'ordinateur programmateur n'a nullement balayé. D'une part, il est, pour cette forme d'expression, l'un des éléments qui attestent de la valeur d'œuvre d'art, par lequel l'œuvre se distingue de l'objet industriel ou de l'instrument de loisir ou encore de la chose naturelle, et il est certain que l'intervention de cette donnée institutionnelle joue un rôle lors de la conduite esthétique : non seulement, l'existence d'une paternité artistique fonde l'installation vidéo en "objet intentionnel", mais également elle lui assure une raison, une logique artistique ; assurance d'une légalité interne bien utile au cours d'une relation esthétique aussi aventureuse. Certes, la figure de l'artiste ne relève plus guère aujourd'hui des concepts romantiques de génie ; l'artiste a revendiqué sa place au sein de la cité, son rôle dans l'animation et l'environnement sociaux et sa contribution dans les prises de conscience humanistes, dans l'évolution des mentalités : artiste-artisan, artiste-praticien, artiste-concepteur, artiste-théoricien... Tout au plus devient-il parfois une star, ou une "cote"; alors "artiste-béni-des-princes" (tel Nam June Paik parmi les artistes coréens). Mais il n'en est pas moins l'instance qui peut répondre de l'existence de l'œuvre, et dont les apparitions épisodiques concourent à en établir la valeur éthique, au sens d'une responsabilité d'auteur, à travers laquelle l'installation vidéo réinvestit plus sûrement encore le site du plan phénoménal : l'œuvre, telle qu'elle se manifeste, est bien un ensemble d'effets volontairement produits, et non pas une série de stimuli irrationnels. En témoigne du reste la réponse de Nam June Paik lui-même, interrogé sur la manière dont il intervient dans le choix du lieu de ses installations, en refusant éventuellement les propositions des organisateurs :

> *En principe, cela ne va pas jusqu'au refus. Pour moi, le choix du site étant la première étape du travail, un espace choisi par d'autres personnes me paraît être de "seconde main" ; j'essaie alors de les convaincre qu'il est*

préférable de me laisser regarder et trouver quelque-chose moi-même et qu'ils ne pourraient évidemment pas voir, puisqu'ils ne sont pas moi. [...] l'espace est un élément de l'œuvre en lui-même.[...] je ne construis pas pour, *je construis* avec *l'espace.* [6]

Au vrai, les artistes analysent volontiers leur pratique artistique, inscrivant celle-ci dans une pensée généralisée et actualisée de l'art. La théorie rejoint, sans complexes, la pratique. La pensée de l'auteur, même si elle ne porte pas toujours sur des œuvres en particulier, mais sur des conceptions artistiques personnelles, confère aux œuvres un contexte théorique qui participe à leur existence, en redressant certains axes de connaissances — que l'on pense aux commentaires critiques de Pierrick Sorin à propos de la conception du statut de l'artiste aujourd'hui, et à l'éclairage que cela apporte à son œuvre. C'est ainsi que, par la figure de l' "Auteur Modèle", l'installation vidéo, en tant que forme artistique privée de références, dépourvue d'étais catégoriels, acquiert la saveur que confèrent à l'œuvre d'art les traces récurrentes de gestes d'artistes, les marques de styles particuliers ; renforçant ainsi les effets esthétiques. La proposition artistique pourra être d'autant plus audacieuse, que la paternité de l'artiste s'y reconnaîtra. Ce que Theodor Adorno nomme *la gestus*, les "gestes" d'artistes (tels que le recours aux dissonances, la fêlure au niveau des conventions dans l'œuvre), plutôt que d'être rejetés comme des incorrections vis à vis de normes ou de conventions, seront reconnus (savourés) comme signes internes.

L'idée de la paternité de l'artiste serait donc un adjuvant non négligeable dans la quête de connaissance de l'œuvre et dans le reconnaissance des installations vidéo comme objets esthétiques. L'artiste s'est emparé de la théorie et l'intègre à sa pratique.

Il n'en reste pas moins que l'œuvre qui recueille les attentions n'est pas seulement l'objet d'intentions, mais un objet qui a pris ses distances par rapport à celles-ci ; de même que l'objet d'intentions ne vise pas seulement à se dissoudre dans l'attention, mais à lui survivre. Ce que l'on nomme "proposition artistique" n'est pas pure "intention d'artiste".[7]

Le regard cherche à demeurer dans l'objet tel qu'il se manifeste, même si « *La chose* [en lui], *bien souvent se dérobe* ». Cette "dérobade" ne serait en fait que l'indice d'un déplacement d'un site à l'autre, opéré de façon imperceptible au cours de la relation à l'œuvre.

L'existence de l'œuvre fluctue ainsi entre les trois sites, et chacun d'entre eux pondère l'aspiration de l'autre à valoir pour seul objet. Mais cette conclusion s'accompagne, dans le cas de l'installation vidéo, d'une remarque susceptible de dévoiler un trait caractéristique de cette forme d'expression : en

6 N. J. Paik, *Le Sonore et le visuel*, pp. 149, 151, 152.
7 Voir à ce propos les théories de Marcel Duchamp concernant le « *Coefficient d'art* », *Duchamp du Signe*, p. 187 et suivantes.

effet, chacun des trois sites s'impose tour à tour si fortement, que l'on en oublierait presque le deux autres, desquels il s'avère toutefois très vite impossible de s'arracher durablement. Ainsi, lorsque l'artiste est encore là, à s'affairer autour de ses branchements, comment me saisir de l'œuvre autrement que comme le véhicule des intentions auctoriales? Mais lorsque je me sens, en tant que témoin, tenue d'entrer en jeu, ou bien que l'objet hante ma mémoire d'une question qui ne trouve pas sa réponse, comment ne me sentirais-je pas le seul lieu dont dépende l'existence de cet objet? Enfin, face à l'impact des phénomènes par lesquel l'objet existe et dont il m'environne, comment ne pas donner la faveur au site de l'existence *hic et nunc* de cet objet?

Malgré ces impressions, le statut ontologique de l'installation vidéo relève pourtant bien des trois modes d'existence, à la manière de toute œuvre d'art qui se localise toujours plus ou moins dans une sorte d'"intersite" alliant intentions, attentions et réalité matériel des objets. Ce serait donc à travers ce va-et-vient que viendrait se profiler le mode spécifique d'existence de l' "installation vidéo". Car il importe à présent de préciser dans quelle sorte d'objet "idéal" les installations vidéo sont susceptibles de prendre forme, de dégager un certain nombre de caractéristiques d'ordre matériel et pratique, sachant que la conduite esthétique prend généralement appui sur des présupposés culturels et que la manière dont chaque œuvre singulière se comporte vis à vis de ces caractéristiques, qui font force de lois, participent aux effets de sens.

Ainsi l'objet "idéal" qui permet à toute installation vidéo de se reconnaître, dont chacune des manifestations relève, en quoi elle existe et satisfait en tant qu'objet d'intention et d'attention, reste à localiser, à déterminer, et à caractériser. En effet, en tant qu'il accueille l'œuvre d'art, il doit se prêter, au cours de l'élaboration puis de la réception de celle-ci, à des processus poïétiques et à des conduites esthétiques. On élabore en effet le plus souvent un projet artistique, de même que l'on emprunte une conduite esthétique, à la lumière de l'objet d'immanence.

Est-il possible de définir un tel modèle pour l'installation vidéo qui soit conforme à ce que Gérard Genette propose pour la littérature, où l'œuvre peut « immaner » dans le texte littéraire, et se manifester par la « diction » ou la « scription », ou pour la danse, qui n'est en fait qu'une manifestation (tout autant que la notation des pas et des déplacements) performative de la chorégraphie, mode d'immanence. En ce cas, le terme "installation vidéo" désignerait-il l'équivalent du texte littéraire ou bien celui de l'exemplaire livresque? se situerait-il plutôt du côté de la chorégraphie que de celui de la danse?

L'objet d'immanence semble avant tout devoir faire bon accueil aux déterminations du matériau artistique. Néanmoins, c'est à travers ses conséquences sur les "modes de vie" des œuvres — les régimes — qu'il se définit, donc selon des aspects pratiques. Sa description présentera donc l'intérêt de connaître les principes dont l'objet d'immanence est déduit, et qui sont également fondateurs de conventions culturelles contraignantes à son égard. C'est pourquoi, dans la mesure où les intentions artistiques et les attentions esthétiques animent un objet par ailleurs autonome, c'est en le soumettant aux visées croisées des trois sites dégagés ci-dessus qu'apparaîtra peut-être le relief de son spectre "holographique".

Pour commencer, on peut s'interroger sur le régime génétique propre aux installations vidéo. L'objet, dans lequel l'œuvre "immane", suppose, d'après Gérard Genette, mais aussi — quelque peu différemment — si l'on s'en réfère à Nelson Goodman, un « *régime d'immanence* » particulier, selon qu'ils appartiennent à la classe des arts autographiques ou à celles des arts allographiques.[8]

Le régime d'immanence met ainsi en évidence la distance, ou inversement, l'adhérence (voire la confusion) qui caractérise le rapport entre les deux modes d'existence (immanence et manifestation) — avec les conséquences qui s'ensuivent sur la conservation, la circulation, la législation, les possibilités d'accès, et la stabilité, la persistance des objets. L'objet d'immanence est donc un objet immatériel dont deux modes d'existence — idéale et manifeste, ou encore générale et singulière — tendent plus ou moins à se confondre l'un avec l'autre, et qui se trouve défini (autographique/allographique, multiple/unique) par le degré même de cette confusion ; dans le cas de la peinture où l'œuvre est censée immaner dans un objet unique et matériel la confusion entre l'objet idéal et l'objet manifeste est totale.

Compte tenu de ce qui caractérise ces deux modes d'immanence, il semble, à première vue, que l'installation vidéo, dont la manifestation et la création de l'artiste sont confondues en un seul objet unique, physique, matériel, réalisé directement par son auteur, relève du régime autographique à immanence unique ; ce en quoi elle se trouverait assimilée aux productions traditionnelles des arts plastiques (et, surtout, à celles de la peinture). Néanmoins, la réalité de l'expérience fait apparaître de nombreuses entorses à l'égard de ce mode d'immanence. Tout d'abord, l'œuvre est-elle bien unique? L'installation vidéo se conforme-t-elle au mode selon lequel la manifestation semble, en toutes circonstances, adhérer à l'œuvre, immanant dans une création unique et singulière? Comme cela a été vu plus haut, l'œuvre est le fruit, à chaque exposition reconstitué, d'un acte d'"installation" ; or, étant donné que le temps d'exposition ne représente qu'un pourcentage plus ou moins long de la vie d'une œuvre, les installations vidéo n'existent pas en tant que telles physiquement, c'est-à-dire sous la forme installée et dans son contexte d'exposition, en permanence. Non seulement les conservations des

8 *Langage de l'art*, pp. 147, 149 et 237.

objets composant les œuvres obéissent à une logique d'économie spatiale, mais en outre, ils peuvent être conservés séparément les uns des autres. Si l'être réel de l'œuvre tient avant tout au phénomène qu'elle génère, il est à craindre que la dislocation dont elle est victime pendant les périodes d'hibernation la touche profondément au sein même de son statut ontologique. Il devient quasiment impossible de trouver l'objet d'immanence de l'installation vidéo, afin de le décrire, sans l'associer à sa fonction esthétique, car, sans l'impératif de cette fonction qui la met « *en situation de produire un effet esthétique* » [9] , elle se dissout, semble-t-il, aussitôt dans le magma d'objets que contiennent les réserves des musées ou des ateliers.

On pourrait objecter que ces objets, à partir desquels l'œuvre sera reconstituée à chaque exposition, sont précieux, non seulement parce qu'ils ont été confectionnés ou choisis par l'artiste, mais aussi parce qu'ils ont parfois été l'occasion d'une transaction financière, ils sont assurés, surveillés, comme le serait n'importe quelle œuvre d'art plastique. Cependant, leur état ne correspond pas à celui en lequel ils doivent se présenter à la perception ; pour cela, ils restent tributaires d'un “savoir”, généralement consigné dans une autre manifestation, scripturale celle-ci : le plan instauré par l'artiste. Le ou les schémas, croquis, et indications fonctionnent à la fois comme mode de recherche anticipatoire pour l'artiste, comme “synopsis” pour l'acheteur ou l'organisateur de l'exposition et comme notice de montage. Le plan de *Materia Prima* est édité dans l'ouvrage monographique sur Fabrizio Plessi, il est donc publié, et consultable comme une forme d'existence de l'œuvre tout à fait recevable. Il a valeur de toute scription ; apte à déléguer l'exécution à une équipe “d'exécutants”, il s'apparente en cela à l'écriture musicale. Il s'en distingue néanmoins, du fait qu'il procède de la *mimesis*, et non pas du code (du moins très peu, la codification minimale d'un schéma-croquis contenant généralement quelques signes d'écriture ou de signalétique).

Les installations vidéo pourraient ainsi se manifester tout autant dans des notations (plans, croquis, consignes), que dans un ensemble d'objets disposés selon ces notations. Sous ce nouvel éclairage, certaines tendances telles que la réapproriation de sources antérieures, de formes artistiques multiples, la diversité selon laquelle la même œuvre sera présentée, le rôle que l'œuvre confère à ce qui l'environne, la relation plus ou moins étroite que l'artiste entretient avec son œuvre, la démarche artisanale combinée à la démarche industrielle, forment un ensemble de caractères qui troublent les contours des objets individuels, et pourraient en ce cas retrouver une justification : participer à la forme plutôt que la perturber. Les croquis et schémas de Pierrick Sorin insistent sur les circulations et les mouvements, donnant accès aux secrets de la pensée artistique, avec leurs ratures, leurs repentirs et la palette de possibilités qui les traversent. Sous cet angle, ils

[9] *Ibidem* p.10.

sont assez proches des pages raturées de Gustave Flaubert. La question se pose alors de la part qui peut être concédée dans l'existence de l'œuvre aux éléments qui constituent son matériau génétique. On pourra également s'interroger sur leur nature seulement génétique ou plus largement matricielle.

Ce qui contribue à donner naissance à l'œuvre n'a de sens que dans le temps de l'ouvrage, l'œuvre, ensuite, s'en détache ; une part des croquis de Pierrick Sorin se situe donc en dehors de l'existence de ses installations. Toutefois, il serait possible de recomposer ces installations à partir des croquis ; ils deviennent donc opératoires, mais guère plus que des documents photographiques ou des observations techniques relevées au cours des expositions. L'intention est donc ici la seule autorité qui permettra de décider du statut des éléments de scriptions, l'artiste les ayant réalisés soit pour permettre de reproduire l'installation en dehors de toute autre indication, soit pour donner une idée de l'allure générale de son projet une fois terminé, soit dans une logique de recherche en cours de conception.

Or, le statut de ces objets reste ambigu, car les intentions ne sont jamais univoques : les schémas de Plessi sont autant des matrices que des objets d'exposition, gagnant ainsi en valeur esthétique. En effet, ils sont exposés, au même titre semble-t-il, que les objets installés de l'installation proprement dite. Quelle que soit leur aura personnelle, ils ouvrent incontestablement un autre champ à la manifestation sensible de l'œuvre, inclinant à situer celle-ci très près du site intentionnel. Néanmoins, dans la mesure où, comme ce fut noté au cours des analyses précédentes, l'installation est elle-même travaillée par la thématique du renversement des plans de perception, on peut se saisir des plans exposés comme d'une dimension nouvelle venant enrichir le champ des possibilité d'abduction, donc comme faisant peu ou proue corps avec l'œuvre installée. Souvent le site intentionnel n'accorde pas le même statut aux éléments de scription que le site de la manifestation et de l'attention.

On notera d'autres ambiguïtés à propos des statuts à concéder aux schémas de Marcel Odenbach ou de ceux de Pierrick Sorin (synopsis? dessins d'art? extraits de naissance?), à une différence près néanmoins, qui concerne le mode d'accompagnement qu'actuellement ce dernier accorde à ses œuvres, et qui témoigne probablement de son propre concept d' “installation”, comme objet idéal dans lequel ses œuvres trouvent un site d'immanence parfaitement adapté.

La question de savoir si les installations vidéo fonctionnent sur le mode “pluriel” ou “multiple” mérite aussi que l'on s'y arrête. En principe, l'ensemble des éléments dont se compose par exemple ***Dans la Vision périphérique du témoin*** (bandes vidéo, éléments de mobilier) a fait l'objet d'un achat global par le M.N.A.M., qui a la charge de la conservation de ces objets. Lorsque cette œuvre est exposée dans un musée situé à une certaine proximité du Centre Georges Pompidou, tous les éléments voyagent et sont réinstallés selon le même schéma. On peut donc considérer ces objets recomposés comme étant l'œuvre "*en kit*", les schémas faisant office de notice d'installation.

En revanche, il arrive que les schémas et indications deviennent des sortes de matrice. Ainsi, Marcel Odenbach, en plus des indications spatiales, précise les fonctionnements selon lesquels les éléments "préparés, choisis ou confectionnés" pour être installés participeront au dispositif. Il ajoute une consigne portant sur un objet générique (le "fauteuil-conversation") qui devra être fourni dans certains cas par l'instance d'exposition. Il apparaît qu'à partir de l'élément de départ des objets légèrement différents pourront être exposés. Les diverses manifestations "exécutées" pourraient apparaître à l'amateur puriste, non pas comme la reproduction de la même œuvre selon différentes occurrences de sa réalité numérique, mais comme des œuvres distinctes appartenant à une série, relevant dans ce cas d'une immanence « *multiple* », pour reprendre la terminologie de Gérard Genette [10], à la manière du mode d'immanence de la sculpture en fonte ou de la gravure.

Par ailleurs, les adaptations des œuvres en fonction des lieux d'exposition peuvent amener des variations qui travaillent l' "être même" de l'œuvre. Ainsi, commentant les différents lieux où *Crux* fut exposée (dont une église), Rosanna Albertini ne verrait aucun « *changement de nature... le "comment" et le "où" ne sont pas sans importance... Mais ils sont substituables.* » [11]. On peut toutefois s'interroger sur le rôle et le statut de l'impact qu'un espace religieux ne manque de produire sur une œuvre dont le principe interne puise aux sources du mythe chrétien. S'il est parfois très délicat de distinguer ce qui n'est que contexte spatial, et ce qui entre dans le texte de l'œuvre, dans tous les cas, le plan phénoméno-logique pourrait en être altéré, d'où un changement sur le plan esthétique préparé sur le plan poïétique, selon un principe inhérent aux fonctionnement de l'objet d'immanence des installations vidéo. En effet, l'hésitation perceptible dans les propos relevés ci-dessus s'inscrit dans le principe même de l'installation vidéo qui s'autorise, comme mode d'immanence, des modalités diverses, comme en attestait également les propos de Nam June Paik. Parallèlement, on a pu constater, au cours de la première partie, que l'œuvre ne précisait que rarement ses limites spatiales : un tel "laxisme" dans la délimitation de soi-même devient ainsi inhérent à l'installation dans la mesure où cela induit une interaction particulière avec le contexte, introduisant en partie celui-ci comme un élément aléatoire dans l'œuvre, au même titre que la participation des spectateurs. L'œuvre s'autorise quelques variations. Elle ne colle donc pas à ses manifestations, mais se loge dans une « *structure théorique tenace et*

[10] Cf. op. cit. p.187.
[11] « Evénements d'espace étrangers », op. cit., p.8.

durable qui dépasse la structure extérieure » [12], celle produite par chaque manifestation.

Par ailleurs, l'installation pourrait même offrir aux auteurs un lieu d'expérimentation pour leurs recherches. En 1986, Raymond Bellour note à ce propos que *Room for Saint-John of the Cross* serait l'une des rares œuvres de Bill Viola à n'avoir pas été un « *terrain d'expérience* » lui permettant ensuite une reformulation à travers une bande vidéo ; la démarche s'y inverse puisque un extrait d'une vidéo antérieure, *Ancient of Days*, se retrouve dans l'installation. [13]

Les pratiques de remaniements auxquelles se livrent les artistes, et auxquelles ils sont parfois tenus (évolution des techniques, adaptation au lieu d'exposition, comme la réduction de *Tall Ships* de seize à douze projections ou de la surface de l'écran de *Passage*, aménagement du système interactif ou substitution d'un système vidéoscopique à une bande préenregistrée comme pour *6 TV Dé-coll/age*) montrent qu'en effet, « *une œuvre peut avoir plusieurs textes* » [14]. On pourra en déduire, en ce qui concerne les installations vidéo, qu'à chaque disposition différente, selon des variantes telles que celles notées ci-dessus, l'œuvre ne coïncide pas exactement ni avec ses manifestations, ni avec son texte ou ses textes. La rencontre du phénomène comme texte ne serait pas la rencontre de l'œuvre au sens de *Kunstwerk*, ni même celle de "l'œuvre d'art" proprement dite. Dans ce cas, chaque texte serait-il passible d'être transcendé par l'œuvre?

Cependant les frontières ne sont pas toujours très nettes entre ce qui ne serait qu'une version modifiée de la même œuvre et ce qui devient une œuvre nouvelle déclinant un principe déjà inscrit dans une précédente, ou encore entre deux œuvres distinctes utilisant des matériaux communs. La conservation du titre peut être un garant de la persistance de l'œuvre à travers des versions différentes, mais elle concerne généralement le site intentionnel, et n'assure pas la pérennité de l'œuvre du point de vue de la manifestation et de l'attention. Ainsi, il peut sembler que la modification, dans *6 TV Dé-coll/age*, du vidéoscopique en vidéographique touche un point essentiel de l'œuvre de Vostell qui concerne la nature même du principe artistique. Il serait dès lors plus juste de voir dans cette version une réplique de l'œuvre originale.

Dans d'autres cas, il arrive que l'auteur se réserve la possibilité de modifier son œuvre, en ménage d'éventuelles extensions, comme dans l'exemple de *Corner of the World* et *Sensing Place* pour lesquels l'installation propose une variante de l'intention de l'artiste, de même que dans le cas d'*Aleph* et de *Untitled Mouth* ; on rencontre également les

12 *Ibidem*.
13 Cf. « La sculpture du temps », *Cahiers du cinéma* n° 379, p.35, et selon Raymond Bellour, « La Vidéo selon Saint-Jean », *Cahiers du cinéma*, 1984, n° 356, p. XIV..
14 Gérard Genette, *ibidem*.

déclinaisons de séries, telles que *Animaux (animaux)*, *A.NI.MAUX* et *Animaux*, cités plus haut. Du reste, dans ce cas, le changement porte en partie sur la réduction du nombre des moniteurs, et en partie sur le contexte d'exposition. On devine, dans les propos tenus à ce sujet par Jean-Paul Fargier — *On peut dire que Marie-José Burki a trouvé la bonne place pour ses animaux (qu'elle n'avait pas trouvée au Creux de l'Enfer)* [15] – l'incidence de tels changements sur l'œuvre elle-même.

Il est certain que le recours au médium vidéo incite à dédoubler les œuvres, le même enregistrement prenant une signification et une dimen-sion plastique différentes selon les réemplois, comme dans le cas de la vidéo de Nam June Paik représentant le corps d'une femme en position fœtale, que l'artiste utilise semble-t-il une première fois dans une œuvre intitulée *Living Eggs Grow* exposée à Paris en 1994-95 dans la Galerie Benamou, et qu'il réintroduit dans l'œuvre présentée au cours de la *3° biennale d'Art Contemporain* de Lyon en 1995-96. L'installation vidéo semble alors relever de plein droit des objets d' "*immanence plurielle*", que Gérard Genette définit ainsi :

> *Les œuvres à mon sens incontestablement plurielles sont celles dont la pluralité n'est pas un artefact technique, mais procède pleinement d'une intention auctoriale.* [16]

Le statut indécidable du régime d'immanence de l' "installation vidéo" – qui selon les circonstances relève d'une immanence unique, "*multiple*" ou bien d'une "*immanence plurielle*" – rend compte ou bien de la volonté délibérée d'une forme d'expression qui refuse de s'inscrire dans un régime rigide, ou bien d'un phénomène spécifique, induit directement par le matériau propre à cette forme d'expression (la fonte et l'encre grasse d'imprimerie étant, après tout, des causes non négligeables des régimes d'immanence de la sculpture et de la gravure) – impliquant une réflexion et une démarche artistique individuelles et, pour chaque œuvre, singulière. C'est ainsi que Wolf Vostell conçoit une sorte de fourchette de nature allographique et, probablement, plurielle, qu'il est prêt à tolérer dans le cas du matériau "performance".

> *On peut imaginer que certaines de ces " actions ", de ces "happenings" soient repris par d'autres, comme si c'était une partition...*
>
> *Oui, mais à condition qu'ils soient aussi rigoureux que moi. Il n'est pas permis à un metteur en scène de prendre les idées et de rendre le tout plus agréable, ce qui serait alors du théâtre. Car on peut détourner l'idée de " happening " en le transformant en divertisse-ment.* [17]

[15] *Art press* n° 172 p.64.
[16] Cf. Genette op. cit. p.188.
[17] Entretiens Wolf Vostell, *Le Sonore et le Visuel* p. 89.

On ne peut donc dissocier totalement la question du régime d'immanence de celle de l'artiste-auteur. Par ailleurs, cette question rejoint la problématique de l'éphémère, et de sa dimension dans l'installation vidéo. En effet, comme toutes les formes artistiques de type éphémère (soit absolu, c'est-à-dire que les œuvres ne laissent de trace que par le témoignage d'accompagnement des événements, comme le happening ou la performance non enregistrés, soit partiel, lorsqu'elles sont soumises à des modifications ou tributaires de la durée : musique, théâtre, cinéma...) l'installation vidéo ne procure pas vraiment le sentiment de permanence qui a tant de prix dans l'objet d'art compte tenu de son "commerce" supposé avec ce qui touche à l'éternité et à l'universalité. Les installations vidéo semblent immaner tour à tour — ou partiellement — soit dans des objets permanents, soit dans des expressions éphémères, en fonction de leur teneur en cohésion physique, en persistance réique, ou en fiabilité phénoménologique.

Du point de vue du phénomène lui-même, tel qu'il répond au programme artistique, deux principes induisent un statut d'œuvre éphémère : la dimension interactive liée aux participations du public, qui ne produisent leurs effets que le temps de cette participation, et la dimension d'aléatoire dont le dispositif est affecté. Néanmoins, toutes les installations vidéo ne sont pas tenues à l' "interactivité" (au sens consacré du terme) ; pas plus du reste qu'à l'aléatoire, encore qu'elles en soient souvent victimes, mais en tant que choses constituées de matériaux un peu trop fragiles, et de mécanismes un peu trop délicats.

C'est donc surtout par la fragilité de son existence physique que l'installation s'apparente, d'une manière générale, aux arts de l'éphémère, et qu'elle sera du reste ressentie comme telle au niveau esthétique. En effet, outre les deux états différents auxquels les œuvres sont soumises pendant les phases d'exposition et de conservation, le manque de résistance du médium vidéo et les difficultés de conservation des *masters* les condamnent à moyens termes. Le bricolage artisanal des machines, les ajustements de dernière minute suspend toujours leur fonctionnement à une bonne part de chance. Ce qui les rend d'ailleurs totalement tributaires des structures d'accueil. C'est ainsi qu'*Un spectacle de qualité*, installation de Pierrick Sorin exposée Octobre 1996 au Centre D'Arts Plastiques de Saint-Fons connut à cette occasion une durée de persistance qui ne dépassa pas les quelques minutes par jour. En effet, cette installation vidéo met "normalement" en correspondance le reflet du visiteur-témoin-voyeur (filmé, lorsqu'il regarde l'installation à travers un œilleton, par une caméra dont le signal est projeté au niveau d'une baignoire) et la diffusion, dans l'univers de la salle de bain, (espace clos et étriqué), d'un petit film burlesque et intimiste [18]. Or le dispositif ne fonctionne qu'au moment de la mise en marche, la maintenance du système

18 Parodie d'une "présentation de prêt-à-porter".

de reprise du film en boucle n'étant pas assurée. En conséquence, pendant le reste du temps d'exposition, un reflet de spectateur sur un décor de salle de bains est donné comme seule forme de manifestation d'une œuvre, qui, du point de vue esthétique, se trouve gravement érodée. L'existence chosale attestée par la rencontre du phénomène, met sur un plan d'égalité le durable et l'éphé-mère, dans la mesure où il n'y a pas plus "chose" dans un cas que dans l'autre. Ce n'est donc pas entre le plan physique et le plan phénoménal que la question se pose pour les installations vidéo, mais entre celui de l'objet d'attention et celui de l'objet d'intention dès lors qu'ils se cherchent un lieu et un temps de rencontre qui leur soient communs.

Le recours à des procédés d'enregistrement numérique montre que les artistes ne sont à indifférents à ce problème et qu'ils se préoccupent de le maîtriser. La persistance de l'emploi du signal vidéo dans les installations récentes n'est pas toujours un signe de désinvolture face à la fragilité du médium, ni de manque de ressources financières ; il peut être le signe d'une volonté d'assumer la part de l'aléatoire selon une logique artistique. En effet, la dimension d'éphémère, intrinsèque à l'objet d'immanence, le concerne également comme objet esthétique, la question de la fragilité de toute permanence étant souvent au cœur des thématiques abordées par les œuvres et stigmatisées dans leur matériau.

Certes, l'installation hérite d'un modèle historique qui n'avait rien d' "installé". L'éphémère participait de la politique de *dada* – défi face aux valeurs bourgeoises, et en particulier celle d'une "permanence" des objets d'immanence tels que le "papier collé" ou la "machine autodestruc- tible" [19] — et de ***Fluxus*** — pratiques artistiques (telles que le ***Mail Art***), qui procèdent du geste, du fait, de l'événement beaucoup plus que de la pérennité de l'objet d'art. On en vient dès lors à se demander si le véritable régime d'immanence de l'installation vidéo ne serait pas un régime de type factuel, tel un "*event*". Ce qui réinvestirait le moment de l'installation et permettrait de penser les œuvres reconstruites ou modifiées, d'une exposition à l'autre, comme une succession de faits artistiques : une succession d'***events***, œuvres distinctes les unes des autres. Néanmoins, ce serait renoncer à la tension entre trois sites qui sous-tendent l'objet d'immanence "installation vidéo". Toute chose procède, en effet, d'une connaissance de sa possibilité d'état de chose ("*Sachverhalte*") — c'est à dire de "fait", au sens où l'entendrait Ludwig Wittgenstein [20] — par lequel elle acquiert une identité de nature entre ce que l'on saisit des choses par le langage, et le langage lui-même ; mais, s'il est

[19] *Hommage to New York*, créée par Jean Tinguely en 1960, sculpture qui, après s'être auto-construite, s'auto-détruisait.

[20] « Le monde est l'ensemble des faits, non pas des choses.» *Tractacus logico-philosophicus*, Ed. Gallimard, coll. Tel, traduction de Pierre Klossowski, p. 29, §1.1. Voir aussi *Encyclopædia Universalis* tome XII, « *connaissance en tant que sciences des configurations possibles d'objets* » p.978, 2ème et 3ème colonnes.

vrai que la manifestation relève de cette dimension, "structurée à la manière du langage", à travers laquelle elle devient objet idéal, apte à visiter les sites, eux-mêmes idéaux, intentionnel et attentionnel, l'œuvre ne se limite pas pour autant au "fait" : œuvre "traditionnelle", "installation vidéo" ou "proposition éphémère" (du type de celles de Maciunas), la chose n'est pas saisie en elle-même, mais dans son état d'œuvre d'art qui assigne à son mode d'immanence une identité culturellement perceptible.

Par ailleurs, on ne peut raisonnablement pas réduire au seul état de fait des œuvres qui sont destinées à bouger, à subir des modifications ou à évoluer, ni des œuvres interactives qui ne peuvent être considérées comme faits qu'à négliger ce que le public en fera. A moins que cette factualité n'intègre le devenir de l'objet et l'avenir des rencontres. Ce serait un peu trop attendre d'une extension du terme. S'il semble en effet que Ludwig Wittgenstein prévoit cette extension (« *Lorsque je connais l'objet, je connais également l'ensemble de son occurrence dans des états de choses* », [21]), on ne peut l'appliquer à des œuvres dont les dévelop-pements futurs, quant à eux, restent imprévisibles.

Or il reste un fait, celui-ci indéniable : depuis près d'un demi-siècle le principe de l'aléatoire s'est imposé dans l'art sous l'impulsion de l'informatique (dès 1971, Abraham Moles écrivait : « *L'ordinateur va instituer un art jouant systématiquement sur la réalisation d'algorithmes nouveaux, et l'exploitation permutationnelle de ceux-ci* » [22]). Il est devenu un véritable "partenaire" artistique et s'est systématiquement développé dans toutes sortes de "modalités programmatives" (assistées ou non par ordinateur), conférant à l'objet d'art un état assumé d'imprévisibilité. La réalité de l'œuvre ne pourrait donc être identifiée ni sous la forme d'une chose (immuable), ni sous celle d'un fait (déterminé).

Sur un autre point encore, l'installation vidéo contrarie les attentes d'un mode d'immanence autographique, qui suppose une forme de relation univoque œuvre/auteur. En effet, l'objet auquel on a accès lors de l'appréhension de l'installation est-il bien la création d'un artiste-auteur? Nombre de réalisations se font en collaboration avec des spécia-listes de technologies nouvelles (ingénieurs, programmateurs, équipes de techniciens...). La réalisation se répartit entre plusieurs individus ; l'octroi du statut de véritable auteur peut alors relever de déterminations externes, choix idéologiques, culturels ou politiques (à l'image de ce qui se produit dans le domaine du cinéma). Dans le même ordre d'esprit, certains éléments de l'installation sont des sortes de *readymade*, par lesquels la question de la paternité de l'auteur est relancée. Enfin, l' "ins-tallation", en tant que mise en

21 *Ibidem* pp.30,31.

22 A distinguer, toutefois, des recherches antérieures sur le hasard. Cf. pour les modalités de l'aléatoire au cours des années soixante-dix, Abraham Moles, chapitre III « L'art permutationnel et les multiples », in *Art et ordinateur*, 1° édition.

place réelle de l'œuvre à l'occasion de son exposition est souvent confiée à une équipe d'artisans ou de manuten-tionnaires sous la direction du musée.

Cependant, dans quelle mesure le fait que, parmi les installations vidéo, certaines œuvres soient plus que d'autres fidèles au régime auto-graphique de "droit d'auteur", ce qui est apparu assez clairement dans la première partie de cet ouvrage, gêne-t-il pour caractériser le régime d'immanence de l'installation vidéo? Met-il en évidence des objets de natures différentes, immanant chacun sous leurs formes respectives, et dont il serait vain de déduire une forme d'expression spécifique? En réalité, il s'agirait d'une dispersion de la notion d'auteur entre les différentes participations dont l'œuvre bénéficie, dispersion engendrée par des attentions portées à des états divers de l'œuvre : manifestation, différentes phases de la genèse, étapes du processus d'exposition dont l'œuvre dépend, et statut de chacun des éléments dont elle est redevable. Pour peu que l'on déplace l'attention sur le concept créateur, l'œuvre retrouve naturellement sa source du côté de l'individu dans l'imagination et l'esprit duquel le concept de l'œuvre prit naissance.

Ces deux lieux extrêmes posés, il semble que l'on puisse classer l'installation vidéo soit du côté des œuvres conceptuelles (Ainsi qu'en déciderait Ko Na Kajima à propos de *La Vision périphérique du témoin,*[23]), soit de celui des œuvres à régime allographique ; car en effet, d'une part, leur existence phénoménologique pourrait être toute entière imaginée et préparée par l'artiste, et, d'autre part, leur existence physique (manifestation actualisée) relèverait de l'exécution directe et de la notation scripturale.

Une question se pose, dès lors, afin de juger d'une appartenance de l'installation vidéo à telle ou telle classe d'objets d'immanence : peut-elle réellement exister, en tant qu'objet artistique et esthétique dans le seul concept, ou dans la manifestation mentale, sans existence phénoménologique? Cette question fut au centre de la communication de Didier Ottinger, chargé de la restauration du problématique *Buddha's Cata-comb* de Nam June Paik, et du débat qui s'ensuivit [24]. En effet, en tant que concept jailli de l'imagination d'un artiste, cette installation pourrait être vue, selon le philosophe Jean-Luc Nancy, comme une « *méditation sur la confrontation de l'Orient et de l'Occident, sur la mise en regard d'une culture religieuse, ancienne, et d'une autre, technologique et moderne* » [25]. Il paraît logique de respecter en priorité le concept lorsqu'une restauration s'impose suite à une panne ou à un vol du moniteur d'origine, et de s'efforcer de maintenir l'écart entre modernité et tradition, car « *plus le téléviseur est actuel, techniquement sophistiqué, plus "grande" est la vérité de l'œuvre* » . L'œuvre survit ainsi, dans sa nature et sa vérité, à son "autonomie" par

[23] Cf. le témoignage de Jean-Paul Fargier, *Cahiers du cinéma*, n° 391, p.XI.
[24] Cf. *Conservation et restauration des œuvres d'art contemporain*, Didier Ottinger, « L'œuvre de Nam June Paik aux Sables-d'Olonne : Le cas du *Buddha's Catacomb* », pp. 99 et suivantes.
[25] *Ibidem*, cité par l'auteur, pp. 104 et 105.

rapport à l'auteur, pour peu que l'intention de celui-ci soit conceptualisable et inscrite dans un "programme". L'œuvre ne serait pas un objet figé dans une "forme historique" : son aspect aurait à se conformer par réactualisation successive — « *dont la logique, à terme, viserait à donner à l'image du bouddha une image en haute définition et, pourquoi pas, peut-être dans quelques décennies, une image holographique* » — de la forme dans un état mobile de fidélité au concept. Néanmoins, la manifestation phénoménologique primitive de l'œuvre produit sens et sensations dont l'obédience stricte au concept ne rend pas compte ; Didier Ottinger témoigne notamment de l'importance formelle du premier moniteur sphérique, qui, par sa ressemblance avec un "casque de cosmonaute", lui permit de s'engager dans une méditation « *sur l'infini universel* ».

Entrent ainsi en conflit les plans artistique et esthétique. Car la question se poserait alors sur la sorte de considération suscitée par un ensemble d'objets qui ne seraient que l'occasion approximative, pour un concept, de se manifester phénoménologiquement. Au reste, même si l'on ne peut demeurer indifférent à la dimension exécutive, performative, de l'œuvre, au cours de la réalisation de celle-ci, il est évident que l'artiste anticipe sur le site d'attention : il se constitue comme premier témoin en puissance, imagine l'existence de l'œuvre à travers l'interprétation (sensible, émotionnelle ou intellectuelle) que le témoin récepteur peut en faire. Le projet opéral n'existe lui-même qu'à cette condition. Les "intentions" procèdent d'une fiction d' "attentions".

Certes, les remarques qui précèdent pourraient concerner toute autre forme de création artistique, le peintre anticipe sur les effets colorés, l'architecte, sur les effets de masses, le musicien sur les effets de sons, le chorégraphe sur ceux produits par les pas et les figures. Ce qui distingue cependant ces formes d'expression, c'est la nature de la performance, la particularité de l' "économie" (selon l'expression de Umberto Eco) par laquelle l'anticipation et l'exécution s'interpellent. En musique, comme en peinture, une certaine économie se cherche du côté de la confrontation directe au phénomène : le musicien aime à être surpris par des sonorités inouïes, et le peintre, par des accords de couleurs inédits. Qu'en serait-il d'une économie de l'installation vidéo qui déterminerait l'un ou l'autre, ou le passage de l'un à l'autre des deux régimes? Qu'est-ce qui doit être "pré-vu", "pré-perçu", pour que l'élaboration donne lieu à une manifestation de type "installation vidéo"? Sans chercher à remonter la chaîne de fabrication de chacun des objets dont il a été question jusqu'à maintenant, il est probable que tout élément entrant dans la composition générale aura été "prévu" en fonction de celui et de ceux avec le ou lesquel(s) il serait mis en relation dans l'œuvre. "Pré-vu" plus ou moins précisément, et choisi plus ou moins en cours d'élaboration.

L'installation vidéo, qui procède de matériaux dont certains sont "tactiles", matériaux de proximité, comme les objets, les matières, les corps, et d'autres virtuels, pourrait produire deux régimes d'immanence, la virtualité relevant plus du mental et du concept, la tactilité nécessitant l'expérience directe, le corps à corps, distinction qui donnerait une explication à la difficulté de cerner le régime d'immanence, ou de l'admettre comme forcément duel. Cependant, cette partition témoigne d'un *apriori* qui n'est pas vraiment fondé.

Ainsi, une installation comme *Good Boy Bad Boy* peut aussi bien procéder d'un concept général de départ (la perte d'identité par exemple), qui trouvera à s'incarner dans un premier temps à travers des représentations mentales, puis (suite aux choix que celles-ci auront permis d'effectuer) à travers une existence phénoménale, comme il se peut tout aussi bien que la confrontation directe avec le matériau de l'installation (des enregistrements vidéo ou des fragments d'émissions télévisuelles), et leur peaufinage, accompagnent progressivement l'émergence d'une idée. L'idée est, en ce cas, extraite d'un matériau qu'il convient de travailler. De même qu'une idée de volume peut être déduite en partie directement de la pierre ou une idée de couleur de la matière picturale, il semble tout aussi possible qu'une idée de "perte-d'image-de-soi" naisse directement du processus vidéoscopique? Le signal vidéo, ou bien la performance d'un programmateur, peuvent être des embrayeurs directs de pensées artistiques, qui jouent sur la personnalité de l'œuvre au cours de son élaboration.

Selon l'impact des décisions à prendre, leur nature pratique ou artistique, la responsabilité auctoriale dont relève l'installation vidéo pourra ainsi s'exercer à différents niveaux du stade de l'œuvre. Se pourrait-il, alors, qu'une œuvre conçue par un artiste supporte d'être installée par un autre? Généralement, lorsque l'artiste ne se déplace pas, il communique un plan de montage ou confie la tâche à l'un de ses collaborateurs, mais il garde l'autorité d'auteur sur l'acte d'installation, même s'il ne s'y implique pas physiquement. On peut néanmoins imaginer des col-laborations d'artistes sur la même œuvre, comme entre Jean-Paul Fargier et Alain Kirily (*La Présentation de Jésus au Temple*). Cependant, ce type de collaboration, qui procède d'une alliance ponctuelle entre deux personnes sur un projet commun ne peut être considérée comme une caractéristique constitutive de l'objet d'immanence, à la différence de la mise en scène d'une pièce de théâtre, en tant que deuxième niveau d'autorité opérale de l'art théâtral.

Il semble donc que le mode auctorial de l'installation vidéo crée une relation de filiation très intense entre l'œuvre et son auteur, en dépit des souplesses et des latitudes diverses par lesquelles les vouloirs et les choix artistiques seront distribués tout au long d'une chaîne d'actes, de décisions et d'événements, selon les diverses étapes de l'élaboration de l'œuvre.

Nous avons été contraint de construire notre réflexion à partir d'un va-et-vient constant entre le plan artistique et le plan esthétique, mais définir et décrire l'objet d'immanence, sans partir du trait artistique et esthétique comme caractéristique ontologique n'est possible que lorsque l'objet en question est totalement déterminé par des conventions culturelles, qu'il existe à travers elles. Chercher à l'isoler hors conventions sociales et culturelles, parce qu'elles manquent précisément à le faire exister, implique nécessairement de justifier ses déterminations selon les principes qui interprètent des états indiscernables et débordent les modes d'existence proprement dits, mais sans lesquels aucune de ces existences ne tiendrait. S'il est donc impensable que l'installation vidéo existe sans être transcendée par sa vocation d'objet d'art, et que seule cette transcendance permette de spéculer sur les contours de son objet d'immanence, il n'en est pas moins possible de distinguer *a posteriori* cet objet de son fondement et d'en esquisser les traits caractéristiques.

En résumé, il apparaîtrait donc que l'installation vidéo, comme objet d'immanence, procède d'un régime d'apparence autographique (compte tenu de la part de réel que toute apparence possède), pour lequel le principe allographique joue un rôle de cohésion, de sauvegarde, et de régulation. Il semblerait de plus, compte tenu des observations et déductions précédentes, que les œuvres dites "installations vidéo" s'offrent au regard dans l'instant présent, mais procèdent cependant d'un programme qui les stabilise dans la répétition. Il en résulte qu'elles impliquent nécessairement l'existence de données spatio-temporelles (un lieu, une durée), qu'elles relèvent obligatoirement d'une substance mixte (électronique et matérielle), et intègrent "invariablement" une part elle-même "variable" d'aléatoire intégrée aux deux premiers paramètres. Ces trois paramètres pourraient donc constituer les "traits standards", au sens où l'entend Kendall Walton, [26] de l'objet d'immanence de la catégorie "installation vidéo".

Ces différentes propriétés lui permettent, dès lors, de se situer mentalement et matériellement entre deux modes d'immanence, ou modes d'immanence mixte, et de maintenir ainsi l'équilibre fragile entre deux conceptions de l'art ; de répondre en quelque sorte à deux désirs apparemment contradictoires sur le plan esthétique, celui de l'œuvre comme objet d'immanence autographique, unique et "auratique" et celui de l'œuvre comme objet d'immanence allographique, multiple, plurielle et reproductible. Enfin, pour compléter cette définition, il semble que l'ensemble composite de l'installation ne pourrait prétendre offrir une manifestation de l'œuvre que si les objets dont elle se compose sont disposés en fonction d'un programme inducteur du ou des phénomène(s). En l'absence du témoin récepteur et du contexte de réception, le phénomène resterait "probable", et l'installation vidéo "virtuelle" ; privée de son programme, l'installation présenterait un mode d'existence "latent" ; dépossédée de certains de ses objets, un mode d'existence "lacunaire".

[26] Cf. « Catégories de l'art », in G. Genette, *Esthétique et Poétique*, p. 91.

11. Nature hybride - Structure bipolaire

Le langage semble fasciné par le "double" [...] et par la logique de l'opposition qui remplace celle de l'identité dans les définitions des termes.
Julia Kristeva

Les conclusions auxquelles ont mené les réflexions entreprises au cours des pages précédentes ont fait apparaître, à défaut d'une forme d'immanence unique de l'installation vidéo, une hésitation — caractéristique — entre deux modes d'immanence reconnus, d'où il semble qu'une forme duelle cherche à émerger, forme d'immanence dont le caractère inédit tiendrait à l'impossibilité d'une conciliation totale entre les deux grandes tendances fondamentales des objets d'immanence des œuvres d'art. Cet état de fait résulte de traits caractéristiques structurels, par lesquels l'installation vidéo se distingue des autres formes d'expression, et qui, en lui conférant des possibilités d'exploitation spécifiques, liées directement à sa nature composite, influent sur son appréhension esthétique.

L'installation vidéo est, en effet, expressément une chose duelle, provenant de la coprésence, au niveau de son existence physique, de deux sortes de matériaux aux caractères distincts. La brèche étant créée dans le principe d'unité, l'objet présente dès lors une capacité à inclure toutes les formes déjà existantes, rejoignant ainsi la catégorie des « *arts ambiants* », comme le propose Valentina Valentini [1]. L'installation offre un lieu pour exposer son butin qui s'apparente à la scène, comme concentration des confrontations, mais aussi comme espace de fiction, ce en quoi ce lieu relèverait effectivement du...

> *...théâtre, comme dispositif de codification des arts plastiques...* [renonçant] *à des conventions spécifiques pour se laisser modeler par d'autres dispositifs — le corps, le son, le temps, le spectateur, le décor, les nouveaux média — art échu dans une zone inhabitée...* [2]

L'installation vidéo fait preuve d'une étonnante capacité à intégrer tout ce qui passe à sa portée ; elle s'en imprègne tout autant dans sa substance que dans ses formes ou dans son propos. Qu'il s'agisse de données artistiques,

1 *Vidéoformes*, 1993 « La théâtralité des installations vidéo », p.30.
2 *Ibidem* ; selon V. Valentini le concept d'art ambiant serait à attribuer à Michaël Fried, in *Art and objecthood*, 1967.

culturelles, sociologiques, philosophiques ou technologiques (la liste n'est pas close), l'installation incorpore, traite et dispose de tout. Elle possède une structure ouverte (aux événements du monde, passé, présent et avenir) et poreuse à toutes choses, mais aussi bien appropriatrice de ces choses dans une opération de refonte, selon une proposition nouvelle et singulière. Non seulement composite de nature, elle présente donc, en outre, une structure de type madréporique, favorisant tout à la fois l'extension, l'absorption et le passage.

L'installation procède ainsi de deux principes générateurs de cohésion : l'assemblage et le collage, ce en quoi elle confirme son héritage des "pratiques" des avant-gardes dadaïstes, pratiques qui furent élargies et prolongées par les mouvements cubiste et surréaliste. Interrogé à propos des incidences éventuelles du mouvement *dada* sur les pionniers de l'installation vidéo, Wolf Vostell analyse ainsi la manière dont ils vécurent cette influence:

> *Consciemment à partir de 58. Nous avons vu la première exposition dada vraiment bien organisée en octobre 58, à Düsseldorf. Cela nous a stimulé* (sic) *; nous nous sommes dits que l'idée de multi-media existait déjà chez Schwitters et les dadaïstes allemands.* [3]

Les premiers assemblages et collages puisent leurs matières premières dans les déchets de produits manufacturés et ceux de la presse quotidienne, lettres, mots et textes typographiés, *comics* ou "réclames", c'est-à-dire les sous-produits d'une société capitaliste étouffée par sa propre logique de marché. L'assemblage est avant tout un acte archaïque (ramasser, arracher, déchirer, coller...) ; avant d'assembler ou de coller, il faut soustraire et dissocier. C'est pourquoi ces pratiques relèvent d'un principe originel, celui du "dé-collage", dont on trouve un indice dans le titre de la pièce de Wolf Vostell (*6 TV Dé-coll/age*) qui stipule le décollage comme processus fondamental et naturel, pris comme modèle de sa démarche artistique :

« *J'ai désigné sous le terme de "de-coll/age Musik", depuis 1958, les processus acoustiques qui proviennent de dé-compositions fortuites* » confie-t-il, lors d'une entretien [4]. Y aurait-il affinité entre la structure composite et madréporique de l'installation vidéo et les événements dont elle se porte témoin? Affinité, au point qu'elle semble se donner comme vocation de capter et de recueillir les divers processus de dé-collage, visuels ou sonores, résultant des associations et constructions fragiles, velléitaires et éphémères dont se compose le tissu social actuel : croyances, faux-semblants, savoirs superficiels, évidences trompeuses. Les installations vidéo sont assez souvent des sortes de relevés des faits de dé-collage, dénonçant ainsi la fragilité des fondements de notre société. Sutures aberrantes, relevées dans *L'Amérique est*

[3] Entretiens Wolf Vostell, Jean-Yves Bosseur, *Le Sonore et le visuel, Intersections musiques/Arts plastiques aujourd'hui*, Dis Voir, Paris, 1992, p.88.
[4] Wolf Vostel, *ibidem* p.81.

une erreur, disjonction de l'expérience du corps dans *Crux*, des temporalités dans *Proposal for a Public Art Work, Reconstituting John Ford and the Searchers*. Les animaux de Marie-Josée Burki seraient, quant à eux, les témoins par lesquels le regard se défait d'une position qui lui semblait acquise.

Dans d'autres cas, l'installation vidéo favorise l'expérience du décollage, par la disruption inhérente à la spatialisation du dispositif. Ce sont, par exemple, les différentes occurrences des "*Time Delay*", ou encore le principe interne de *Negative Crossing*, où l'on assiste au décollement successif des différentes images de soi, celles que l'on croyait définitivement siennes, jusqu'à s'identifier finalement sous l'aspect d'une image négative. Le thème de l'irréalité de l'image télévisuelle est en effet récurrent dans l'installation vidéo et procède souvent de l'exposition de l'un de ces décollages "fortuits". S'il est donc une image du monde dont se rend complice l'installation vidéo à travers ses processus spécifiques, ce serait celle d'un monde délabré, aux points de collure desséchés et aux coutures élimées.

On voit que l'installation vidéo ne se limite pas à un état des lieux. Elle intervient directement, catalyse et précipite le processus de décollage par le processus du détournement (des ondes hertziennes par exemple dans les œuvres de Wolf Vostell, Nam June Paik, Bill Viola, Dara Birnbaum, Chris Marker...). Le détournement implique une réorientation de l'élément recueilli, ce en quoi il appartient déjà à la logique même du collage.

Le collage procède certes de la récupération, mais également du détournement, de la confrontation et de la collusion. Il est incontestable que ces procédés ont trouvé, dans le matériau composite des installations vidéo, une voie d'accomplissement. Déjà, comme le fait remarquer Wolf Vostell : «*Pour R. Rauschenberg,* Oracle *représente l'aboutissement d'une recherche sur les collages sonores, destinée à entrer en contre-point avec les collages visuels* » [5]. L'installation de Wolf Vostell avec "récepteur TV" datant de 1958 témoigne pour sa part assez bien des affinités de cet artiste avec les *Combine Painting* de Rauschenberg.

Ainsi, dans *Chilwood/Hot and Cold Wars (The Appearence of the Nature)* de Ken Feingold les images d'archives ou d'actualités et les agglomérats d'objets domestiques, encastrés tant bien que mal les uns dans les autres, sont à la fois objets, matières, images de l'enfance, formes cosmiques, et mémoires du passé (mémoires, et oublis). Le collage serait un principe « *d'entrelacement des contraires, et de toutes les contradictions,...*» [6]

[5] *Ibidem* p.82.
[6] Cf. *Journal du mouvement dada,* p.281.

Mais il est aussi… « *respect des individualités* » [7]. Les fragments sont là, en eux-mêmes, sans jamais se retrouver réaliénés totalement dans une cause unitaire. Les coprésences de moniteurs vidéo et d'objets ou de corps en sont des exemples presque permanents dans l'installation vidéo : que l'on s'en réfère à *Auto TV Hochzeit*, exemple type du mariage impossible, ou bien à *Butterfly TV*, cette installation performance de Wolf Vostel où le minuscule moniteur est placé sous le pubis d'une femme nue (« Images *entre'aperçues dans un entre cuisses* » selon l'expression de Paul Virilio [8]).

A moins qu'il ne s'agisse de processus de "décontextualisation", comme dans les installations intégrant des fragments de films, tels que dans *The Incivils* de Pierre Huyghe. Certaines œuvres sont par ailleurs des collages d'images-mouvement dans la lignée directe des collages d'images photographiques (voir *En Avant* de Claude Closky), faisant écho aux principes énoncés par Kurt Schwitters :

> *La nature et le hasard, comme vous voudrez, réunit souvent des éléments qui ressemblent en soi à ce que nous appelons le rythme. La seule activité de l'artiste est là : reconnaître et délimiter* . [9]

Le collage est, en soi, un acte agressif, plus souvent un "dérangement" qu'un arrangement, sinon envers les matériaux qu'il libère de contrats plus ou moins arbitraires avec des codes de signification ou des rôles convenus, du moins envers les objets représentés, les codes et les formes de représentation. Il introduit le "troisième sens" par le principe de la collusion. Ce en quoi il procède par d'autres modes de relations (inconscientes, pré-conscientes, inédites) que celles imposées par une logique rationnelle ou conventionnelle. Tzara prônait à travers *dada* « *l'abolition de la logique* ». [10]

On peut retrouver les "collusions" jusque dans les titres des installations vidéo : celle de Ken Feingold, citée ci-dessus, mais aussi : *Video Fisch*, *Anthro/Socio*, *Ann-Daisy*…

Mais le collage, le montage et l'assemblage sont aussi des états à mi-chemin entre l'union et le déploiement. C'est en quoi ils sont des sortes d'espaces à explorer, des promenades et des déambulations permises par leurs façons de réinjecter une temporalité dans l'espace. Prendre son temps, laisser les émergences se produire. Ainsi dans *The Butterfly Effects of Geography*, où la cohabitation mal ajustée de matériau, d'objets et d'images vidéo, doublée de la confrontation aléatoire des trois programmes télévisuels, offrent des probabilités d'émergences sensorielles et signifiantes.

[7] *Ibidem*.
[8] *Où va la Vidéo*, p.30.
[9] Kurt Schwitters, 1926, in *Journal du mouvement dada*, p.116.
[10] *Ibidem*, p. 432

Quelle que soit la multiplicité des codes et substances qui entrent dans sa composition, c'est toujours à la dualité de son objet d'immanence que l'on peut attribuer les attractions que l'installation vidéo génère.

Lorsque Walter Benjamin rapproche le procédé du collage de celui du théâtre épique brechtien : « *Le théâtre épique adapte au théâtre le procédé du collage* » [11] , c'est peut-être davantage pour ce que l'esprit dadaïste a su faire du collage, que pour la technique elle-même. ***Dada***, à travers cette pratique artistique, resta en effet fidèle à l'un de ses principes : le "non-poli", autrement dit, l' "impolitesse", cependant qu'à force de travailler à intégrer plastiquement les fragments de matériaux divers, le cubisme synthétique et certaines œuvres surréalistes ont si bien lissé leurs objets, que parfois, seule, la collusion des idées subsiste, à défaut de l'impertinence du choc des matériaux.

En revanche, un assemblage hybride tel que le pratique le théâtre épique, compte tenu de la nature différente des matériaux avec lesquels il se construit, pourrait comporter une sorte d' "impolitesse" toujours prête à être réactivée du fait qu'elle est inscrite à jamais dans sa structure. De même l'installation vidéo serait investie d'une caractéristique structurelle de cet ordre, car, quelle que soit la complexité des faits et des effets artistiques qui résultent des opérations de collage et d'assemblage, elle procède immanquablement de l'articulation de deux registres minimum : celui de la présence avant tout physique des objets "installés", celui de la présence principalement phénoménologique des objets diffusés (ou visionnés), et cela quels que soient l'œuvre et l'artiste. L'attente traditionnelle d'une forme unitaire (relevée au premier chapitre) se heurte à cette double existence ; néanmoins, s'il arrive que se produise de la mise en forme (de la "disposition"), c'est de cette articulation que cela découle : fragmentation, diversité et déploiement sont impossibles à réduire totalement, de même que les modalités combinatoires des plans de présentation et de représentation en sont les exploitations directes. L'éventail des percepts, l'ouverture d'un champ de correspondances et l'élaboration d'une expérience de synesthésie en deviennent, quant à eux, les directs bénéficiaires.

Ainsi, quelles que soient la complexité des dispositifs et la diversité des matériaux, en dépit de toutes les modalités qui pourraient lisser, troubler, brouiller les points d'articulation, de montage et de connexion, malgré tous les efforts dont l'installation pourrait faire preuve pour gagner l'aspect poli des objets que l'art traditionnel offre à la caresse des sens, elle ne pourrait effacer cette tache de naissance qui fait d'elle un monstre à deux têtes. L'installation vidéo est deux en un. Sa cellule spécifique est ce que l'on nommerait un "hybridome". Il s'ensuit de cet état que les œuvres immanent nécessairement dans une forme hybride. Ce qui amène la question suivante :

[11] Cf. *Essais sur Bertold Brecht*, Maspero, 1969, p.124. voir Rochlitz op. cit. p. 204.

est-ce, pour ce mode d'expression artistique, une tare ou une grâce? Ce qui, d'une certaine manière, revient à ce demander si ce trait de nature concerne aussi le regard esthétique, et à quel titre.

Si l'on s'en remet au témoignage d'Anne-Marie Duguet : « *Nam June Paik aime les hybridations sauvages, il associe fréquemment à ses moniteurs des éléments naturels comme des plantes vertes* » [12], il semble bien que les artistes non seulement s'en accommodent, mais y trouvent, en outre, matière d'expression. L'aspect de l'image vidéo reste bien différent, comme qualité de lumière, de texture et de couleur, des objets réels présents dans les installations. On a vu auparavant combien cette image est affectée d'un coefficient de luisance (et cela même quand le moniteur ne fonctionne pas), coefficient d'autant plus élevé qu'elle est travaillée par le numérique ou la palette graphique. Il est certain que les postes disséminés entre les plantes de *Video Garden* proposent une animation d'ordre binaire, un rythme visuel d'alternances et de contrastes, dont l'installation vidéo se trouve naturellement bénéficier par le seul fait de son hybridité.

Ce trait particulier n'est cependant pas un trait spécifique aux installations vidéo : comme on l'a évoqué plus haut à propos du théâtre épique, d'autres formes artistiques relèvent d'une structure hybride. C'est le cas, par exemple, de l'opéra, de la comédie musicale, voire du théâtre grec. Plutôt que trait spécifique, et distinctif, il serait donc davantage trait constituant ou structural, dont les conséquences sur des matériaux particuliers induiront éventuellement des modalités et des aspects spécifiques.

Avant, toutefois, de prévoir les conséquences esthétiques de cet élément de structure, ou de repenser les aspects rencontrés préalablement à la lumière de celui-ci, il s'agit de prendre en considération une conséquence plus générale relevant des connotations culturelles associées généralement à un tel caractère. Les formes artistiques hybrides ne sont-elles pas affectées d'un attribut idéologique qui les classe dans les formes impures, soit décadentes (ou post-modernes), soit immatures (insuffisamment dégagées de leur gangue d'origine). Sans que ce statut influe nécessairement sur la démarche artistique, il reste toutefois probable qu'il l'accompagne. Cette impureté, il s'agirait de l'assumer et d'en tirer partie, de lancer un défi à toute représentation du monde trop bien ficelée, trop cohérente, trop permanente, ou de se présenter comme le garant du minimum de déchirure et d'incohérence nécessaire au dynamisme d'un propos. Le recours à une forme d'expression hybride ne serait donc ni fortuit, ni innocent de la part des artistes.

Néanmoins, malgré cet état en perpétuelle menace de disjonction, d'échec et de rejet de la "greffe" qui tétanise un tel objet d'immanence, un pari n'en est pas moins lancé aux matériaux, car il faut bien que de leur confrontation quelque chose s'élabore, dans l'instant ou dans la durée.

[12] Cf Anne-Marie Duguet, op. cit. p. 233.

Ainsi, toujours prise entre une volonté d'exhiber son hybridité et celle d'en contenir les excès, l'installation vidéo tient à la fois des tendances artistiques dont l'hybridité fut délibérément provocante (les arts du collage du mouvement *dada* et du cubisme analytique), ou de celles qui s'inscrivent dans une démarche constructive (comme celle du théâtre grec ou du cubisme synthétique). La structure n'impose donc pas une tendance unique, mais génère des possibilités dont *Video Garden* et *Videofish*, installations de Nam June Paik, pourraient être, en effet, aussi bien l'une que l'autre représentatives, ne serait-ce que par l'aspect d'épure de chaque dispositif : coprésence délibérée dans le premier cas, entre moniteurs et végétaux, et construction d'un objet dans le second, où l'aquarium apparaît comme une surimpression de l'image vidéo.

Trait de nature d'un mode d'immanence, l'hybridité aura sur l'installation vidéo des conséquences à chaque niveau de l'œuvre : objet, dispositif, phénomène et propos et sur chaque plan de son existence : physique, réique, phénoménale et transcendante, et cela pour autant que le fonctionnement de toute chose, dans l'œuvre, sera induit par une structure fondamentale et les infrastructures conséquentes.

L'hybridité implique une structure duelle en évolution, dont l'origine, la racine, serait le double ou la finalité, et l'efflorescence, le moment d'unité. Elle sous-entend un parcours et une trajectoire. C'est en fonction de l'un ou de l'autre que les effets seront sensibles.

Constitutive, la dualité d'origine – image/réalité – persiste selon divers aspects dans les œuvres (espace architectural, pénétrable, et image projetée). L'installation se situe "à cheval" ou "entre-deux" : « *Territoire para-conceptuel et para-corporel,... il s'agit d'un territoire "entre"* », écrit Giuliana Cunéas [13] ; entre art et loisir, entre art plastique et art du spectacle, entre image et volume, entre « *l'installation et l'art interactif* », comme le remarque, quant à elle, Carlota Alvarez Basso, qui souligne que l'installation vidéo en « *tire parti, par assimilation de la reconnaissance de la première et du caractère novateur du second.* » [14] A moins qu'elle n'offre la figure ou la forme récurrente du double, par exemple, mais aussi sous de multiples jeux d'associations. Deux zones sont en effet distinctes, dans *White Devil* : celles des moniteurs, les "cubes", et celle de l'écran, le paysage.

C'est ainsi que dans *Virtual Pleasure Mask*, de Vito Acconci, le réel, sensible dans la réalité des objets présents, tend à l'irréalité du cache, alors que le moniteur, si petit, devient, lui, un objet image.

La constitution duelle n'est jamais tout à fait neutre, elle engage des procédures différentes donnant lieu à des figures directement inspirées par la problématique du double dont on a pu déjà rencontrer quelques exemples.

13 *Vidéoformes*, 1996 p. 88.

14 « L'installation vidéo, un format muséal », in *Vidéoformes*, 1993, p.24.

C'est ainsi que la figure gémellaire, entre complicité et nostalgie, domine des œuvres telles que *Lucy and Franck*, *Marcello 9000* ou *Ann-Daisy*. Ou encore, pour cette dernière et quelques autres, les figures du dédoublement, du clivage, de la souffrance de l'impossible unité identitaire, (*Anthropo/socio*, *Good Boy Bad Boy*...).

Ainsi, l'hybridité est un fait brut qui engendre des conséquences en chaîne. C'est sur cette base que se génère la diversité des formes et des objets. Le goût de Nam June Paik pour les assemblages hybrides se retrouve aussi dans ses aspirations en direction du théâtre total [15]. L'opéra serait pour lui un modèle esthétique :

> *L'opéra représente ce que, disons, je cherche dans l'art électronique : dans le sens de réussir à obtenir ce degré de réussite performative que le meilleur opéra réussit à obtenir. Dans un opéra, il y a tout : j'entends tous les éléments - la musique, le mouvement, l'espace* [...]. *Ainsi, même les installations vidéo ont la possibilité de devenir un opéra, un opéra vidéo.*» [16]

Ce n'est qu'en se généralisant en tant que principe que la forme hybride pourra aussi se spécifier dans l'installation vidéo. L'hybridité est le terme qui, rappelons-le, désigne la création d'une nouvelle espèce à partir de deux espèces préexistantes ; toutes les conséquences qui résultent d'une telle démarche acquièrent, au niveau esthétique, des résonances particulières. Qu'est-ce que l'on pourra considérer comme espèce ou comme simple matériau? Il ne sera question d'hybridité que lorsque s'associent des formes artistiques ou artisanales détentrices d'histoires et de lois spécifiques. Le nombre deux est la base nécessaire et suffisante, et les hybridités multiples ne sont sans doute jamais que des multiplications de couples aux fonctionnements distincts. Ainsi, le théâtre total, où se confrontent à la fois la forme théâtrale et la musique, les arts plastiques, la danse et le cinéma, implique tour à tour des procédures hybrides duelles.

La biologie considère une forme hybridée réussie de manière positive, car elle confère à une nouvelle variété plus de robustesse, de couleur ou de saveur. Par ailleurs, elle construit sa réussite scientifique sur la proximité des espèces et des variétés. Une hybridation qui ne respecte pas cette règle, qui accouple des formes étrangères, engendre des anormalités, des formes monstrueuses et trahit la véritable activité créatrice. Aucune véritable espèce hybride viable et durable dans ce cas ne résultera de l'opération. Le terme d'espèce hybride représenterait de fait par lui-même un label de réussite et de

[15] Cf. *Vidéoformes* 1993 p.59.

[16] Dans le même article, Gianni Toti évoque leur parenté avec « *la Gesamkunstwerk de Wagner, Rimski-Korsakov, Schœnberg, Scriabine, Tatlin etc...* » et d'ajouter : « *Les VidéoPoemOpéras qui sortiront des petits, et des plus grands écrans pour entrer dans un grand espace multiple de "l'architectronique" des Super théâtres (pantechnologiques) dans une connexion planétaire-satellitaire, seront "opéras totals"* ».

qualité. La métaphore biologique comporte donc pour l'art des limites qu'il est préférable de ne pas dépasser.

En effet, dans le domaine artistique, une nature hybride serait en revanche plutôt mal perçue ; elle apparaît comme une forme de dégénérescence ou de mésalliance, la notion de proximité d'espèce n'ayant plus aucune pertinence. En art, une forme hybride est ainsi souvent affectée d'une connotation péjorative. Elle évoque l'art des excès et de la démesure fidèle à l'une de ses origines étymologiques grecques, *Hubris*. La question esthétique de l'hybridité dépasse l'enjeu artistique lui-même, celui d'une pratique qui tente de surmonter et d'exploiter la difficulté d'associer des formes artistiques déjà constituées et de parvenir à enrichir un champ qui, par principe se veut libre, autonome et novateur. En effet, elle rencontre inévitablement des enjeux religieux, sociaux et philosophiques pour lesquels chacun de ces termes a une profonde résonance et s'oppose *de facto* à des valeurs d'humilité, d'éthique, de vérité et de pureté.

La dualité résonne ainsi comme un synonyme de duplicité. Le jeu sur le double auquel se livrent les installations, est aussi un jeu de cache-cache, dans lequel les inversions, les ambiguïtés et les faux-semblants se multiplient ; la persistance du cache chez Marcel Odenbach s'en porterait garante. Elle ouvre, certes, la voix à des explorations nouvelles, mais renoue avec quelques plaisirs déjà anciens, car si l'on s'en réfère à Dominique Chateau, Diderot lui-même aurait sans cesse balancé « *entre l'occasion de jouir naïvement de l'illusion et l'opportunité qu'offre cette occasion de manifester sa connaissance des secrets de l'illusionnisme.* » [17] Vrais et faux miroirs (*Machine Vision*), reflets d'une réalité ou diffusion fictionnalisante du signal vidéo sont les points forts des derniers dispositifs méliésien de Pierrick Sorin (*L'Artiste, le méchant et le conservateur* ou *Un spectacle de qualité*). Ainsi, la tragédie du dédoublement, si troublante telle qu'elle s'exprime dans *Ann-Daisy*, est déjà inscrite dans l'ambiguïté de la matière informe et d'un médium électronique "informant".

Dès lors, les attendus de l'un se substituent aux attendus de l'autre. La vidéo, image plate, cache un hors-champ démesuré (celui des prises de vue, de la technologie et de la mise en scène). Lorsque le dispositif semble le dévoiler, il n'en montre en fait qu'une forme sculptée, érigée, telle *Lovers* au centre de la salle, Tandis que le signal vidéo témoigne d'un ailleurs à travers les ombres qui flottent sur les murs. L'espace d'accueil, habituellement cadre matériel de l'écoute et du visionnement des histoires que nous conte la bande vidéo, devient, comme dans *Loverfinches* de Carlsten Höller, le corps métonymique de ces histoires d'amour d'autrefois, riches de princes amoureux et d'oiseaux magiques ; il en offre le contexte historique et temporel (intimité d'une petite pièce aux chaises damassées) alors que

[17] Cf. « A propos de la critique », in *Iconicité*, p. 244.

l'image, résolument contemporaine, n'est, quant à elle, qu'un documentaire sur l'élevage des oiseaux. Dans *Corpus in Fabula*, le corps présent n'est que froufrous et falbalas, et, tandis que le médium vidéo remonte des profondeurs du corps tel une palpitation organique d'habitude enfouie et secrète, le visage, à son tour victime de la duplicité des médiums, se fige dans une "image-mouvement" de corps immobile.

Il semble donc que, dans l'installation vidéo, l'hybridité participe de cette sorte d'interrogation diffuse (telle qu'elle fut pressentie au cours des observations précédentes), d'un scepticisme, planant en permanence au-dessus des usages, des rôles et des statuts.

De telles connotations péjoratives mettent aussi en correspondance directe le caractère hybride et le caractère décoratif de certaines formes artistiques (telles que la comédie musicale par exemple). Etant donné que l'hybridité hérite d'une connotation diamétralement opposée : celle de l'esprit avant-gardiste, il ne peut être question d'un parallélisme total avec le décoratif. Néanmoins, il convient d'en examiner l'effet. Une structure hybride peut être l'occasion de tresser des matériaux dont certains sont sérieux, graves, réels, alors que d'autres seront, au contraire, formels, agréables, procurant plaisirs et distractions. Toutefois, étant donné que tout participe d'une fiction ou d'une représentation, la teneur en réel, ou en implication, est affaire de relativité. La coprésence de ces matériaux, aux teneurs différentes les unes des autres, dans une forme d'expression hybride, mettrait en relief les écarts entre les intensités des différents matériaux. Ainsi, si l'on s'en réfère une fois de plus au théâtre antique, n'est-ce pas à l'ombre de la *diegesis* que la *mimesis* prendrait de l'intensité dramatique? Inversement, à l'abri de cette effervescence, le récit pourrait acquérir plus de gravité.

S'il est donc une légèreté décorative de l'image vidéo, elle sera accentuée par la masse austère ou la rigidité des lignes des moniteurs, (voir plus haut les observations faites sur *Lyon Video Wall*). Cependant, l'installation en elle-même, par le jeu des compositions des objets pourrait entreprendre l'espace dans un registre ornemental, comme c'est le cas dans toutes les installations où le moniteur est facteur de configurations multiples (*La Sentinelle*, *Suspension of Disbelief*, *Portraits virtuels*...). Auquel cas, le médium vidéo bénéficie d'un regain de gravité, celle de l'événement dont il témoigne, ou du propos qu'il semble tenir. A travers la forme ornementale, l'installation insère les petits événements, les faits, le particulier, dans une configuration plus générale, universelle et cosmique. Ainsi, la structure hybride procure au sein de l'objet une échelle interne de valeurs dont les termes seraient, ou bien le vrai et le factice, ou encore le cosmique et le particulier.

La temporalité dont relève l'installation vidéo produit aussi une configuration qui s'élabore dans la durée. Le tressage des médiums devient alors comparable aux jeux d'entrelacs de l'art ornemental. Mais les matériaux, associés dans la cellule hybride de l'installation vidéo, sont néanmoins renforcés dans leur rôles respectifs, intensifiés en potentiel expressif et signifiant. Le médium électronique, du fait même de son histoire, de ses caractéristiques et de son statut ne pourrait pas communiquer et exprimer la même chose que l'objet présent, et inversement. C'est de l'assurance d'une absolue, indépassable différence que certaines redondances pourront toutefois participer à des effets de contrastes, de rythmes, de tensions formelles et dramatiques.

Lorsqu'il semble que le même événement ne fait que se répéter, comme dans l'installation de Thierry Kuntzel, *Tu, ou le petit garçon*, où les huit images photographiques du jeune enfant, sont reprises en neuvième position par le dispositif vidéographique, il est en réalité soumis à une relecture, imposée par la présence suspecte de l'image vidéo. Le double régime, en effet, produit une structure réfléchissante, identique par ailleurs à celle que l'on retrouve, dans le théâtre antique, dans la forme du discours commentatif du chœur des humains par lequel l'enchaînement narratif se donne à lui-même, en les inscrivant dans sa propre structure, les moyens de marquer une pause, le *stasimon*.

L'image vidéo, elle aussi, marque une pause dans l'installation, dans la mesure où elle invite à reconsidérer le statut d'une autre pause : la "pose photographique". Les photographies confrontées à l'image de l'enfant, vivante, animée, qui est suspendue à droite de l'installation, apparaissent comme les archétypes de l'image sage, propre, lisse et claire, modèle d'un idéal humain véhiculé par la pose — photogénique, quant à elle — du milieu du siècle : le positivisme idéologique... du "positif".

Le vidéoscopique, lorsqu'il ose alors dévoiler quelques "possibles" dissimulés dans l'ombre du studio, des négatifs, ou de l'âme de l'enfant, apporterait un commentaire sceptique, qui relativise l'assurance du médium photographique.

Néanmoins, le médium photographique profère à son tour un commentaire sur le vidéoscopique. Le commentaire est, en quelque sorte, "*auto-reverse*". Le médium photographique reste la trace d'une vie, d'un être qui fut là, de l' "*Interfuit*", selon l'expression de Roland Barthes [18] . Il est le *Je*, témoin direct – parce qu'à la fois matériellement présent (le support photographique, les huit objets physiques que sont les huit photos) et de plus indiciel (trace physique et chimique de l'émanation lumineuse, de l'*aura*, d'un être vivant) – d'un *Tu*, objet de l'introspection vidéoscopique, résultat d'une manipulation, d'un artifice, qui le trahit peut-être en choisissant de lui redonner vie, plutôt que d'en seulement préserver la mémoire.

[18] Cf. *La Chambre claire, Notes sur la photographie*, Cahiers du cinéma, Gallimard Seuil,, Paris, 1980, p. 121.

Le commentaire serait l'introduction de l'esprit dans le spectacle (*cummens*). Mais, dans l'installation vidéo, où se situe l'esprit, où se situe le spectacle? En 1987, Nam June Paik propose un dispositif en circuit interne d'une grande sobriété où la statue d'un Bouddha est placée devant un moniteur, émergeant d'un amas de terre charbonneuse et sur le sommet duquel se trouve une caméra : *TV Buddha*. Bouddha contemple à l'infini sa propre image dans le moniteur. A moins que ce ne soit la caméra qui contemple la statue de Bouddha, ou pénètre au cœur de sa méditation. La vidéo "introspective" serait-elle devenue la conscience de l'être? La lumière de l'esprit émergeant de l'obscurantisme? Aussi bien pourrait-on interpréter la position du Bouddha comme un regard méditatif sur une image de soi qui semble si lointaine. Quoi qu'il en soit, le dispositif condamne le penseur à une méditation infinie, la pensée à une réflexion perpétuelle.

On a vu, à propos de *Trois suites pour piano*, que l'esprit n'est pas toujours là où l'on a l'habitude de le trouver, qu'il ne se manifeste pas sous les formes conventionnelles. On s'attend, en effet, à ce que le sens des projections vidéo jaillisse de la lecture éclairante des tablettes enchaînées aux sièges. Or, les textes ne font qu'embrouiller davantage le sens du spectacle. C'est de ces images, des objets et du dispositif que l'esprit gagnera le texte. Seules, la forme, et la poésie peut-être, du dispositif même, permettent d'interpréter le texte, qui s'offre comme une configuration signifiante et une structure abductive : la suite mélodique, l'enchaînement des motifs, l'enlacement des matériaux et des pensées.

Le commentaire induit par le noyau hybride de l'installation vidéo se garde d'être explicatif, car ce qui s'explicite est dénoncé en retour. Généralement, il apparaît comme un gain pour l'esprit. Mais va-t-il ici dans le sens de la spiritualité d'un propos ou d'un propos spirituel? Dans *Fontaine du désir*, le puits, la pierre, les inscriptions gravées sur la mar-gelle (LE.MONDE.EST.SANS.PAROLE.DANS.L'ŒUF.DU.SERPENT), sont autant de marques de la spiritualité d'un propos qui prend corps dans la mémoire collective et mythique, cependant que la bande vidéo, visible à la condition de se pencher au dessus de l'abîme du désir, offre, par son allure de clip (montage rythmé de fragments, plastiquement très composés), une succession de tours de magie : une image de l'eau qui se substitue à la profondeur abyssale, les mains gantées de la diseuse de bonne aventure, les cartes, les petits mots déchiquetés des jeux de piste, indices aux allures de rébus, clins d'œil complices... Autant de propositions dérisoires d'un médium sans profondeur apportant sa note spirituelle face à la gravité des objets sculptés : manière spécifique d'exprimer la dualité de nos désirs, à la fois profonds et archaïques, mais aussi dérisoires.

Les moniteurs de *Crux*, tels qu'ils sont placés aux points extrêmes de la configuration de la croix chrétienne, confèrent aux *rushes* d'une simple balade en forêt l'élargissement et la profondeur d'un sens universel, en leur ouvrant des perspectives culturelles et religieuses, tandis que l'image vidéo commente le mythe à travers l'expérience réelle du corps : « ceci est " mon corps "! ». Corps qui vient jusque sur les lieux de l'installation témoigner d'un réel inconfort, d'une souffrance authentique. Réincorporation d'une expérience, le commentaire est alors une manière sinon d'en attester l'authenticité historique, tout au moins de rendre compte de la permanence de son actualité, de l'authenticité de sa pertinence.

L'hybridité de l'installation vidéo, bien qu'elle rappelle certaines tendances stylistiques des productions contemporaines, n'est, pour sa part, ni effet de mode, si effet de style (en dehors des cas relevant d'œuvres singulières). Elle est avant tout structurelle, c'est-à-dire inductrice de processus, quelle que soit l'exploitation artistique ou esthétique (telles que "le retour aux origines" ou " la délectation profondément impure")? La dualité originelle de l'installation vidéo oriente le principe du commentaire selon des modalités et des axes spécifiques. Ainsi, dans la double articulation de *Crux*, la configuration générale de la croix, résultant de la présence des éléments en situation, "installés", n'est perceptible qu'en abandonnant momentanément le suivi des images des bandes vidéo ; et inversement, le suivi de ces bandes implique une perte de la vision d'ensemble. L'appréhension se fait donc, avec plus ou moins d'évidence, selon une modalité bifocale qui confère à l'expérience des allures de "doubles-vues" ou de "visions dédoublées", imposant au regard un épreuve d'accomodation (d'où les difficultés analysées en amont de la réception des œuvres), mais instaurant un double point de vue. Problématique du regard et de l'expérience thématisée dans l'installation de Thierry Kuntzel, *Eté, double Vue*, on la rencontre dans ces sortes de dispositifs, tels que *Animaux (animaux)*, dont l'appréhension introduit un décalage permanent au niveau du regard, décomposé par le prisme des trois moments de la vision (ce qui est à voir, ce que l'on voit et ce que l'on a vu), décalage rendu sensible par l'inconfort qui s'en dégage. Dans les cas les moins déstabilisants de dédoublement focal, il reste néanmoins toujours un décalage spatial qui impose, afin de ne pas manquer les deux points de focalisation, une appréhension décalée dans le temps.

Les œuvres des années soixante-dix, dont les dispositifs travaillaient le plus souvent sur les décalages de l'appréhension visuelle et sur son dédoublement temporel (série des "*Time Delay*", *Present Continuous Past*, *Video Corridor*, *Negative Crossing*...) relèvent avant tout de cette bifocalisation dont la dualité permet d'inscrire dans l'espace un dé-centrage qui peut relever du sonore et du visuel, comme nous l'avons noté antérieurement à propos de *He Weeps for You*, et de *Piano as Image of Media*.

La spécificité de l'image vidéo, espace imaginaire, et celle de l'installation, espace réel, autorise différentes figures à partir du principe de la bifocalisation : décalage dessus-dessous, mais introduisant celui de l'avant/après dans *Sustain* ; dédoublement spatial entretenu donc par la spécificité même des médiums, comme dans *Video Fish*, où les moniteurs sont placés derrière les aquariums : le regard, qui doit, en effet, accommoder tantôt en arrière sur l'image vidéo, tantôt en avant sur les poissons, s'efforce de trouver des arrangements visuels et sémantiques dans l'association de l'une et des autres. *Zapping Zone* de Chris Marker, offrant un étalage (ou un amoncellement) des fruits de la production, et de la "post-production", télévisuelle, appelle un "ailleurs", en regard duquel chaque image ne serait qu'une émanation, un rendez-vous lancé auprès du monde des réalités d'ici-bas : en quelque sorte, le geste du zappeur. Il en résulte que l'opération en soi mobilise un dédoublement du regard, celui qui voit dans le signal vidéo la profondeur d'un événement, d'une existence ou d'une diégèse, et celui qui n'y voit qu'une image, à côté d'autres images ; double regard, donc, qui s'accorde avec une autre opération, celle du traitement informatique des images du réel. C'est alors dans le regard lui-même que chaque fait et chaque être, écrasés sous la bi-dimensionnalité de l'image, s'incurvent dans celle d'un regard intérieur grâce auquel, selon les termes de Raymond Bellour « *un sujet individuel devient le lieu de passage et de cristallisation d'une encyclopédie du.* » [19]

Ainsi, non seulement le regard est sollicité par un effet de dédoublement, mais celui-ci prend une dimension réflexive. *Watch Yourself* substitue délibérément au dispositif de mise en abyme inhérent au tableau de Vélasquez un autre dispositif, par lequel le regard du témoin-spectateur de l'installation devient le miroir/conscience de celle-ci. Néanmoins, n'est-ce pas une manière de proposer une autre forme de mise en abyme?

La spécificité de la vidéo, image dépourvue de profondeur de champ, à se présenter comme l'émanation d'une telle profondeur, donc comme étant simultanément la profondeur et sa surface, est sans cesse maintenue dans l'ambivalence et activée par la structure hybride de l'installation vidéo. Au niveau d'une interaction commentative des matériaux, elle pourra devenir le lieu où l'installation, comme objet dans sa totalité, se retrouve en réduction ou en partie : la profondeur sémantique du film offrant à la distribution des éléments installés le reflet qui en assure la cohésion, ou en propose une virtualité. C'est ainsi que, parmi les images amoncelées de *Zapping Zone*, certaines apparaissent comme des mises en abyme sémantiques de la confrontation, ou mimétiques de l'amoncellement.

Le mode de spatialisation, tel qu'il opère dans *D'Est, au bord de la fiction*, offre, dans le creuset de la dernière salle, le dévoilement confidentiel d'une blessure profonde. L'image vidéo (dilatation spatiale et temporelle d'un fragment de l'une des images du film et de l'installation) se transforme en une cicatrice de lumière, devenant ici la figure emblématique, comme centre obsessionnel, de la *Bedeutung* de cette installation.

[19] *Passages de l'image*, Ed. du Centre Georges Pompidou, p.171.

Un principe de mise en abyme spécifique peut ainsi être décliné selon différentes modalités, compte tenu des possibilités offertes par le jeu des matériaux et de leurs interactions. On pourra voir l'animation de l'image vidéo produire un environnement narratif autour d'une citation picturale dans *La Desserte blanche* de Thierry Kuntzel, tandis que l'installation lui restitue son environnement spatial (salle blanche, socle blanc sur lequel est posé le moniteur qui contient en son centre l'image de la desserte blanche — présenté ainsi au Musée d'Art Moderne de Saint-Etienne) ; citation qui devient à son tour l'occasion de variations (*La Desserte rouge, noire et bleue*, *La Desserte multiple*), circulation en chaîne de l'action dans l'image, de l'image dans l'action, de l'action dans l'espace, de l'espace dans l'image et de l'image dans l'espace, marque d'une intertextualité dans l'œuvre. Le mode réciproque du commentaire engendre en effet une sorte de structure tautologique en paraphrases, chaque élément apportant sa contribution, son propos personnel, au point que, souvent, celui-ci prend même des allures de citation. On a vu antérieurement selon quelle fréquence les formes, les dispositifs, les événements et les faits en général sont insérés dans cet art "ambiant" qu'est l'installation vidéo, compte tenu, notamment, de sa structure madréporique. Tandis que le titre de l'installation ("*La Desserte blanche*") évoque incontestablement le tableau de Matisse, la bande vidéo, pour sa part, en proposerait une réécriture originale (semblable à une suite de pictogrammes effectués à la pointe du faisceau électronique), alors que le décor viendrait en esquisser, de quelques traits épurés, la forme matricielle ; installation vidéo en vue, peut-être, d'une nouvelle « *écriture de la peinture* ».[20]

Certes le titre *Window*, de Shigeko Kubota, évoque l'installation de Marcel Duchamp, *Freshwindow*. Mais, si l'on en juge par les propos d'Anne-Marie Duguet [21], on s'aperçoit que se développe dans cette œuvre une autre sorte de principe citationnel beaucoup plus spécifique à l'installation vidéo :

> *Un poste de télévision allumé, sans programme, derrière la croisée d'une fenêtre fermée en contre-plaqué. La qualité de l'image vidéographique, la "neige" apparaît* [...] *et joue en même temps comme métaphore, le poste étant posé verticalement, le balayage horizontal de l'image est renversé et les électrons deviennent un flot de neige qui tombe.*

Au-delà d'une référence au monde de l'art, par l'allusion à l'installation propre de Duchamp [22], on peut voir, dans la démarche de l'artiste japonaise, – via le fonctionnement métaphorique à la fois au niveau terminologique

[20] Raymond Bellour, *L'Entre-Images, Photo. Cinéma. Vidéo*, Ed. La Différence, Paris, 1990, p. 44.

[21] Op cit., p.217.

[22] Qui mettrait elle-même en jeu voyeurisme et dissimulation comme incitations au regard. Cf. également *Nude Descending a Stair Case* de la même artiste, annexe p.55.

(neige-neige, système du rébus), mais aussi au niveau de l'analogie visuelle telle qu'elle se trouve renforcée par la position verticale du moniteur – une mise en abyme, par "l'installant" (le dispositif) de "l'installé" (le médium vidéo), convoqué en tant que tel afin de commenter sa relation à la problématique de l'œuvre. Le médium, manifestement maintenu en retrait dans *Materia Prima*, pourrait être aussi bien interprété par un autre jeu de désignation, celui, en ce cas, de "mise à l'index". L'attention et l'interrogation, que ce médium provoque au sein même des œuvres et qui se développent à travers la circulation commentative, met en valeur l'écart situé entre les installations ordinaires et l'installation vidéo proprement dite.

La citation est un moyen d'engager un système de renvois au sein de l'objet lui-même. On a vu la place de l'écrit dans l'œuvre de Gary Hill. Il s'y produit en effet cet événement particulier qui confère au texte un double statut par rapport auquel l'installation en elle-même, sa présence physique, joue le rôle d'un point de symétrie : clairement mis en scène dans *Beacon, Two Versions of Imaginery*, le principe n'en est pas moins perceptible dans *I Believe It Is an Image in Light of the Other* et *And Sat Down Beside Her*.

L'image vidéo offre ainsi un espace mental et visuel, englobé et englobant dont *TV Buddha* présente judicieusement une figure en miroir de la mise en abyme, figure réciproque, à défaut d'être totalement symétrique. C'est par ce principe de réciprocité que les images de *Sensing Place* se font intuitivement le commentaire de l'expérience à laquelle l'œuvre invite, et de l'espace englobant de l'installation.

Le principe de la *"mise en abyme"* proprement dite s'appuie sur l'insondabilité du sens de la figure tout autant que sur la structure réfléchissante. L'acte singulier par lequel l'objet englobant est repris, mimé, cité ou figuré dans l'une de ses parties suffit à indiquer la probabilité d'une continuité centrifuge et centripète de l'objet initial. La dualité spécifique de l'installation vidéo induit la possibilité d'un élargissement du sens et de l'être qui se ferait au-delà des frontières, par la violation des barrages entre les différentes possibilités d'expression, et le décloisonnement des modalités phénoménologiques. Ainsi, le texte de Maurice Blanchot, en dépit du mode d'immanence de l'objet littéraire, offre un site d'accueil autographique au sein même de l'objet allographique : une page du livre de *Thomas l'Obscur*.

Néanmoins, cette violation n'existe que sur un plan imaginaire. Dans la mesure où, dans l'installation vidéo, toute chose — texte, livre, image, objet et son — n'existe que dans les limites du phénomène qu'elle engendre ; les plans des différents modes d'immanence des éléments présentés sont tous, au cours de leur participation à l'installation, transposés sur le même plan phénoménal : l'image vidéo est pour l'œuvre l'occasion d'une appréhension phénoménologique tout autant que la chaise réelle, ou même que le bruit des machines présentes dans un dispositif. Ce n'est donc qu'au niveau intuitif, affectif et émotionnel, c'est-à-dire du point de vue esthétique, que le principe hybride prend toute son ampleur.

L'hybridité présente donc, pour l'installation vidéo, l'avantage d'un artifice par lequel un écartement constant est entretenu au niveau fantasmatique entre les lieux d'où surgissent des visions, des apparitions, des exhibitions dont chacune trouve vocation dans le travail d'orientation sémantique qu'elle accomplit, de son point de vue, de son point d'existence, et avec le recours de son propre langage, sur l'autre.

Les médiums se font réciproquement référence, « se paraphrasent » en se mettant les uns les autres entre les guillemets de leurs *media* respectifs [23], s'autocitent donc, se réfléchissent, se font valoir mutuellement ou se contrarient.

Ainsi, l'installation vidéo, dont le système de langage et la forme d'expression relèvent de catégories différentes, voire opposées (catégories qu'ils "désignent" l'un et l'autre en retour), suscite des œuvres qui pour-raient conquérir leur part d'originalité dans leurs manières singulières de coupler des voix ennemies. De "dialogique", la structure devient "métalogique" [24] lorsque l'adéquation abductrice se produit entre la structure du dialogue et celle du propos. Ce rapport, du reste, pourrait être aussi bien redondant (c'est ainsi que Jacinto Lajeira le conçoit pour *Why Do Things Get In A Muddle, Come on Petunia*, où le désordre progressif du langage assume à son niveau le propos de l'œuvre [25]) que contradictoire. La structure du langage se situe aux antipodes du contenu du discours. Auquel cas, le "contenu" perdrait son statut de lieu de vérité pour n'être qu'un élément parmi d'autres à travers lesquels une *Bedeutung* tente de se construire.

La diversité des médiums d'expression n'apporte donc pas seulement une plus grande variété à la forme. Chaque médium est convoqué pour ses vertus mais aussi pour ses enjeux au sein d'une production artistique inscrite dans une relation de communication avec son public.

L'installation vidéo, par ses propres vertus réflexives, inhérentes à sa nature et inscrites dans sa structure, suscite, de fait, un processus esthétique particulier. La structure hybride provoquerait ainsi une fission définitive, contaminatrice des différentes strates de l'existence des œuvres, qui ne peut être sans influence sur leurs aspects et leurs contenus. Ainsi, dans cette sorte d'installation, lorsque l'image se fait objet, l'objet demande le plus souvent

[23] Cf. Nelson Goodmann à propos des conditions de la citation : contenir et faire référence dans le domaine de l'image et de la musique, *Manière de faire des mondes*, Edition Jacqueline Chambon, Nîmes, 1972, p.70.

[24] Selon le concept de *métalogue* proposé par Gregory Bateson, cf. *Vers une Ecologie de l'esprit*, t.1, Seuil, Paris 1977.

[25] « Métalogue », in *Catalogue Gary Hill*, p. 58.

d'être vu comme une image. Ce qui provoquerait, selon Geoffrey Shea [26] une « lutte inhérente entre l'image en tant que telle et l'image en tant qu'objet ».

Génératrice de processus internes antithétiques et contradictoires, l'installation vidéo induirait ainsi une expression chaotique et compulsive, tout en favorisant une forme d'esthétique réflexive, qu'il convient à présent d'analyser au niveau de ses ressorts spécifiques et de ses productions originales.

[26] *Vidéoformes 94*, « Surface tension », p.48.

12. Dimension poétique

Il y a un chemin qui mène au-delà des conséquences monstrueuses d'un monde aux mains du technologique, chemin qui est loin d'être aisé et qui consiste dans la réalisation intérieure à la pensée elle-même – une pensée poétique...

George Quasha et Charles Stein

Toutes les œuvres citées au cours de cette étude pourraient être considérées comme des œuvres d'art, au sens institutionnel du terme, ne serait-ce que pour avoir été choisies parmi des œuvres exposées au cours d'événements artistiques ; chacune d'entre elles supporterait fort bien des approches diverses (économiques, sociales, politiques, etc.) qui n'auraient donc *a priori* aucune visée esthétique. Et il peut même sembler réducteur à leur égard de les appréhender selon cette seule perspective, surtout lorsque leurs propos présentent des implications visiblement critiques ; d'autant qu'il apparaît clairement que, parmi leurs auteurs, nombreux sont les artistes, impliqués dans des causes sociales, qui ne prétendent pas œuvrer particulièrement pour le plaisir esthétique du public. Néanmoins, il semble que, quelles que soient les velléités d'engagement d'une production humaine, lorsque celle-ci se donne comme œuvre d'art, elle s'expose nécessairement à l'appréhension sensible, où précisément convergent les intentions et les attentions esthétiques ; nécessité qui, du reste, distinguerait des autres productions sociales — tout aussi "engagées" dans des actions critiques, humanitaires, politiques ou pédagogiques — les "œuvres d'art", dans la mesure où, en ce qui concerne ces dernières, la pertinence (vérité ou raison) se fonde toujours à partir d'une mise en forme, aussi bien du point de vue des intentions que des attentions.

Or, le plus souvent, deux champs de possibilités se partagent les aspirations esthétiques : celui de la beauté et celui de la poésie. Bien que l'on rencontre parfois l'un ou l'autre de ces deux termes à propos des installations vidéo (dans les discours critiques ou les commentaires d'accompagnement), l'analyse a montré que ces dernières étaient quant à elles peu enclines à susciter le sentiment de beauté et qu'en conséquence les aborder sous cet angle manquait probablement de pertinence.

Le terme ne conviendrait en fait qu'à la condition de l'affecter d'un second degré, d'en biaiser l'acception classique. La beauté dans l'installation vidéo n'aurait donc pas le même statut que dans une peinture ou une sculpture. Elle semble, en outre, incompatible avec l'engagement critique manifestement prépondérant dans l'installation vidéo, et dans ce cas, au lieu d'être un agent déclencheur de cette sorte de "satisfaction" inhérente à la conduite esthétique, elle en serait plutôt un agent perturbateur. Parfois, il arrive que la beauté des images vidéo, celle d'une partition sonore ou d'une composition d'objets méritent au passage d'être saluées, mais très rarement la beauté de l'œuvre dans sa globalité. Du reste, comme en témoignent les quelques remarques relevées au cours de cette étude à propos des œuvres, l'appréciation d'une installation vidéo se ferait plus souvent en vertu d'un caractère poétique qu'en fonction de sa beauté.

Serait-ce alors davantage du côté de la poésie, et de sa vocation à « révéler les vérités générales » [1], qu'il faudrait chercher un tel plaisir? Hypothèse encore incertaine, mais qui présente des perspectives intéressantes, car, si dans une installation vidéo le principe poétique semble parfois tout aussi parcellaire et indirect que celui de beauté, il pourrait l'être pour d'autres raisons qui n'auraient peut-être pas le même caractère d'incompatibilité. Dans la mesure donc où de principe poétique aurait trouvé asile dans le mode d'expression "installation vidéo", il semble qu'il pourrait représenter un agent important de la relation esthétique. Cependant, avant même de tenter l'analyse d'une éventuelle dimension poétique de l'installation vidéo, assurons nous que suffisamment d'éléments rendent cet abord pertinent.

En effet, le terme de "poésie" désigne aussi bien une forme d'expression spécifique (et littéraire) qu'un caractère "esthétique" [2], alors que le terme de beauté ne s'appliquerait qu'à cette deuxième partie de l'alternative. Ainsi, bien que les voies de la beauté et de la poésie souvent se côtoient, se croisent, se longent et, parfois, se confondent comme mode de jouissance esthétique, il suffit qu'un conflit esthétique surgisse, en particulier à propos de hiérarchie de classes artistiques (comme, par exemple, dans le *Paragone* de Léonard de Vinci) pour que le statut des deux termes en appelle à discussion.

Tout d'abord, comme on le sait, Léonard, dans sa volonté de démontrer la suprématie de la peinture sur toute autre forme d'expression artistique, l'oppose à la poésie par le biais de la "supériorité" de la vue sur l'ouïe. En fait ce qui ferait la supériorité de la peinture (et ce dont la poésie "de mot" [3] serait elle-même dépourvue) c'est son aptitude à offrir au regard une "simultanéité" des harmonies, « *qui ne peuvent naître qu'au moment où nous pouvons entendre l'accord des objets* » ; alors que le poète, pour sa part, « *ne*

[1] Aristote, *Poétique*, IX, 51 *a* et *b*, pp. 65 et suivantes.

[2] C'est ainsi que lorsque Charles L. Stevenson entreprend des recherches sur la signification du terme « poème », il réserve l'expression « *poème (N)* » pour le sens neutre et l'expression « *poème (E)* » pour le sens évaluatif. Cf. « Qu'est-ce qu'un poème? », in *Esthétique et Poétique*, p.181.

[3] Selon la conception d'une peinture comme « *Poésie muette* », cf. *Léonard de Vinci, Traité de peinture*, (textes réunis par André Chastel) p. 90 : « *La peinture est une poésie muette et la poésie une peinture aveugle* ». Cf. aussi Léonard, *Trattato*, Paul Barocchi (éd.) et *Ut Pictura Poesis*, p.159. Les affinités de l'art pictural avec la beauté proviendraient par exemple de la faculté qu'aurait la peinture de « ***présenter*** *la beauté d'un visage, ou d'une forêt, des vallées, des champs et des fleurs* ».

peut donner par des mots (successifs), *la vraie forme des parties qui composent le tout* [...et doit,] *pour décrire la beauté d'un corps, le faire paraître membre après membre* » [4]. En effet, la beauté artistique, pour Léonard et la plupart de ses contemporains (ou de ses épigones), n'est autre qu'une *mimesis* de la beauté de l'univers, totalement et simultanément donnée par la grâce divine. La poésie ne peut donc rivaliser avec cet objet instantané offert à la perception visuelle comme équivalent de la beauté naturelle, sur le modèle de laquelle le peintre s'est efforcé de composer les parties de son tableau.

Ainsi, à travers une argumentation souvent spécieuse produite au cours du *Paragone*, semble pourtant s'esquisser une première analyse de ce qui permettrait de distinguer, en tant que principes esthétiques, la "beauté" de la "poéticité". Lessing, pour sa part, reprendrait en partie les idées de Léonard, dans sa conception de « *la finalité de la peinture comme la représentation de la beauté corporelle* ». Il en déduit certaines spécificités artistiques qui contribuent à cerner le principe poétique : en définissant la peinture comme art spatial, la poésie apparaîtrait ainsi comme art spécifiquement temporel, donc apte à « *représenter les mouvements de l'esprit* ». [5]

Par ailleurs, la langue et l'érudition tendraient à caractériser la poésie comme un art "élitiste", comparée à la peinture qui serait, quant à elle, considérée comme un art "populaire" ou "universel".

Ce détour historique peut apparaître inutile, anachronique et même parfaitement inopportun au temps de « l'effrangement des arts », à l'heure où les pratiques multimédia semblent placer la création artistique à l'abri de tels débats. Cependant, il semblerait que des problèmes de spécificités esthétiques se posent encore, principalement lors de la réception des "pièces" issues de telles pratiques. L'installation vidéo qui, tout à la fois, est "art de la spatialisation et de la temporalisation", mais aussi "arts plastiques" et "arts du langage", "présentation" et "proposition", "vulgarisation" et "érudition", pourrait être l'occasion de réanimer la controverse. On devine que quelque chose du conflit esthétique subsiste et se réactualise à l'occasion de cette nouvelle forme artistique, et que ce n'est pas sans conséquences sur l'identification des conduites et des activités esthétiques en jeu.

Ainsi, la dualité spatio-temporelle de l'installation vidéo semble mettre en balance l'aptitude de la beauté à supporter l'épreuve du temps avec celle de la poésie à survivre à l' "étoilement" des termes [6]. Toutefois, il convient de prendre en compte l'asymétrie d'un tel "balancement" : le premier terme

4 *Ibidem*..

5 *Ibid.* p. 47 et 162.

6 R. Barthes propose en effet l'expression "l'étoilement du texte" comme une épreuve imposée à celui-ci, donc un état anti-naturel, cf. VII. « Le texte étoilé », *in S/Z* p.20 :« *On étoilera donc le texte, écartant, à la manière d'un menu séisme, les blocs de signification dont la lecture ne saisit que la surface lisse ...* ».

(durée-beauté) implique cette sorte de considération rétroactive, intellectualisée, qui s'accorde mal avec l'appréhension directe et immédiate de la présentation et la réception de la beauté, alors que le deuxième terme (poésie et spatialisation), rappelant le mode d'appréhension du temps au moyen des catégories de l'espace, ne les donne pas comme antinomiques. Il consiste simplement à souligner l' "activité de l'esprit" par laquelle une réalité temporelle devra être déduite d'une réalité spatiale. Par ailleurs si, du point de vue de son "image de marque", l'installation vidéo est perçue (et promue) comme une forme d'expression "tout public", elle n'en recèle pas moins des matériaux érudits. Enfin, autre élément qui semble devoir être retenu : l'installation vidéo, en tant qu'elle est images, musiques, objets, formes visuelles et sonores, se laisserait aisément apparenter aux arts plastiques. Toutefois, elle est aussi paroles, textes, donc en partie forme verbale. Du reste, comme son hybridité la condamne à une sorte de dialogisme des matériaux, et que, par ailleurs, formes sonores et formes verbales participent, nous l'avons vu antérieurement, à une syntaxe générale de l'œuvre, elle correspondrait donc, pour une bonne part, à la catégorie des arts du langage.

Pour ces trois raisons donc, et compte tenu des présupposés historiques rappelés ci-dessus, il semble que l'installation vidéo relève principalement (en ce qui concerne du moins son aptitude à supporter la considération esthétique) des principes poétiques. Supposition qui encouragerait à poursuivre en ce sens, afin de mettre en évidence la manière la plus appropriée de "goûter" l'art de l'installation vidéo. Mais encore faut-il définir le champ de cette investigation poétique. En effet, la poésie (et les principes poétiques qu'elle suppose), correspond à une forme artistique spécifique — quelles que soient les extrapolations dont elle fut l'objet ; elle implique un travail lié directement au matériau qui le suscite: en principe le verbe et la langue (la lettre, le mot, la phrase) et les opérations les concernant, telles que la prosodie ou la versification ; c'est-à-dire, selon Roman Jakobson, « *ce qui fait du langage verbal une œuvre d'art* » [7], bref, la "littérarité", concept dont il serait vain de chercher un équivalent fidèle pour l'installation vidéo. Compte tenu de la spécificité de ces opérations, on pourrait craindre de trahir la réalité de la poéticité en l'appliquant à une forme d'expression dont le matériau est d'un autre ordre et les opérations artistiques forcément différentes. Cependant certaines affinités marquées entre la littérature et l'installation vidéo, soulignées par la manière dont un artiste comme Gary Hill assimilerait son

[7] Essais de linguistique générale, p. 210. Rappelons que, pour Roman Jakobson, « *les « entités extra-linguistiques » ne sont visiblement pas du ressort de la poétique, ni de la linguistique générale.*», op. cit., p.211 ; position dont se démarque Michael Riffaterre dès la première page de la préface de *Sémiotique de la poésie* (p.9), en écrivant : « *Il m'apparaissait que cette entité finie et close qu'est le texte était l'unité de sens propre à la poésie et que la méthode la plus fructueuse pour expliquer le discours poétique devait être la sémiotique plutôt que la linguistique.*»

travail à celui d'un écrivain, incite à mettre à jour ce qui pourrait relever de la dimension poétique dans l'installation vidéo. Afin de ne pas extrapoler inconsidérément à partir du principe de « *poéticité* » [8], celui-ci sera donc maintenu ici dans les limites d'un cadre défini d'une part comme travail effectué sur le signifiant — « *mise en évidence du côté palpables des*» ; travail des "phonèmes", donc du rôle et du statut des "figures sonores" [9] — d'autre part, comme travail de la "grammaire" : « *ressources dissimulées dans la structure morphologique et syntaxique* » [10] — travail des "écarts" grammatologiques. Le premier mode de considération trouve un écho dans la réalité phénoménologique de l'installation vidéo (rythme, gestion du temps, phénomènes visuels et sonores), le second dans sa réalité syntaxique et propositionnelle (la manière dont s'élabore une *Bedeutung*, entre un propos "présumé" et une proposition textuelle actualisée, selon un axe sémiotique).

Il semble en effet possible de prendre en compte certains aspects de l'installation vidéo tels que sa constitution hétéroclite, la disposition des éléments, leur morphologie respective, comme équivalents acceptables des constituants d'une proposition langagière ; à condition toutefois d'attribuer aux éléments repérables, "isolables", les fonctions de termes ou de syntagmes, permettant de produire des articulations semblables à des phrases, et d'énoncer une sorte de propos.

Ainsi, loin de communiquer un message explicite ou un discours assumé, les installations vidéo sécrètent un propos diffus qui se propage aux travers des différentes strates de leur existence, et se devine à leur manière d'être, d'apparaître, de se manifester à la perception et à la connaissance. C'est, par exemple, le cas de *Sustain*, qui semblerait nous "dire" tout à la fois l'amour et la haine. Certes, aucune phrase langagière ne pourrait être l'équivalent de ce qui se chuchote dans cette œuvre. Toutefois, chaque élément de l'œuvre exprime à sa façon quelque chose de l'amour et quelque chose de la haine, à travers quoi s'élabore un propos et se compose le texte de l'œuvre. Ainsi, les couleurs, les mouvement et les sons, de même que leur manière de s'articuler les uns aux autres, formeraient une texture poétique susceptible d'offrir « *la meilleure configuration possible pour le message.* » [11]

Il semble donc fondé de prendre en considération une première forme de "*poéticité*" à l'œuvre dans le langage de l'installation vidéo ; poéticité relevant de la notion de "fonction poétique" et résultant d'un travail du signifiant, ou, pour reprendre plus précisément les propos de Roman Jakobson, d'une :

[8] D'après M. Riffaterre.

[9] R. Jakobson, op. cit. p.218. Roman Jakobson rappelle notamment le « *rôle essentiel, pour la structuration du poème, des figures sonores* », *La Charpente phonique du langage*, p. 275.

[10] *Essais de linguistique générale*, p.244.

[11] *Ibidem*, p.219.

> *Tension dynamisée entre* signans *et* signatum, *concrétisée en particulier par l'interaction directe entre les sons et le sens* [...visant] *à surmonter la platitude et l'univocité des messages verbaux...* [12]

Auquel cas le sentiment poétique prendrait sa source dans la tension introduite par le choix de ces éléments visibles, fragments de corps (le buste rose de Stewart, la nuque brune de Smith), fragments et traces d'actions (morsures, succions), ou fragments d'événements (échange d'air), etc. Choisis les uns et les autres comme signifiés (ce qui s'exemplifierait à travers un fragment) ; référents (ce qui serait désigné par prélèvement) ; et signifiants (en tant que prélèvements sélectionnés par exemple pour leur morphologie ou leur impact visuel et sonore) — le caractère visuel et sonore de tels signifiants serait en effet accentué par la tension résultant de la force des signifiants eux-mêmes.

Ainsi, bénéficiant de la tension entre *Signans* et *Signatum*, le sentiment poétique inspiré par la « *jouissance sauvage des* purs sons des mots » [13] surgiraient à l'instant de la réception sensible.

Or, autant ce processus pourrait assez bien s'appliquer à certaines catégories d'œuvres (celles de Bill Viola, de Thierry Kuntzel, ou de Gary Hill, dont les *Signans* procurent effectivement de pures jouissances phénoménologiques) autant il ne rend pas compte d'une poéticité propre à d'autres œuvres, telles que *Sustain*, ou *In Line*, ou *Trois Suites pour Piano*, c'est-à-dire à ce qui relève de l'installation vidéo d'une façon plus générale. En ce qui concerne une œuvre comme *Sustain*, la poésie éventuelle de l'expression artistique "installation vidéo" ne réside pas directement dans le seul côté « *palpable des signes* ». En effet, si l'attirance des corps est un "*Signatum*", elle est traduite par un signifiant répulsif — fragments ressentis, au-delà du "palpable", comme nauséeux, pour son évocation d'un référent particulier ; la violence du désir amoureux, autre signifié probable, serait dite par la répétition obsédante et le rythme monotone des séquences qui offrirait, en quelque sorte, un référent éprouvé *in situ*.

Il semble donc que le fait de s'en tenir à la seule jouissance d'une sorte de musicalité des signifiants ne rend pas compte de la dimension poétique de cette œuvre. Du reste, même si quelques autres se reconnaissent mieux dans cette musique, elles n'en sont qu'incom-plètement rencontrées. La dimension poétique du *Triptyque de Nantes*, d'*Eté, double vue* ou de *Tall Ships* ne se limite pas à la "*jouissance sauvages des purs signifiants*". Ce serait oublier ce qui dépasse la seule "fonction poétique" et les effets de style et qui confère à

[12] Roman Jakobson, « Le langage de la poésie », *in Charpente phonique du langage*, p. 280.
[13] Edward Sapir, *Sellected Writtings*, Berkeley, 1949, p. 500.

l'objet une sorte « *d'unité formelle* », malgré les ruptures et les contradictions internes. [14]

Le sentiment poétique reste, certes, mystérieux, et résiste aux tentatives d'explications. Sans chercher à véritablement "expliquer" la poésie de l'installation vidéo, il s'agit toutefois de situer le lieu de ses effets. Ainsi, il ne suffit pas de le placer au seul niveau des signifiants pour en rendre compte, mais de prendre en considération le niveau "grammatical" de son existence, l'écart entre ce que désignent par exemple les signifiants de *Sustain* (ou prétendent désigner), ce qu'ils sont, en tant que phénomènes perceptibles et ce qui est signifié entre les deux. S'impose alors la tâche de déterminer en quoi l'installation vidéo, qui n'est ni un genre, ni une classe reconnue, pourrait produire un contexte grammatical inducteur d'effet poétique ; c'est ainsi que la tendance de cette forme d'expression à renvoyer à tout un éventail de formes constituées trouve enfin sa justification, car peuvent s'identifier dans l'installation vidéo des syntagmes ou des propos qui relèvent d'un autre genre ou d'une autre classe — donc d'autres systèmes dans lesquels ils ont leur "juste sens" et leur "juste place". Ainsi, par exemple, le *Triptyque de Nantes* renverrait simultanément à la place du triptyque dans la peinture du gothique flamboyant et à celle des événements déclinés par l'univers des hôpitaux. *L'Eté, double vue* dériverait tout autant de la peinture de Poussin que de la classe des objets technologiques des observatoires sismiques. *Sustain*, pour sa part, évoquerait simultanément l'univers du "secourisme" (les gestes élémentaires de la réanimation) et celui des films à suspens (*Psychose* ou le "suspens" chez Hitchcock, par exemple, dont le titre " *Sustain* " pourrait fort bien s'inspirer).

Serait-ce donc par le recours à la référence et à la citation que l'installation vidéo aurait acquis une dimension poétique? Pas exacte-ment, car une citation peut n'avoir de fonction que référentielle et infor-mationnelle. Ce serait, plus précisément, par la manière dont un propos s'élabore à partir d'autres propos. En quelque sorte, il s'agit de considérer l'installation vidéo non pas seulement au niveau des phénomènes perceptibles, mais au niveau du texte (texte ou texture comme mise en forme interne d'un contenu ramassé sur lui-même [15]) qu'elle secrète au moyen de la disposition des différents éléments et qui se manifeste par l'existence phénoménologique.

Or, si l'on s'en réfère à Michael Riffaterre :

[14] Cf. M. Riffaterre, à propos du cas particulier du poème en prose, « La sémiotique d'un genre : le poème en prose », op. cit. p.148.

[15] Ce qui pourrait renvoyer au concept de *Gedichte* (comme mise en forme ou texture) et de *Dictamen* (ou "contenu de vie condensé") chez Walter Benjamin. Cf. *Poésie et révolution*, p. 52 et 54, cité par Marc Jimenez, *Adorno et la modernité*, p. 229.

Le concept de "poéticité" est inséparable de celui de texte [...]. Ce que le lecteur perçoit comme poétique, est fondé en totalité sur la référence des mots à des textes et non aux choses et à d'autres mots. [16]

Le "poétique" n'existe donc pas à l'état pur, mais résulte d'une déviance, qu'il convient, pour être sensible à son effet, d'identifier et d'apprécier.

Il ne s'agit pas de réduire l'effet poétique à un processus de renvoi, mais de le situer dans un système original, dont l' "originalité" résulte d'une manière inédite de renvoyer à un autre texte et de s'en dégager en produisant un texte, lui-même inédit, mais régulé et légiféré selon le principe généré par l'écart que ménage l'acte de déviance entre le nouveau texte et les textes antérieurs. Ainsi, le texte de *He Weeps For You* pourrait se constituer sur la base des trois termes (syntagmes) principaux : l'image d'une goutte d'eau, celle du reflet du spectateur et la présence d'un agencement d'objets. En dehors des éléments à voir et à entendre (la perception des signifiants), le sens de l'œuvre reste énigmatique. Certes, la résistance de l'objet à livrer sa signification, l'opacité du propos, participe de la poéticité de l'œuvre, à la « *pudeur* » du texte poétique [17]. Cependant le dimension poétique doit se déduire du sens du texte, et le sens du texte de celui ou de ceux par rapport auquel il prend ses distances et construit sa "différence". Dès lors *He Weeps for You* puiserait sans doute en partie sa dimension poétique (celle qui lui est par ailleurs unanimement reconnue) dans la présence d'une figure classique de la poésie : l'image de la goutte d'eau, tremblante et fragile, accueillant tel un écrin le reflet du spectateur ; métaphore attestée, symbole lexicalisé, de l'expression de la vanité — « *classème réglé sur des conventions esthétiques extérieures* » [18] — qui serait poétiquement pertinent dans tout autre texte ou contexte que celui de cette œuvre singulière ; donc reconnaissable comme tel par le lecteur-spectateur. Par ailleurs, cette image gagne en poéticité du fait qu'elle est, en elle-même, un texte, et qu'elle se présente simultanément comme l'illustration d'un texte poétique classique, mais déviante par rapport à celui-ci. Dès lors, le texte "classique" n'est plus la source unique à laquelle s'abreuve le propos de l'œuvre qui situe sa "matrice" (et, en dernière instance, la propose comme une clef probable) dans le double sens de son titre, s'ouvrant ainsi à d'autres champs de dérivations possibles [19] : « He weeps (du double sens de "pleurer" et de "suinter") to You » pourrait en effet offrir au texte de l'œuvre comme schéma matriciel l'ambivalence d'un propos ou se superpose le monde des sentiments... et celui de la "robinetterie" — sans compter les quiproquos liées à la difficulté d'identification d'un sujet non-

16 *Sémiotique de la Poésie*, p.36

17 *« Le discours poétique résiste pudiquement au décryptage. »* Riffaterre, *ibid.*. p. 141.

18 *Ibidem*, cf. p.39.

19 On a vu préalablement plus d'une fois ce cas se produire au cours de l'analyse des titres des œuvres de Gary Hill.

objet (*He*, pronom masculin, exclu du contexte, neutre, de la robinetterie) et d'un attribut aléatoire (*You*, pour "vous" tous ici présents, pour Vous seul, ou pour toi), place vide qu'il s'agira de combler en vérifiant la validité de l'hypothèse par l'actualisation de l'expérience.

Chaque terme de l'œuvre, qu'il soit élément verbal, visuel ou sonore, existe à double titre, celui de sa position dans l'œuvre — instable, énigmatique, étrange ou mystérieuse, c'est-à-dire "agrammaticale" [20] — et celui de sa position hors du texte de l'œuvre — figée, évidente, conventionnelle, autrement dit, "grammaticale" — au sens de la diversité intertextuelle dans laquelle l'œuvre prend racine. Chaque élément convoqué dans l'œuvre participe à sa dimension poétique, dans la mesure où il est « *poétisé* [du fait qu'il] *renvoie à* [...] *(et se modèle sur) un énoncé préexistant* » et qu'il découle, comme « *variant* », de la propre matrice du texte. [21]

Semblablement, *Materia Prima* possède un titre qui comporte l'embryon matriciel du texte de l'œuvre, dans lequel aussi bien les moniteurs que les pierres de Rome pourront être admis comme "matière première" ; d'une part les pierres renverraient à un hypogramme d'ordre archéologique, scientiste et positiviste, d'autre part les moniteurs en évoqueraient un autre d'ordre métaphorique, déviant du précédent et qui pourrait s'énoncer comme suit : « la télévision est la "matière première" de la société contemporaine », conformément à un jargon socio-culturel conventionnel. Il y aurait donc dans ce cas « *enchâssement* » des textes [22]. Or n'est-ce pas la figure de cet enchâssement que donne à voir en perspective la disposition de cette œuvre, perspective spatiale et temporelle — l'absence de signal vidéo étant la condition de la rencontre entre le texte scientifique et le texte métaphorique, lui-même inclus dans le premier : en effet, le moniteur désactivé n'est plus qu'un candidat au "*carbone 14*". Le niveau métaphorique figé — le "jargon" médiatique cité ci-dessus — est alors déserté d'un terme (la télévision) qui bascule dans une sorte d'imaginaire cosmique. Ainsi non seulement le terme dévie doublement de la matrice et de l'hypogramme, mais en outre il génère la forme et surdétermine la disposition des autres termes de l'œuvre.

Le titre de *Trois Suites pour piano* offre également à cette œuvre déroutante des indices structurels et sémantiques précieux. En effet, compte tenu, dans cette installation, de la défaillance (imperceptible fracture) entre le programme annoncé ("trois suites pour piano") et l'absence de musique, on ne peut manquer de s'interroger sur le bien fondé de la relation grammaticale des termes "trois", "suites" et "piano". C'est alors que l'on soupçonnera la présence d'une ambiguïté. En effet, le mot "suite" comporte "trois"

20 *Ibidem*, cf. N.d.T. p.13 : « Tout fait textuel qui donne au lecteur le sentiment qu'une règle est violée ».
21 *Ibidem*, p.39.
22 *Ibidem*, p.206.

significations, renvoyant chacune à des champs organisés de la connaissance : une "suite musicale", composée de plusieurs pièces de même tonalité ; une "suite" en architecture intérieure, correspondant à une enfilade de plusieurs pièces successives dans un hôtel ; enfin, troisième occurrence, une "suite", dans le champ des arts décoratifs, composée de plusieurs tapisseries dont chacune représente un épisode d'une histoire.

Il est évident que chaque hypogramme apparaît à travers les éléments dont se compose l'œuvre, mais jamais exactement, totalement, les éléments prélevés ne sont donc pas dans leur texte d'origine : si l'on voit l'acte de jouer, on n'entend pas la musique ; l'enfilade de pièces n'a rien d'une suite d'hôtel ; enfin, les projections des vidéos présentent, certes, les épisodes d'une histoire, mais sous une toute autre forme que celle des tentures de tapisserie. Ce n'est donc jamais tout à fait le sens exact, mais, du fait de la résonance de l'hypogramme, ce n'est pas non plus le sens "littéral". A partir du principe matriciel "trois"÷"suite" et des intercessions entre la disposition des éléments dans l'œuvre et les textes préexistants, s'élabore un espace imaginaire, structuré non pas comme l' "unité diégétique" classique de la fiction cinématographique, mais com-me une "enfilade" borgésienne de possibles, une fiction totale et dynamique.

Il est vrai néanmoins que ces modalités poétiques ne sont pas réservées aux seules installations vidéo. Patrick Corillon ne recourt pas d'ailleurs systématiquement à la vidéo dans ses installations. Ainsi, à l'occasion de la présentation *Trois Sortilèges* au musée Zadkine [23], il se contente de disposer des bancs et des textes enchaînés à ceux-ci autour des maquettes de sculptures que Zadkine créa en hommage à quelques poètes. Les textes, à l'instar de ceux présentés dans *Trois suites pour piano*, calfeutrent par les couches de fictions superposées la virtualité d'un événement ; couches d'écrits :

> *Derniers souvenirs d'un homme soupçonné de sorcellerie après avoir fait bouger la main d'une statue d'Ar-thur Rimbaud et condamné à-la-chute-mortelle-dans-l'escalier-du-donjon* »..., « *Derniers moments...* », etc ...

... auxquelles se superposent d'autres inscriptions fictionnelles faites de simili traces ou empreintes (un cheveu recueilli sur l'arbre...). Ces fictions, ces "affabulations" n'ont de "contenu de vérité" que par leur dimension poétique. [24]

La poésie propre à Patrick Corillon tiendrait ainsi à l'élaboration même d'une substance de pure fiction. La vidéo, pour sa part, apporterait à cette tendance poétique une couleur, une qualité, une potentialité qualitative

23 Première œuvre d'une série de plusieurs commandes faites à différents artistes pour une manifestation organisée par Paris Musées et consacrée à la sculpture du XX° siècle.

24 Ce que Walter Benjamin situerait entre la « *teneur chosale* », et la « *teneur de vérité* », c'est à dire la technique poétique comme description énigmatique des choses du monde et de la vie (cf. Rochlitz, *ibidem* p. 92).

supplémentaire à l'écheveau de ses tressages, une "corde harmonique" dont il tire des accents particuliers : nostalgies des gris moyens, des images molles, traînantes, ennuyeuses. Il confère à l'installation vidéo une poétique d'accords plaqués à partir de tessitures différentes. A travers ses œuvres se perçoit la faculté de l'installation vidéo à poétiser les différents niveaux de la fiction en les engageant, à travers la gamme des matériaux, dans une structure mélodique.

La signifiance de l'œuvre qui émane d'une telle collusion offre à l'attention portée sur l'œuvre de multiples manières d'en tresser les termes, et d'en décliner le texte. « *Texte, tissu et tresse*, écrivait Roland Barthes, *c'est la même chose.* » [25]

La dimension poétique de l'œuvre ne serait du reste accessible que lorsque son "système sémantico-syntaxique" serait lui-même pressenti. Le principe inscrit dans la matrice est donc un élément essentiellement adressé à l'attention cognitive. Le titre, lorsqu'il présente la propriété verbale de renvoyer à plusieurs textes — soit par synonymie, soit par homonymie, comme dans les cas abordé ci-dessus —, cumule les fonctions de principe matriciel de signifiance et celles de clefs du « *code herméneutique* » de l'œuvre [26]. Il est, à l'égard de l'œuvre, l'adjuvant incontournable de son accès.

Cependant, tous les titres ne sont pas aussi propices à servir de clef matricielle. Parfois, ils ne sont pas encore arrêtés définitivement lorsque l'œuvre est rendue publique, à moins, comme on l'a déjà remarqué, qu'ils soient ultérieurement modifiés. C'est ainsi que lorsqu'en automne 1995, une œuvre de Thierry Kuntzel fut exposée à la Fondation Cartier, elle était présentée dans la brochure d'accompagnement sous un titre incomplet : *Nostos III*. Or, deux fois de suite le même mot, "*Nostos*", intervenait dans les titres d'œuvres précédentes de cet artiste. En outre, cette troisième installation paraissait sensiblement différente des deux premières. C'est pourquoi, au premier abord, le titre pouvait n'offrir qu'un mince instrument d'interprétation : il semblait difficile que ce même terme s'accommodât d'une troisième fonction matricielle qui fût distincte des précédentes. [27]

Nostos III se présentait donc, lors de cette première entrevue, comme une œuvre doublement silencieuse : dépourvue à la fois de verbe et de son. Une salle presque vide, un peu de sable coloré répandu sur le sol et deux images immobiles, personnages figés dans un face-à-face silencieux. A force de vouloir que quelque chose existe entre ces deux images (celle de droite : photographie du jeune adolescent ; celle de gauche : un couple et son enfant), à force de souhaiter la possibilité d'une identification (jusqu'à percevoir des

[25] *S/Z*, p.166.
[26] Au sens où l'entendrait Roland Barthes, op. cit. p.166.
[27] Titre complet : *Nostos III, poudres, gels*.

ressemblances d'une image à l'autre), à force de tisser des liens virtuels — à force de désir, donc! — le regard, comme s'il suivait la trajectoire d'une balle de tennis, va et vient, passe et repasse sur la surface de pigments rouge, bleu, blanc, blanc, bleu, rouge, déposés sur le sol, jusqu'à faire exister cette surface comme un drap tendu entre des existences diamétralement écartées.

Dès lors qu'elle existe phénomélogiquement cette surface évoque incontestablement deux objets culturellement "esthétisés" : le linceul et le drapeau tricolore. Doit-on se contenter de tels *classèmes* "poétiques"? Si l'on reste attentif au texte, on s'aperçoit que l'ordre des couleurs n'est pas "correct" ; l'objet ainsi tissé de matière et d'imaginaire demeure ambigu, polysémique. La matière est trop complexe pour se réduire à la métaphore symbolique : la texture sableuse évoque d'autres paysages, le bleu, trop profond, se creuse ; le brun rouge s'intensifie en incarnat, la proximité de l'un et de l'autre se charge de violence et d'affrontement. Quant au blanc, n'a-t-il pas comme vocation d'accueillir l'image de gauche qui semble se dissoudre en lui, la « *blancheur désirée* », selon l'expression de Raymond Bellour [28], que l'on retrouve dans les images brûlées de *Nostos I* et *II*, dans le « *Trop de blanc* » de la *Desserte Blanche* et dans *Time Smoking a Picture*? C'est-à-dire dans l'intertextualité produite par l'œuvre de l'artiste.

Chaque fragment de l'œuvre ne serait qu'un gîte temporaire pour le passage des sens, « *Pendule sémantique* », selon l'expression de Michael Riffaterre [29]. La mouvance est maintenue entre le phénomène et la signifiance des matériaux : tour à tour le flottement, l'intensité et le retrait des stimuli ; l'hésitation, l'évidence et le doute de l'identification; l'incertitude, la cohérence et la déliaison de la chaîne syntaxique. Même sensation de déferlement — vagues successives d'existences probables — que lors de la rencontre de *Tiny Death*. Ecartèlement des sites, espace vacant à balayer du regard, jusqu'à ce que s'use l'image, comme les souvenirs… flux et reflux, la poésie de l'installation prêterait au désir un rythme maritime… L'attention poétique, quant à elle, donnerait presque le vertige. Si, néanmoins on tente d'analyser comment celle-ci procède et se développe, on observe que la conduite esthétique qui anime l'attention portée à l'œuvre semble prendre appui sur deux pulsions : d'une part, la pulsion cognitive, désir de comprendre, de savoir, de connaître, curiosité éveillée par certaine incongruité de l'œuvre, soif de maîtrise du sens du monde environnant. D'autre part la pulsion de plaisir, joie, bonheur, et plénitude procurée par la contemplation de nature "gestaltique" : la merveilleuse convenance de la bonne forme. S'il devait il y avoir quelque plaisir, dans les activités orientées par la conduite esthétique au cours de l'expérience poétique, qui s'apparentât à celui suscité par le jeu de *puzzle*, ce serait tout autant le plaisir pris à découvrir la pièce

28 Catalogue *Thierry Kuntzel*, p.119.
29 Op. cit. p.119.

que celui de la voir s'adapter si bien à l'emplacement qui l'accueille : cet espèce d'émer-veillement, d' « *illumination soudaine* », par lesquels le regardeur finit par se convertir à la bonne lecture, par lesquels « *les équivalences structurales s'imposent à lui* ». [30]

C'est pourquoi la forme de logique dont relèverait la conduite esthétique, et les activités déployées à cette occasion, sont gouvernées par des principes qui ne peuvent se limiter aux efforts consentis lors de la simple "résolution" d'énigmes, même si elles s'y apparentent par certains côtés. Certes, les hypothèses développées lors de ces jeux ne sont pas du seul ressort de la déduction logique et rationnelle. En effet comme le rappelle Umberto Eco, « *Bon nombre de "déductions" de Sherlock Holmes, sont des cas d'abductions créatives* », c'est-à-dire qu'elles requièrent audace et dépense créatrice. Mais en outre, processus inducteur de jouissance, cette dépense est compensée par un principe d'économie, apte à produire des solutions « gestaltiquement élégantes » [31], dont l'invention inonde en retour son inventeur de plaisir narcissique. Et cela parce que peut-être, comme l'écrit Y. Belaval : « *La conscience s'image d'être émue, elle s'émeut d'être imageante* ». [32]

Si l'art poétique offre un cadre à de telles activités, c'est parce qu'il leur garantit tout à la fois l'infinité des possibles, et la restriction du texte de l'œuvre (ouverture et clôture). En effet, à tourner à vide, sur sa propre lancée (hypothèses folles et fébriles produites dans un imaginaire purement virtuel – et subjectif), l'activité cognitive engagée dans un processus d'abduction créative s'épuise d'elle-même. Seule, la sentence du réel (la vérification selon le principe de « *méta-abduction* »,) donne du poids aux ajustements — donc atteste leur bien-fondé. Le cadre poétique offre un espace où le système de vérité présente deux différences essentielles avec celui du présumé monde réel : est vrai dans son système ce qui reste cohérent avec la "signifiance" de l'œuvre ; le serait d'autant "mieux" (intensité toute affective du sentiment de vérité, où l'invention se fait « *pour le seul amour de l'élégance* » [33]) ce qui viendrait à conférer aux "résultats" un ajustement "élégant"... « *Au sens mathématique : une solution élégante* ». [34] Or, l'élégance, rappelons-le, est

[30] M. Riffaterre, op. cit. p.207.

[31] *Les limites de l'interprétation*, pp.275 et 279.

[32] Y. Belaval, «La Poésie», *Encyclopedia Universalis*, Vol. 16, p. 201.Il se pourrait qu'en ce cas s'exprime dans l'activité esthétique une « *volonté de puissance en tant que modalité spécifique de la volonté de savoir » qui égalerait pour Jean-Marie Schæffer la théorie nietzschéenne de la "volonté de puissance" propre à la création artistique. Les Célibataires de l'art,* p.350.

[33] Cf. Umberto Eco, « Au seuil de la méta-abduction », et « Les méta-abductions », op. cit. pp.273 et suivantes.

[34] Cf. R. Barthes, *S/Z*, p.203, LXXXII. « Glissando ».

une vertu qui participe elle aussi, chez Alexander G. Baumgarten, de l'élaboration de la théorie esthétique. [35]

Cette vérité serait appréciable à la fois de manière subjective et de manière, "objective". En effet, d'une part la solution serait induite par l'œuvre, dans la mesure où le « *texte "fantôme" n'est pas nécessairement une apparition de durée limitée aux efforts que fait le lecteur pour résoudre le puzzle* » [36]. D'autre part, elle resterait valable pour le sujet tant qu'elle n'est pas remise en cause par un élément d'information invalidant le résultat de l'induction. Mais on retrouve dans ce cas le schéma classique de logique cognitive.

Le "sens" et la poéticité de l'installation vidéo n'aurait donc rien d'arbitraire, et l'interactivité à laquelle elle invite le spectateur procéderait avant tout de la relation complexe qui se joue entre le sujet et l'objet.

Si l'installation vidéo possède des caractéristiques intrinsèques, la poéticité suppose, quant à elle, des processus spécifiques. Les observations faites plus haut font apparaître que les processus de l'une s'accommodent assez bien des caractéristiques de l'autre. S'il existe certaines affinités entre la "forme" artistique qu'est l'installation vidéo et le mode poétique, il s'agit de les examiner, afin de prendre en considération ce qui prédispose l'installation vidéo à accentuer naturellement certains traits reconnus comme spécifiques à tout processus poétique ; afin surtout de vérifier en quoi elle les traite à son tour d'une manière spécifique.

C'est notamment le cas de ce que Michael Riffaterre isole comme une « *distorsion continue* » qui, pour reprendre ses propres termes, « *affectant la mimésis, produirait la sémiosis* » [37]. En effet, si l'on réfléchit à la manière dont, petit à petit, une possibilité de sémiosis commence à poindre dans *Good Boy Bad Boy*, on s'aperçoit que c'est à partir de l'instant où ce qui est vu à l'écran perd un référencement satisfaisant dans le monde réel. En un premier temps, les personnages sont identifiés comme des individus qui se prêtent aux règles familières de ce type d'entretien vaguement introspectif, récurrent dans les émissions contemporaines de télévision. Le mimétisme de l'image télévisuelle résiste néanmoins fortement aux assauts de l'absurdité d'un discours en total désaccord avec l'identification de la mimésis (la résistance aurait été moindre s'il se fût agi des personnages fictifs d'un dessin animé par exemple). Le principe de distorsion parvient néanmoins à contraindre l'attention à se détacher de la mimésis pour que s'ouvre le champ de la sémiosis. On cherche quelle autre structure sémantique pourrait

[35] « *A la nature de l'esthéticien doit appartenir* [...] *l'innéité de la grâce et l'élégance de l'esprit* » *Esthétique*, § 29, p.131.
[36] Michael Riffaterre, op. cit., p. 119.
[37] *Ibidem*, p.147.

accueillir un tel discours : la parole schizophrénique, le monde de la psychiatrie éventuellement. Dénégation entre deux paroles proférées :

> *Entrelacement déroutant [...] du positif et du négatif, du réel et du non-réel que la logique de la parole s'est avérée incapable de penser autrement que comme une anomalie ...* [38]

Les textes entrés en collision finissent pourtant par s'accorder sur un schéma matriciel : le martèlement de la parole — le rythme, la répétition, cette espèce de paronomase qui pousse les antonymes à se ressembler (Bad Boy ≈ Good Boy, Good Boy ≈ Good Girl), à se refléter.

Dans ce jeu conflictuel entre mimésis et sémiosis, il est certain que la valeur indicielle propre au signal vidéo occupe un bastion difficile à déloger. La violence du combat n'en est que plus forte, l'enjeu plus élevé. L'enjeu? c'est-à-dire, par exemple, la pertinence de ce qui sera choisi et accepté comme "agent de poéticité", provoquant le renversement du plan de la mimésis sur celui de la sémiosis, à la manière dont la versification et la rime briseraient, dans le poème, le niveau fictionnel de la mimésis. En effet, comme le note Riffaterre :

> *Indépendamment de la métrique, de la rime, etc., le vers propose une forme de base relativement étrangère au contenu, indépendante de celui-ci, une forme qui est à la fois un signal indiciel de différence, d'artéfact et, peut-être d'artifice »* [39]

Dans le cas présent, le signal indiciel pourrait être la musicalité des paroles. Mais la disposition en vis à vis des moniteurs, ou encore le chevauchement des voix auraient pu aussi bien convenir comme "agent de poéticité" et faire l'objet de choix "esthétiques" tout aussi pertinents. Il est même probable que la présomption d'artifice par laquelle se devine le travail poétique se devait d'atteindre les différents niveaux du phénomène complexe déployé par l'installation vidéo. En effet, à la différence du processus poétique opérant dans une pièce littéraire, ici point d'indice interne à la classe d'objets. Un principe non codé, donc difficile à identifier immédiatement comme procédé poétique, doit néanmoins se montrer capable de renverser l'attraction mimétique de l'image vidéo. Un principe qui ne peut être localisé que par l'identification d'une marque d'agrammaticalité, dans un texte dont on ne connait pas *a priori* les "règles de grammaire", et dont seule l'adhésion gestaltiste, le plaisir de la juste forme, semble être en mesure d'attester la validité. La poéticité de l'installation vidéo se caractérise par la violence du processus sémiotique — par rapport auquel la dimension d'humour est à la fois un "indicateur d'artefact, voire d'artifice" (comme "formant textuel") et une conséquence émotionnelle (en tant que dépense psychique) — et par la

[38] Julia Kristeva op. cit., pp. 190-191.
[39] *Sémiotique de la poésie*, p.149.

multiplication des « parallélismes formels et sémantiques » [40], l' "élégance" des uns assurant souvent seule la validité des autres.

Si l'on s'en réfère aux analyses théoriques de Riffaterre, il semblerait que le rapport conflictuel entre le texte de l'œuvre et ceux à partir desquels se produisent les déviations, les dérivations poétiques et les "faits surprenants", soit à l'origine du processus endogène par lequel se trouve relancé la poéticité à l'intérieur même du texte de l'œuvre. En effet :

> *Ces fragments* [les interprétants textuels], *physiquement présents et repérables à la surface du poème (mais perçus comme des corps étrangers ayant ailleurs une existence textuelle indépendante), s'accouplent dans des oppositions binaires avec ces mêmes dérivations qu'ils ont eux-mêmes déclenchées.* [41]

Les termes d'ambivalence, d'amphibologie, d'ambiguïté, de contradiction, voire de bipolarité, reviennent dans son analyse comme des principes fondamentaux. Or, tel que nous l'avons observé au chapitre précédent, ils occupent une position tout aussi fondamentale dans la structure hybride de la forme d'expression artistique "installation vidéo" . Si l'on s'accorde à reconnaître qu'ils sont actifs au sein cette structure, on peut donc en déduire que le seul fait d'installer de la vidéo, ou de prendre en considération la vidéo "installée" (en tant qu'événement ou en tant qu'état) procède déjà d'une attention à la dimension poétique d'un artefact de nature nécessairement bipolaire. A l'instar du langage verbal, mais pour ses propres raisons, l'installation vidéo pourrait donc posséder "structurellement" des dispositions à l'arrangement poétique. Néanmoins, elle se caractériserait par une forme poétique résolument paratactique et contrapunctique compte tenu de ce qu'elle doit assumer l'hétérogénéité de son matériau, constitué de fragments hétéroclites, d'origines différentes qui sont donc, en eux-mêmes, des petits blocs de textualité.

Le propre du poétique, ce serait aussi de naviguer dans l'inter-textualité. Or, la propension de l'installation vidéo à absorber (comme "art ambiant") l'ensemble de son environnement (architectural, social, culturel...), ouvre son intertextualité à la totalité du champ de la con-naissance, de l'expérience et de la culture, pour peu qu'il soit référencé comme agencement textuel (donc susceptible de produire un hypo-gramme). L'installation vidéo bénéficie d'une sorte de "surdimension" de l'intertexte, et décline toute hiérarchie, toute velléité de "tabou". Les rencontres les plus saugrenues et les plus déconcertantes en seraient donc une conséquence directe. Toutefois, certains champs de contextualité sont plus récurrents que d'autres. Pour des raisons naturelles d'autoréflexivité, l'installation vidéo est hantée par l'arrière-plan

[40] *Ibidem*, p. 233.
[41] *Ibidem*, pp. 118 et 142.

d'un certain nombre de "faits", ou de thèmes, tels que le signal vidéo, la télévision, la communication, la fiction, etc. C'est par rapport à l'ensemble des stéréotypes et des conceptions figées, des croyances normalisées que l'installation vidéo aime à élaborer ses propositions personnelles au moyen d'actualisations inédites : à propos du flux des électrons, de l'indifférence numérique, du temps virtuel et du temps réel, de la fluidité des réalités qui circulent entre les images, les objets et les corps. Poésie des effacements, des inversions, des superpositions, des métamorphoses, des passages, des brusques saisissements et des mouvements imperceptibles, des arrêts provisoires et des statismes obstinés, par lesquels s'exprimeraient l'entêtement des réalités physiques, l'inertie du grain de matière et la vélocité du *quantum* d'énergie... Poésie dont les deux plans en dénégation constante s'avèrent être le plus souvent, l'un celui de la technologie électronique et l'autre, celui de l'expérience humaine.

L'attention poétique requiert une conduite esthétique qui, loin de refléter un état de réceptivité passive, d'attitude contemplative et "béate", nécessite une relation interactive intense entre le sujet et l'objet. A ce propos, il est à noter que le mode interactif ou expérimental (ou participationnel) auquel invite plus ou moins l'installation vidéo lors de l'expérience *in situ* entretient un étrange rapport avec l'activité inquisitrice liée à une attention esthétique "poétique". A la fois celle-ci se sentirait encouragée lors du contrôle de la validité des hypothèses formulées, et à la fois elle prendrait place dans le texte de l'œuvre, le champ de la conduite esthétique devenant à son tour un probable hypogramme de l'œuvre. Toute réaction à l'œuvre serait susceptible d'être "interaction". Il convient cependant de distinguer entre deux valeurs de la réaction spontanée : d'une part, l'émotion "classique" liée directement à la sensibilité esthétique, au phénomène, à sa faculté *« d'impressionner »* — pour reprendre le terme utilisé par Jean-Paul Fargier à propos des réactions du public devant *Arc of the Ascent* exposé à Kassel [42] — d'autre part, les affects provisoires (dégoût, agacement, plaisir, voire indifférence) qui participent, *via* la subjectivité du spectateur, au texte de l'œuvre.

C'est ainsi que le thème de la déréliction des corps "délocalisés", en arrière-plan du texte de l'installation de Chantal Akerman rencontre, comme mode d'identification particulier, une adhésion projective libre et "réciproque" [43] : le corps du spectateur, par l'expérience de sa propre désorientation donne le change aux corps présentés dans l'œuvre. Cette installation offre à la déambulation les rimes d'un poème d'images et de corps, avec ses consonances, ses échos, ses césures. On s'en imprègne, on se les approprie. On reproduit dans le parcours le balancement de l'attente

[42] Cf. *art press* n° 172, p.39.

[43] Cf. à ce propos le concept de réciprocité développer par George Quasha et Charles Stein à propos des œuvres de Gary Hill : *«La salle est un poème en cours dont la clé est la réciprocité»*, op. cit. p.21.

irrésolue. La poésie de l'installation s'enrichit de l'adhésion du corps, de ses sensations et de ses affects et impose une *« circularité »* entre l'œuvre, le corps et l'esprit.

Alors que le caractère ludique et interactif des œuvres semblait en porte-à-faux par rapport à une véritable relation esthétique, il se trouve que, paradoxalement, l'installation vidéo ne cesse d'extérioriser le principe ludique et interactif inhérent aux activités cognitives orientées par l'attention esthétique elle-même. Elle se prête à la jubilation de l'esprit qui s'enivre à "surfer" sur les signifiants, stimulé par l'amplitude de ce champ d'investigation où s'actualisent les rencontres les plus inattendues et les plus stimulantes. Il y a de l'euphorie dans la quête des indices. ***« Inventer un bon moyen terme, voilà l'idée géniale »***, s'exclame Umberto Eco [44]. Ici, le code (sauf s'il émane d'emprunts extérieurs) n'est pas encore figé, et tout, presque, semble pouvoir être tenté. De façon générale, même s'il se construit sur la négation de textes préexistants, l'acte poétique est un instant inaugural : « *Un langage sans référent* » selon l'expression de Jean-Marie Schaeffer. [45]

* *

*

En résumé, l'installation vidéo pourrait être une forme d'expression particulièrement propice à l'élaboration poétique. Si, de fait, c'est à ce niveau que, d'une façon générale, l'attention esthétique mérite de se porter, il n'en est pas moins vrai que, sur le plan de la réception, des difficultés non négligeables sont à prendre en considération : ce qui demande qu'un certain nombre d'obstacles qu'il s'avère utile de repréciser soit identifié et surmonté.

Tout d'abord, au-delà des images et des objets, il conviendrait de saisir un texte, et au-delà de ce texte, en arrière-plan, plus ou moins fantomatiques, d'autres textes. Le repérage des indices — les "éléments déclencheurs" et les "facteurs de liaison" — en dépend. Il s'agirait aussi d'admettre que ce texte comporte un système, et dérive d'un principe générateur et matriciel, à partir duquel s'orientent les multiples opérations « jonctives ». Il importerait

[44] Voir op. cit. p.259.
[45] *L'Art de L'Âge Moderne, L'esthétique et la philosophie de XVIII° siècle à nos jours* , Essais Gallimard.

également de renoncer à l'identité une et définitive des éléments rencontrés dans les œuvres, et de leur attribuer tour à tour des statuts variables (signifiants, moyens termes, faits surprenants, référents, matrices, etc.), c'est-à-dire de les saisir comme signes et de leur attribuer un coefficient de variation : le reflet retourné dans la goutte d'eau tour à tour me désigne, informe l'image et, comme "fait surprenant", déclenche le processus sémiotique.

Les moyens termes de la relation cognitive sont aussi des variants, des effractions infligées aux textes d'origines, des « infidélités » commises en vertu d'intentions artistiques propres à la poésie de cette forme d'expression et libératrices, comme le suggère Jean-Paul Fargier, « *d'une esthétique de la basse fidélité* ». [46] Des élections et des abandons successifs de divers parcours textuels découle le caractère aventureux et cyclique de la pénétration dans l'œuvre : le "balancement pendulaire" qui rend possible les différentes entrées qu'elle autorise. Devant une installation vidéo, le spectateur est toujours sur le seuil d'une expérience, celle de pénétrer au cœur d'un texte ambigu : antre des maléfices ou jardin des délices — *Intro-Act* : Entrez dans l'Antre qui s'entrouvre, là, devant vous! Certes, l'injonction du bateleur devant son palais enchanté résonne encore à l'oreille. Mais, l' "acte" d'entrer, reviendrait, ici, à s'exposer au mouvement pendulaire de ses propres croyances et de ses propres désirs, à se prêter, corps et esprit non sans plaisir réconciliés, aux tressages des signifiants ; à se saisir de l'œuvre, comme énoncé poétique, à travers une conduite incontestablement esthétique.

L'appréhension esthétique des installations vidéo, si elle requiert la prise en considération d'une "tendance poétique spécifique", demande, pour avoir lieu, que l'on reconnaisse la "spécificité artistique" de cette classe d'objets. Cette reconnaissance, et l'éventuelle adhésion qui pourra l'accompagner, suppose qu'une partie du trajet entre l'œuvre et son témoin soit accomplie par celui-ci, guidé par le minimum de connaissance des lois qui régissent la "forme d'expression artistique" de ce "genre" particulier. La poésie de l'installation vidéo reste donc suspendue au désir de son témoin ; elle ne se déploie et ne s'accomplit qu'en vertu de ce désir, à travers les activités d'attention esthétique qu'il favorise. Toutefois, la qualité de l'attention portée sur l'œuvre, bien qu'elle soit souveraine au moment d'apprécier le contenu de poéticité de cette dernière, ne le détermine pas pour autant. Celui-ci demeure propre à chaque proposition artistique. En quelque sorte, la poésie logerait à l'état latent dans chacune des œuvres, mais selon plus ou moins de bonheur,

[46] Jean-Paul Fargier, « Dernière analogie avant le digital, « Allan and Allen's Complaint » Nam June Paik et Shigeko Kubota », op. cit. p.34.

et, pourrait-on dire, plus ou moins de réussite. La valeur artistique de l'œuvre pourraient donc être, pour sa part, évaluée en fonction de la teneur de celle-ci en "poéticité" — support d'évaluation élaboré au cours de la relation esthétique. Sur cette base se concrétiserait l'adéquation présupposée de l'installation vidéo comme "œuvre d'art", entre une activité de nature (ou de procédure) artistique et une conduite de nature (ou de culture) esthétique. La " texture " poétique de chacune des œuvres contribuerait donc largement à leur appréhension esthétique.

Bill Viola ne considère-t-il pas du reste ses œuvres comme des « *poèmes visuels* » ? [47]

[47] Selon Franck Popper, *L'Art à l'âge électronique*, p.65.

CONCLUSION

Il n'y a pas de jugement évaluatif pur, ni sans doute de jugement descriptif pur.

Dominique Chateau

Apprécier les installations vidéo demandait avant tout de les mieux connaître ; mais afin de les mieux connaître, il convenait également de clarifier les conditions de leur appréciation. En effet, compte tenu de la difficulté à discerner, parmi leurs multiples aspects, les plus pertinents à cet égard, il importait de les décrire à la lumière de leur efficience esthétique. C'est ainsi que nous avons emprunté des modes d'approches tour à tour subjectifs et objectifs. Convaincus du reste qu'un lien intime, fécond et nécessaire unit la subjectivité du jugement évaluatif à l'objectivité du jugement descriptif, nous nous sommes efforcés de favoriser les dialogues et les chevauchements entre ces deux modes d'approche, afin de rendre — pour citer Dominique Chateau — « *Le* distinguo *opératoire* ». [1]

Examinées alternativement selon ces deux points de vue, les installations vidéo sont apparues progressivement comme des objets suffisamment pourvus de caractéristiques communes pour constituer une classe d'objets identifiables. Par ailleurs, étant donné que ces caractéristiques se prêtent finalement assez bien à un certain nombre de conduites esthétiques, le bien-fondé de leur instauration institutionnelle dans la classe des œuvres

[1] *La Question de la question de l'art*, p. 39.

d'art se voit en définitive parfaitement confirmé. Certes, le fait qu'on puisse adopter à leur égard une conduite esthétique pourrait paraître *a priori* totalement indifférent à leur statut d'œuvre d'art ; mais ce serait sans prendre en compte, parmi les pratiques artistiques, celles qui concernent la réception des œuvres d'art — en tant qu'objets soumis aux lois de l'exposition — et dont on a rappelé ici le rôle dès le processus poïétique ; rôle qui s'étend bien entendu à l'ensemble des réactions que des objets de cette sorte cherchent manifestement à provoquer.

Le problème des installations vidéo se pose en fait de deux manières qui, malgré certains points communs, demandent toutefois d'être distinguées l'une de l'autre. D'une part, elles semblent présenter des aspects incompatibles avec une certaine idée que l'on se fait de l'art et de ses productions, d'autre part, elles arborent des tendances qui évoquent des activités d'un autre ordre. La question des incompatibilités, en dehors des problèmes de médiums et de contenus, semble surtout se poser à propos des attitudes que les œuvres suscitent. Elle se cristallise en particulier sur les réactions d'indifférence, de désinvolture et de défiance, d'aigreur et de répulsion ; ou encore sur les comportements de type ludique, qui semblent en totale contradiction avec un présupposé d'origine confuse selon lequel les objets artistiques auraient vocation à susciter des comportements généralement d'une certaine retenue — à moins qu'ils ne soient franchement déclamatoires et laudatifs — propres à exprimer la concentration et la contemplation — ou l'émotion.

Dans sa difficulté à bien saisir ce qu'est l'art dans toute sa complexité — ce qu' "art veut dire" — la recherche théorique s'efforce d'en analyser les manifestations dans l'usage que l'on fait du concept au cours des actes de langage, et de sa réalité au sein des pratiques sociales. Mais, si la prise en considération des réactions du public comme critère d'évaluation peut apparaître comme une mutation de l'art — en ce qu'il reconnaîtrait comme l'une de ses pratiques celle de la réception — en revanche leur refuser le mode ludique ressemble beaucoup à une réaction de sauvegarde.

Derrière cette question, se dessine donc bien celle de la contribution de la relation esthétique au processus d'élaboration de l'œuvre d'art, en tant qu'objet de pratiques sociales. Instruits de la réalité de l'art par l'observation du champ de ses pratiques, nous le serons pareillement de celle de l'esthétique par ses modalités de participation à la réception des œuvres d'art. Si, du reste, il s'avère que le regard esthétique évolue, cette évolution n'apparaîtra vraiment qu'au contact de productions artistiques qui le mettent en demeure de répondre à leurs sollicitations. Sur ce point, il s'agissait donc de montrer que les installations vidéo, bien qu'elles développent des comportements ludiques, ou sensori-moteurs, dont l'esthétique ne peut reconnaître le bien-fondé qu'à la condition de s'adapter et de s'élargir jusqu'à les absorber, offrent également un support digne d'une attention esthétique traditionnelle, sur le plan des sensations, des émotions et de l'esprit. De plus, tout en admettant que les comportements susdits peuvent effectivement porter préjudice aux mouvements des émotions, il importait de démontrer que cela relève moins d'une incompatibilité de nature avec les conduites esthétiques que d'une antinomie culturelle.

Si toutefois se produit un blocage dans la relation à l'œuvre, il ne saurait être du seul fait du processus de réception ; car ce blocage ne relève pas seulement de l'état plus ou moins sclérosé de conduites esthétiques mal adaptées à des matériaux et des supports contemporains inédits. En effet, quelle que soit la responsabilité de certaines attitudes peu "réceptives", un autre élément entre en jeu et perturbe le moment de la relation : le fait que ces attitudes sont beaucoup plus conformes à d'autres activités sociales reconnues et au sein desquelles ces comportements trouvent bien mieux à s'accomplir. Ainsi, le chemin aux conduites esthétiques est tout simplement encombré par les ressemblances des installations vidéo avec d'autres pratiques sociales. Mais, si, en un premier temps cette inefficacité a pu, du point de vue de ces activités, entraver la bonne réception des œuvres, comme chacune se révèle, à l'usage, n'être qu'un très mauvais support de distraction, d'information ou de communication, l' "inefficace" devient pour ces objets — vus sous l'angle de l'art et de l'esthétique — leur meilleure garantie d'être finalement reconnus sur le plan esthétique.

Une fois dépassé le premier cap qui cachait aux regards les propriétés esthétiques des installations vidéo, on peut enfin apprécier dans quelle mesure elles apportent à celui-ci des horizons nouveaux, grâce à quelques-wunes de leurs propriétés spécifiques qui développent des principes jusqu'alors peu pertinents en matière d'esthétique : ceux de luisance et d'incohérence par exemple. Subversives, les installations vidéo le sont donc moins du côté de l'art que de l'esthétique. Car en fait, en matière artistique, il semble qu'elles poursuivent le parcours d'innovation, d'expérimentation et de réappropriation dans lequel l'art s'est pleinement engagé depuis les recherches avant-gardistes ; donc outre qu'elles se montrent pleinement conformes aux attentes artistiques, elles ont en plus participé d'une certaine manière à réinstaurer dans la pratique de l'art la dimension esthétique. En revanche, elles ont déplacé certaines déterminations propres au champ de l'esthétique, que ce soit au niveau de l'appréhension des formes ou à celui de la manifestation des conduites. Rien qui s'apparente à un bouleversement total, mais un petit séisme tout de même, en particulier au niveau des systèmes de classifications, auxquels trop souvent se limitent certaines approches esthétiques, imposant toutes sortes de cloisonnements afin de mieux répertorier les effets, les attentes, les recherches, en dépit des expansions plurielles qui, pour leur part, supportent mal de tels enfermements.

Néanmoins, comme on l'a vu, ces cloisonnements présentent aussi des avantages. Non seulement ils se prêtent à une meilleure transmission des objets artistiques, et favorisent le fonctionnement de l'héritage culturel, mais en plus ils protègent les stimuli sensoriels contre les parasites et participent, en écartant les effets les uns des autres à rendre les résonances et les correspondances plus puissantes.

C'est ainsi que l'on peut voir dans le recours des installations vidéo à des formes artistiques multiples une manière de se réapproprier les cloisonnements afin de mieux les "faire chanter", en quelque sorte, les subvertir. Les cloisons édifiées par le discours sur l'art deviennent dans ces œuvres des séparateurs virtuels pour lesquels notre culture fournit un matériau préfabriqué. En effet, si les installations recourent si souvent aux déterminations culturelles, c'est semble-t-il pour que viennent s'y cogner, s'y fissurer, et s'y briser peut-être, les conceptions les plus figées. Mais alors doit-on renoncer à situer les installations vidéo parmi les grandes formes d'expression artistiques : arts plastiques, musique, peinture? Œuvres bourrées d'objets physiques, bavardes et bruissantes de multiples activités, éminemment concrètes donc, et assurément en mal de communication, elles semblent aux antipodes des abstractions picturales et sculpturales, donc en contradiction avec l'élan des arts plastiques du côté de la plasticité pure ou du pur concept. Pourtant, *via* la dimension poétique qu'elles répandent sur tous les éléments dont elles se composent, et par laquelle elles manipulent, déforment et informent tous les matériaux plus ou moins "*readymade*" dont elles font leur substance, il semble qu'elles aient réalisé une sorte de jonction entre plasticité et conceptualisme.

En tant que catégorie artistique hybride et incontestablement "porteuse", elles suscitent le travail d'un matériau riche de complexité interne selon des modalités opératoires originales. En effet, s'offre à l'invention des artistes la possibilité d'exploiter les ressources d'un matériau de nature composite — dont les propriétés très éloignées les unes des autres entrent, *de facto*, en conflit les unes avec les autres — dans un jeu (animé par un principe bipolaire subséquent) de dispositions spatio-temporelles multiples. Chaque œuvre est donc le résultat actualisé d'une rencontre entre les déterminations d'une catégorie artistique — liées à la nature et la structure de cette forme d'expression — et l'invention des artistes. Par leur façon de disposer syntaxiquement des formes ou des contenus "informés" (fragments hétéroclites de "fictions"), selon l'intelligence et la fantaisie de leur "diction", les installations vidéo se rendent propices à l'attention poétique, qui invite le "regardeur" à un acte de lecture créative.

A mi-chemin entre innovation et tradition, l'installation vidéo relève ainsi au niveau esthétique de cette sorte d'objets d'art dits "transitionnels" par lesquels se manifestent parfois les mutations culturelles. S'il est trop tôt pour en mesurer l'impact, il reste d'ores et déjà possible de prendre en considération quelques effets comparativement à ceux produits par les avant-gardes historiques.

Les installations vidéo participent incontestablement à la réactualisation des notions d'auteur et d'artiste : elles rendent sensible au fait que les réalisations sont dépendantes d'un éventail de savoirs scientifiques, et de technologies spécialisées et pointues. Les auteurs n'apparaissent ni tout à fait de purs concepteurs (malgré l'élaboration de "programmes" originaux qui pourraient parfois se conformer à la logique juridique des "brevets"), ni tout à fait de purs praticiens ; l'image de l'auteur réalisateur lacunaire ou partiel perturbe certaines attentes — en particulier en ce qui concerne les croyances en un génie créateur. Cependant, les notions d'auteur et d'artiste survivent en prenant appui sur le sentiment que, dans l'installation vidéo, l'auteur "légal" ne renonce ni au statut de créateur ni à celui d'artiste, ni même à celui de praticien — ce en quoi ils s'écartent des principes inspirés par Marcel Duchamp. Le statut d'auteur et celui d'artistes subiraient donc moins une "destitution" que quelques réajustements. Ainsi, bien que s'ajustant aux pratiques actuelles, les connotations n'en demeurent pas moins très présentes dans l'installation vidéo — elles se sont cependant déplacées : réinvesties dans l'œuvre (en particulier à l'occasion des actes d' "installation" mais aussi des procédures d' "autofilmages"), donc réintroduites dans le "texte" de l'œuvre, elles procurent à l'attention esthétique un potentiel cognitif signifiant.

Une autre amorce de mutation provoquée par l'installation vidéo pourrait se ressentir au niveau de la relation aux espaces et aux conditions d'exposition. Comme nous l'avons entrevu au cours de cette étude, les installations vidéo contredisent sur plus d'un point l'idée que l'on se fait généralement d'une "pièce de musée". Les lieux d'accueil de telles propositions artistiques semblent voués à d'autres fonction-nements, d'autres vocations, la forme et la constitution des objets impliquant des aventures inédites qui trouvent écho dans des innovations d'ordre pratique : questions de droit, de marché, de maintenance, etc. On attendra par conséquent du musée qu'il dépasse sa fonction traditionnelle de sanctuaire de l'art, s'ouvre à une plus grande diversité d'activités et tolère, voire encourage, de nouveaux comportements — contacts tactiles avec les œuvres, bruits divers, rires francs, échanges de paroles... En effet la "vitalité" d'un public mobile, curieux et spontané, apparaît bien comme un élément nécessaire à l'existence des objets. Face aux paramètres spatio-temporels de l'installation — « *Un art du temps et de l'espace absolus* » [2] — le concept, historiquement récent, de "musée" semble vieillir tout à coup ; il s'ensuivrait une reconsidération des valeurs fondatrices de cet espace, à partir de celles qui définissent les œuvres d'art dont il reste dépositaire : permanence, perpétuité, reflet de société, sacralisation, etc. Bref, la notion d' "œuvre d'art", elle-même taraudée par les

2 Selon les termes de Nam June Paik, cité par Dany Bloch, *L'art vidéo*, p. 50.

ajustement muséaux, se trouve mise en question par l' "installation" des installations vidéo telle qu'elle se pratique dans un musée d'art — qu'il soit ou non contemporain.

Il devient en ce cas possible de considérer artistes et responsables d'exposition comme nécessairement associés (quelle que soit la distance entre leurs intérêts respectifs), ne serait-ce que pendant la période au cours de laquelle l'objet "privée" devient "public", compte tenu de l'étendue de la dimension de communication inhérente à l'installation vidéo, sans frontière définie de la conception de l'auteur jusqu'à la participation du visiteur. Le concept d'œuvre monolithe s'effrite le long de cette frange où l'œuvre apparaît donc comme le lieu des échanges entre différents "partenaires", soit directement, soit par programmes interposés. Expressions privilégiées d'un principe pour elles structurellement "disruptif", les installations apparaissent paradoxalement comme les agents de liaison entre plusieurs espaces distincts du "monde de l'art" (tels que celui de la création et celui de la conservation par exemple) et nous les rendent moins étanches. Elles font ainsi advenir sur le plan esthétique la dimension "pratique" du "fait artistique".

Certes, les avant-gardes historiques surent mettre en lumière qu'un objet d'art est avant tout l' "occasion" d'un "fait artistique" (à la fois institutionnel, social, culturel et politique). Mais l'appréhension des installations vidéo implique semble-t-il de reconsidérer d'un point de vue esthétique chaque étape du "fait artistique" en tant que "fragment" d'un texte dont la puissance poétique assurera la cohésion et l'ouverture. Elles confèrent ainsi au regard sur l'œuvre d'art déjà ébranlé par le déplacement objet-concept opéré par le *readymade*, un nouveau déplacement : celui de "concept-objet" ; déplacement où il apparaît que, pour se faire art, le concept doit se présenter sous les traits de l'œuvre d'art. Autrement dit, il doit se prêter d'une façon ou d'une autre à l'attention esthétique à travers un dispositif de mise en scène(s) — ou de mise en texte(s). Le rôle de l'installation vidéo pourrait être d'avoir mis en évidence ce double mouvement et, par conséquent, d'avoir réinvesti d'une virtualité esthétique l'ensemble de ce dont se compose un "fait artistique", même s'il apparaît pure intellectualité, geste conceptuel, "*cosa mentale*", ou, en d'autres termes, objet "an/esthésié". [3]

C'est ainsi que, loin de faire table rase des valeurs anciennes, l'installation vidéo ne cesserait de flirter avec celles qu'elle remet par ailleurs en cause — pragmatiquement ou ironiquement. S'agit-il de sa part de cynisme ou de désinvolture? Le principe au cœur de l'installation vidéo pourrait en effet correspondre à certaines postures contemporaines : tendance

[3] Le *readymade* reçoit dès lors un nouvel éclairage : l'urinoir renversé ne serait plus une simple "*occasion esthétique*", selon l'expression de Gérard Genette (*L'Œuvre de l'art*, p.156), mais l'élément, parmi d'autres, d'un tout esthétique.

au scepticisme, esprit critique, faillite des croyances, climat postmoderne. Il est, certes, devenu commun de se lamenter sur les contradictions qu'ont à assumer les sociétés contemporaines. L'art, comme pratique sociale, aurait-il trouvé néanmoins dans l'installation vidéo la forme la plus représentative de cet état de conscience et le meilleur moyen d'en refléter l'image? Certes, la diversité des hypothèses, les idées, les sentiments éveillés par ces chantiers de connexions (et de déjections), ces lambeaux de réel brut et de fictions partiellement traitées ou digérées se prêtent à des humeurs "fin de siècle" et offrent aux consciences individuelles des configurations à l'image de leurs propres enchevêtrements, de leurs clivages, de leurs contradictions, de leurs doutes, imperfections et désarroi, alors qu'un discours rationnel n'en viendrait pas à bout. Mais il ne semble pas que l'installation vidéo soit plus représentative d'une quelconque morosité ambiante que les autres formes d'expression artistique. L'art de l'installation vidéo se reconnaît à sa manière de jouer avec toute chose, de faire feu de tout bois, de transformer en matériau poétique tout élément prosaïque de notre environnement domestique, culturel et médiatique (magma de réel et d'imaginaire). Double façon du reste d'en jouer : selon l'infinité des combinaisons et les fantaisies de leur indétermination, de manière à ce que la poésie des "possibles" et des "probables" ne se transforme jamais en certitudes figées. Il serait donc vain de reproduire à son égard des comportements esthétiques conventionnels, sauf à réinscrire ceux-ci, pour peu qu'ils surviennent face à une image, à une musique ou à un objet présentés dans l'œuvre, dans la "matière d'énonciation" de cette dernière.

Ainsi, les installations vidéo proposent un espace syntaxique intrinsèquement paratactique, certes peu propice à la contemplation, au sentiment de plénitude et au ravissement de l'âme, mais, en revanche, tout à fait profitable aux mouvements de l'esprit. Elles forcent à tendre l'oreille et le regard ; et cela, au risque de paraître elles-mêmes absurdes ou dérisoires. Mais, alors que leurs propos semblent s'auto-déconstruire, les dérèglements stimulent les approches et les perturbations dynamisent les régimes d'appréhension. On ne peut lire "correctement" les œuvres, et s'ajuster à leur langage, qu'en acceptant de se prêter à leur jeu, qu'en se pliant aux parcours qu'elles suggèrent, qu'en adoptant leur propre logique, semblable à celle du jeu de billard pour lequel ce n'est qu'à travers la pensée des dérives et des "contre-rencontres" successives que l'on entrevoit la probabilité d'une trajectoire acceptable. L'univers des installations est fait de fausses pistes et de chausses-trappes. Il est bien de nature à rafraîchir un esprit engourdi et à revigorer les conduites esthétiques traditionnelles. Elles ne constituent pas, en fait, un art d'un genre installé : loin d' "installer" les formes, les couleurs et les sons selon les règles de l'art de la composition, loin de "composer" des constructions harmonieuses, loin de “construire” des propositions stables dans des harmonies réconciliatrices, leurs principes d’installation offrent des configurations mobiles, nomades, sémillantes et ludiques. Ce dernier caractère du reste ne tiendrait pas, à proprement parler, à la nature de l’activité interactive auxquelles certaines œuvres engagent, mais à cette « *formidable possibilité de jeu* » [4] qu’une telle pratique rend à l’art, et à la dynamique que celui-ci impulse à ses objets ; en conséquence, qu’il restitue aux sens et à l’esprit. Mais pour cela, une condition demeurerait néanmoins sous-jacente : il importe que cette relation embraye sur une appréciation de la forme poétique spécifique à l’installation vidéo, liée à la structure de sa textualité hétérogène. Or il ne semble possible d’en apprécier la valeur — et d’en jouir, donc pleinement — qu’à travers une approche, certes quelque peu inédite, mais néanmoins profondément esthétique.

C’est en quoi il se pourrait que cette forme d’expression artistique participe à la renaissance de l’ « ***Homme Esthésique*** », [5] à condition de rendre à ce concept toute sa vitalité d’origine.

[4] W. Benjamin, *Gesammeln Schriften* VII, I, p. 369 ; cf. également R. Rochlitz, op. cit. p. 206.

[5] Selon l’expression de Nietzsche, *La Généalogie de la morale*, p.149 .

INDEX

ARTISTES et ŒUVRES CITÉS

BIBLIOGRAPHIE

PRINCIPAUX OUVRAGES DE RÉFÉRENCES[1]

ADORNO Theodor, *Théorie esthétique* (*Ästhetische Theorie*, 1970), Traduit de l'allemand par Marc Jimenez et Eliane Kaufholz, Klincksieck, 1995.

BATTESON Gregory,

La Nature et la pensée (*Mind and Nature*, 1979) traduit de l'anglais par Alain Cardoën, Marie-Claire Chiarieri et Jean-Luc Giribone, Seuil, Paris1984.

BELLOUR Raymond,

L'Entre-Images, Photo. Cinéma. Vidéo, La Différence, Paris, 1990.

BLOCH Dany,

L'Art Vidéo, 1960-1980/82, Ed. Flavania, Locarno, 1982.

L'Art Vidéo, L'image 2/Alin Avita, Condé-sur-Noireau, 1983.

BOSSEUR Jean-Yves,

Le Sonore et le visuel, Intersections musique/arts plastiques aujourd'hui, Editions Dis Voir, Paris, 1993.

CHATEAU Dominique,

La question de la question de l'art, Coll. Esthétiques Hors Cadre, Editions Presses Universitaires de Vincennes, 1994.

Le Bouclier d'Achille, Théorie de l'iconicité, Collection Champs visuels, Editions l'Harmattan, 1997.

(Sous la direction de), *A propos de « La critique »*, édition l'Harmattan, Paris, 1995.

CAILLET Elisabeth, *A l'approche du Musée*, La médiation culturelle, (avec la collaboration d'Evelyne Lehalle), PUL, Lyon, 1995.

CASSIRER Ernst,

Langage et mythe, à propos des noms de dieux, (*Sprache und Mythos*, 1953) coll. Le Sens Commun, Ed. de Minuit, Paris 1973.

La Philosophie des formes symbolique, tome1, (Le Langage), 1953, coll. Le Sens Commun, Ed. de Minuit, Paris 1972.

[1] Pour une bibliographie plus complète, voir ma thèse.

DANTO Arthur,

La Transfiguration du banal, Une philosophie de l'art (The Transfiguration of the Commonplace, 1981), traduit de l'anglais par Claude Harry-Schæffer, Seuil, Paris, 1989.

DECKER Edith,

Paik video, Dumont Buchverlos, Köln, 1988.

DE DUVE Thierry, *Au nom de l'art, pour une archéologie de la modernité*, Ed. de Minuit, Paris, 1989.

DELEUZE Gilles,

Francis Bacon, Pour une logique de la sensation, t. 1 et 2, coll. La Vue le Texte, Ed. La Différence, Paris, 1996.

DERRIDA Jacques,

« Economimesis » in *Mimesis des articulations*, Effet, Aubier-Flammarion, 1975.

La Voix et le Phénomène, Quadrige/P.U.F., Paris 1967.

DROIT Roger-Paul (textes réunis et présentés par), *L'Art est-il une connaissance*, Le Monde Editions, Paris, 1993.

DUCROT Oswald et TODOROV Tzvetan,

Dictionnaire encyclopédique des sciences du langage, Points Essais, Seuil, Paris,1972.

DUGUET Anne-Marie (collectif),

P.L.E.I.A.S., Formation, Art, Images De Synthèses, Colloques,Université de Paris I, 1988.

Vidéo, la mémoire au poing, L'Echappée belle, Hachette littéraire, 1981.

ECO Umberto,

Interprétation surinterprétation, PUF, collection Formes sémiotiques, Paris, 1996.

Lector in fabula, Le rôle du lecteur ou la Coopération interprétative dans les textes narratifs, Milan,1979, trad. Myriam Bouzaher, Livre de poche, biblio essais, Grasset, 1985.

FARGIER Jean-Paul,

Nam June Paik, Art Press, Paris, 1989.

FERRY Luc, Homo Æstheticus, l'invention du goût à l'âge moderne, Le Collège de philosophie, Grasset, 1990.

FOUCAULT Michel,
«Les Limites de la représentation », in *Les Mots et les choses*, Tel, Gallimard, 1966.

FREED Hermine,
« Where do we come from? Where are we? Where are we going? », *in Video Art, an Anthology*, (Beryl Korot et Ira Schneider), New York, 1976.

GENETTE Gérard, *L'Œuvre de l'art, Immanence et transcendance*, collection Poétique, Seuil, Paris, 1987.
La Relation esthétique , Seuil, Paris 1996 (dépôt légal Janvier 1997).
(sous la direction de) *Esthétique et poétique*, Essai Point, Seuil, Paris, 1992.

GOODMANN Nelson,
Manières de faire des mondes (Ways of Worldmaking, de 1974 à 1978), traduit de l'anglais (U.S.) par Marie-Dominique Popelard, Edition Jacqueline Chambon, Nîmes, 1992.
Langage de l'art (Language of Art,1968), traduit de l'anglais par Jacques Morizot, Edition Jacqueline Chambon, Nîmes, 1992.
« Quand y a-t-il art? », in GENETTE Gérard (textes réunis et présentés par), *Esthétique et poétique*.

GRANGER Gilles-Gaston,
La Théorie aristotélicienne de la science, coll. Analyse et Raisons, Aubier éd. Montaigne, 1976.

GRUBER Bettina et VEDDER Maria,
Kunst und Vidéo, Cologne, 1983.

JAKOBSON Roman,
« Linguistique et poétique » (« Closing Statements : Linguistics and Poetics », 1960), *in Essais de linguistique générale*, traduit et préfacé par Nicolas Ruwet, coll. "Double", Ed. de Minuit, Paris, 1963.

JAKOBSON Roman et WAUCH Linda,
La Charpente phonique du langage, (*The Sound Shape of Language*, 1979), traduit par Alin Kihm, Coll. "Arguments", Ed. de Minuit, Paris, 1979.

JIMENEZ Marc,
Adorno et la modernité, Vers une esthétique négative, Klincksieck, Paris, 1986.
Qu'est-ce que l'esthétique? Folio Essais, Gallimard, Paris 1997 (Dépôt légal 9 Janvier 1997).

KRAUSS Rosalind,
L'Originalité de l'avant-garde et autres mythes modernistes, Ed. Macula, trad. Jean-Pierre Criqui, Paris, 1993.

KRISTEVA Julia, *Sèméiotikè,* Recherches pour une sémanalyse, Extraits, Collection Points Essais, Seuil, Paris, 1969.

LÉVI-STRAUSS Claude,
« Des Sons et des couleurs », in *Regarder, écouter, lire*, Plon, 1993.

MARCADÉ Jean-Claude (collectif),
L'Ecrit et l'art, Les auteurs, Le Nouveau Musée, Institut d'Art Contemporain, 1993.

MERLEAU-PONTY Maurice,
L'Œil et l'Esprit, Folio essais, Gallimard, 1964.
Sens et non-sens, coll. Pensées, Nagel (5° éd.), 1966.

MICHAUD Yves,
L'Artiste et les commissaires, quatre essais, non pas sur l'art contemporain mais sur ceux qui s'en occupent, Ed. Jacqueline Chambon, 1989.

MILON Elisabeth, *Pierrick Sorin,*
Petite nostalgie du burlesque, Editions AU FIGURé, 1993.

MOLES Abraham,
Art et ordinateurs, Synthèses contemporaines. Caster-man, Paris, 1971.

NYST Jacques-Louis,
L'Ombrelle en papier et le principe de non-réalité, Yellow Now, 1976.

PASSERON René,
La Naissance d'Icare, Eléments de poïétique générale, ae2cg Édition, Presses universitaires de Valenciennes,1996.

PEIRCE Charles S.,
Ecrits sur le signe, Textes de 1839 à 1914 rassemblés, traduits et commentés par Gérard Deledalle, Paris, 1978.

POPPER Franck,
L'Art à l'âge électronique, Ed. Hazan, 1993.

QUASHA George et STEIN Charles,
Gary Hill, Hand HearD/liminals objects, Ed. Galerie des archives, Paris, 1996.

QUÉAU Philippe,
Vertus et vertiges, coll. *milieu*, Ed. Champ Vallon, INA, Seyssel, 1993.

RENSSELEAR W. Lee,
Ut Pictura Poesis, Humanisme et théorie de la peinture, XV°-XVIII° siècles (1967), traduit et mis à jour par Maurice Brock, Macula, Paris,1991

RESTANY Pierre,
Catherine Ikam, le grand jeu de la vidéo, Paris, 1991.

RIFFATERRE Michael,
Sémiotique de la poésie (*Semiotics of Poetry*, 1978), traduit de l'américain par Jean-Jacques Thomas, Coll. Poétique, Ed. du Seuil, Paris, 1983

ROSCHLITZ Rainer,
Le Désenchantement de l'art, La philosophie de Walter Benjamin, NRF Essais, Gallimard, Paris, 1992.
Théories esthétiques depuis Adorno, (textes traduits de l'allemand par Rainer Rochlitz et Christian Bouchindhomme), Actes Sud, 1990.
Subversion et subvention, Art contemporain et argumentation esthétique, NRF Essais, Gallimard, Paris, 1994.

SCHÆFFER Jean-Marie,
L'Art de l'âge moderne, L'eshétique et la philosophie de l'art du XVIII° siècle à nos jours, NRF Essais, Gallimard, 1992.

Les Célibataires de l'art, Pour une esthétique sans mythes, N.R.F. Essais, Gallimard, Février1996.

SORLIN Pierre,
Esthétiques de l'audiovisuel, Nathan Université, Paris, 1992.
THÜRLEMANN Félix,
« Dream Passage » de Bruce Naumann, un espace à énonciation paradoxale », in *Topologie de l'énonciation*, La Part de L'œil, 1989.

TODOROV Tzvetan,
Symbolisme et interprétation, Coll. Poétique, Le Seuil, Paris, 1978.

TRAMUS, Marie-Hélène,
Dispositifs interactifs d'images de synthèse, (thèse inédite), Université de Paris VIII, 1990.

VIRILIO Paul,
Esthétique de la disparition, biblio essais, Galilées, 1989 (1° Ed. 1980).
La Machine de vision, Paris, 1988.

WITTGENSTEIN Ludwig,
Leçons et conversations (*Lectures and Conversations*, 1966), Folio Essais, Gallimard, Paris 1992.
Tractacus logico-philosophicus, suivi de Investigations philosophiques, traduit de l'allemand par Pierre Klossowski, TEL Gallimard, Paris,1961.

PUBLICATIONS DIVERSES

Communication n° 48, (sous la direction de Raymond Bellour et Anne-Marie Duguet), Seuil, 1988 :

Anne-Marie Duguet : « Dispositifs ».
KUNTZEL Thierry, « Notes de travail »
Jean-Paul FARGIER, « Les effets de mes effets sont mes effets »
Edmond Couchot, « La mosaïque ordonnée »

Publics et Musées n°1

Où va la vidéo, Cahiers du Cinéma, Hors série, 1986

Publication de la Documentation Française : *Conservation et restauration des œuvres d'art contemporain,* Didier Ottinger, « L'œuvre de Nam June Paik au Sables-d'Ollones : le cas du *Buddha's Catacomb* », 1992.

Regard sur l'Aet Américain, Editions Territoires, Angers, 1979

7° Rencontres d'Hérouville Saint-Clair, Vidéo Arts Plastiqques , 1993

Scénographier l'art contemporain, PUL, Lyon, 1986.

S.I.V. (Semaine Internationnale de la Vidéo) St Gervais, n°5, 1993

Vidéo et après, Collection vidéo du Musée national d'art moderne, Editions du Centre Georges Pompidou, Paris, 1992

Vidéoformes , années 91, 92, 93, 94, 96

CATALOGUES D'EXPOSITION

Chantal Akerman, D'Est, au bord de la fiction, Palais des Beaux-Arts de Bruxelles, Galerie nationale du Jeu de Paume, Paris 1995.

Dara Birnbaum, Catalogue de la Kunsthalle de Vienne, Eleonora et Toni Stoos, 1995, « Damnation of Faust ».

Peter Campus , catalogue, Kölnischer Kunstverein,1979.

Patrick Corillon, *Dans l'atelier du musée Zadkine, trois Sortilèges de Patrick*

Corillon, Paris musées,1996.

Documenta IX (guide),Kassel, 1992.

Documenta IX, Kassel, livres 1 (« Essays Biographies »), 2 et 3, Ed. Cantz, Stuttgart, 1992.

Thierry Kuntzel, Ed. de la Galerie du Jeu de Paume, 1994.

Bruce Naumann, Sculptures et installations, 1985-1990, Musée cantonal des Beaux-Arts, Lausanne, 1991.

Nam June Paik, *La Fée électrique, 1889/1989*, Musée d'Art Moderne de la Ville de Paris, 1989.

Marcel Odenbach, Catalogue (sous la direction de Christine Van Assche), Editions du Centre Georges Pompidou, 1986.

3° biennale d'art contemporain de Lyon, installation, cinéma, vidéo, informatique (Catalogue), Réunion des Musées Nationaux, Paris, 1995.

Gary Hill, Centre Georges Pompidou, Paris, 1992.

Gary Hill, HanD HearD/liminal objects, Georges Quasha et Charles Stein, Galerie des Archives, Paris,1996.

Passage d'images, Musée National d'Art Moderne, Ed. du Centre Georges Pompidou, Paris, 1990.

Michael Snow, (Préface de Pontus Hulter), MNAM, Centre Georges Pompidou, 1978.

Bill Viola, Arc, Musée d'Art Moderne de la Ville de Paris, 1983-1984.

Bill Viola, Stations, textes de Martin Hentschel, Hannelore Paflik-Huber et Bill Viola, Reihe Kantz, Stuttgart 1996.

VIDÉO et après, La collection vidéo du Musée national d'art moderne, (sous la direction de Christine Van Assche), Editions du Centre Georges Pompidou, 1992.

TABLE

Achevé d'imprimer par Corlet Numérique - 14110 Condé-sur-Noireau
N° d'Imprimeur : 2545 - Dépôt légal : février 2000 - Imprimé sur DemandStream
Imprimé en UE